반대의
놀라운 힘

In Defense of Troublemakers :
The Power of Dissent in Life and Business

상상도 못한 해결책, 상상도 못한 혁신을 만드는

반대의
놀라운 힘

샬런 네메스 지음 ㅣ 신솔잎 옮김

Ć
청림출판

한 그루의 나무가 모여 푸른 숲을 이루듯이
청림의 책들은 삶을 풍요롭게 합니다.

"만약 당신이
다수에 속해 있다는 것을 깨달았다면,
변화할 때다."

— 마크 트웨인Mark Twain

문제를 해결하는 가장 강력한 힘, 반대

이 책은 우리가 결정과 판단에 이르는 과정에 대한 이야기를 담고 있다. 좀 더 자세히 말하자면 우리의 의사결정과 판단 과정에서 다른 사람이 미치는 영향력에 대한 이야기다. 합의를 이룬 다수인지, 반대 의견을 외치는 소수인지에 따라 다른 사람이 우리에게 끼치는 영향력은 상당히 달라진다. 앞으로 우리는 이 책을 통해 다수의 합의가 틀렸더라도, 심지어 우리 눈앞에 진실이 확실히 드러난 상황에서도 합의가 우리의 판단을 바꿔놓는다는 사실을 보게 될 것이다.

합의는 우리가 다수의 의견에 동의했는지 여부와 상관없이 우리의 사고 방향을 교묘하게 틀어놓기 때문에 위험하다. 합의한 우리는 다수의 시각으로 세상을 바라보기 시작한다. 정보를 구하고 해석하는 단계에서도, 문제 해결을 위해 전략을 채택하거나 해결책을 찾는 과정에서도 다수의 관점에서 세상을 바라보게 된다. 우리는 다수의 입장이라는 좁은 시각에서 사고한다. 그 결과, 다수의 관점을 수용하게 될 때 좁은 시야에서 선택하고, 창의적으로 사고하지 못하게 된다.

소수의 반대 의견 역시 우리에게 영향을 미친다. 반대자들 또한 우리의 의견을 자신들 쪽으로 끌어당긴다. 그러기까지 이들은 힘겨운 싸움을 해야 하지만, 결국 우리가 반대 의견에 동의하도록 만든다. 그러나 반대자들이 우리를 설득하기 위해 무장한 '이유'와 '방식'은 다수가 우리를 설득하는 방식과 매우 다르다. 반대자의 설득은 다수보다 더욱 간접적이고, 더 긴 시간이 필요하며, 훨씬 미묘한 논쟁 기술을 요한다.

무엇보다 중요한 것은 반대자 역시 우리가 어떤 주제를 판단하고, 입장을 정하고, 결정에 이르는 과정에 영향을 끼친다는 점이다. 반대 의견을 접할 때, 우리의 사고는 다수의 합의에 노출되었을 때와는 달리 편협해지지 않는다. 실상, 반대 의견은 우리의 생각을 확장시킨다. 반대 의견을 접하면 우리는 더욱 열린 방식과 다양한 방향으로 사고하게 된다. 더욱 많은 정보와 대안을 고려하고, 문제 해결 과정에서 복합적인 전략을 더 많이 활용한다. 반대 의견으로 인해 우리는 훨씬 다채롭고 창의적으로 사고한다. 반대 의견은 의사결정의 질을 높인다는 점에서 중요한 의미를 지닌다. 이 모든 것을 종합했을 때, 반대 의견은 우리가 내리는 선택의 질을 높이는 반면, 합의는 그 질을 낮추는 역할을 한다고 볼 수 있다.

8

이런 반대 의견의 장점에도 불구하고, 반대자가 자신의 의견을 마음껏 표출하기가 어려운 것이 현실이다. 우리는 자신의 생각이나 믿음이 다른 사람들과 다르다고 느낄 때, 스스로가 옳다는 확신을 좀처럼 할 수 없다. 우리는 '다수가 진실'이라고 생각하고, 우리의 의견이 소수와 일치할 때 우리가 반드시 틀렸을 거라고 믿는다. 더욱이, 반대의 목소리를 내는 사람에게 향할 조롱과 거부를 두려워한다. 때문에 우리는 망설인다. 우리는 고개를 숙인다. 우리는 침묵을 지킨다.

그러나 자신의 목소리를 내지 않는 것에도 대가가 따른다. 한 개인이 자신의 의견을 밝히지 않을 때, 그가 속한 집단은 곤경에 처하고 기회를 잃는다. 단 하나의 관점만 고집하는 집단은 빠른 판단력이 필요한 상황에서 굉장히 나쁜 결정을 내릴 수도 있다. 그저 나쁜 것이 아니라, 다음과 같이 굉장히 위험한 결정을 내리기도 한다.

1978년 크리스마스 사흘 후[1], 유나이티드 항공 173편은 뉴욕의 JFK 공항에서 이륙해 덴버를 거쳐 오리건주의 포틀랜드로 향했다. 포틀랜드에는 오후 5시경 도착 예정이었다. 항공기에는 승객 163명과 경력 많은 운항 승무원들이 타고 있었다. 모든 것이 순조로웠다. 예정된 일정대로 흘러가고 있는 듯 보였다.

항공기가 포틀랜드에 가까워지며 착륙장치를 내려야 할 때가 다가왔다. 갑자기 쿵 소리와 함께 항공기가 심하게 흔들이며 제자리를 선회하기 시작했다. 무언가 잘못되었다. 운항 승무원들은 착륙장치가 제대로 내려온 것인지, 아니면 고장으로 내려오지 못한 상황인지 확신할 수 없었다. 그들은 무슨 일이 벌어지고 있는지는 정확히 몰랐지만 항공기에 이상이 있다는 것만은 분명하게 인지하고 있었다.

기장은 당시 상황에서 신중하고 현명했다 여겨지는 판단을 내렸다. 문제를 확인하고 대처 방안을 찾기 위해 착륙을 미룬 것이다. 항공기는 착륙대기를 위해 공중을 선회했다.

약 45분간, 기장과 승무원들은 여객기 이상을 수사하고 승객들을 대비시켰다. 모두 한마음으로 움직였다. 그러나 또 다른 문제가 수면 위로 떠올랐다. 연료가 바닥나고 있었다. 경유지인 덴버에서 출발할 당시만 해도 연료가 충분했으나, 착륙장치 문제에 정신이 팔린 사이 연료가 급격히 소진되고 있었다. 누구도 연료를 신경 쓰지 않았다. 눈앞에 놓인 문제를 해결하는 데만 급급해 저장된 연료로 얼마나 버틸 수 있을지 아무도 계산하지 않은 것이다.

연료가 바닥난 후 엔진이 고장 났고, 이는 치명적인 사고로 이어졌다. 결국, 저녁 6시 15분경 항공기는 공항에서 겨우 10킬로미터가량 떨어진 포틀랜드의 교외에 추락했다. 말 그대로 땅으로 떨어졌다. 승무원 두 명과 승객 여덟 명, 10명이

사망했다. 그리고 23명이 심각한 부상을 입었다.[2]

어떻게 이런 일이 벌어질 수 있었을까? 누구도 '미처 예상치 못한 상황'은 아니었다. 기장이나 운항 승무원의 경험 부족이나 직무 태만에서 비롯된 상황도 아니었고, 약물 복용이나 수면 부족 때문도 아니었다. 이런 비극이 발생한 가장 큰 원인은 누구도 자신의 의견을 말하지 않았기 때문에, 더욱 정확히는 소신껏 목소리를 높이지 않았기 때문이다. 왜 아무도 말하지 않았던 걸까?

실제 우리 삶에서 벌어지는 일들은 다양한 원인이 더해진 결과물이다. 단 한 가지 원인으로 일련의 사건이 발생하는 경우는 없다. 위의 여객기 사고와 관련해서는 몇 가지 가능성을 떠올릴 수 있다. 승무원들은 조직 내 계급에 따라 가장 높은 위치에 있는 기장이 집중하고 있던 착륙장치 문제에만 신경 쓰고 있었을 수 있다. 어쩌면 스트레스가 심해져 연료에까지 생각이 미치지 못했을 수도 있다.[3] 여러 연구 결과에 따르면 심한 스트레스는 상황 전반을 살피는 주의력을 떨어뜨린다. 아무리 그렇더라도 연료가 부족하다는 것을 인지한 후에까지 그것이 어떤 의미인지 왜 아무도 깨닫지 못했던 걸까? 어떤 이유로 위험을 인식하지 못했을까? 왜 아무도 나서서 말하지 않은 걸까?

아마도 다수의 합의가 반대 표현을 억눌렀을 뿐 아니라, 사람들의 생각을 하나에만 집중하게 만들었을 것이다. 항공기 내 승무원들의 주의력이 쏠린 방향뿐 아니라, 이들이 찾고 있던 정보, 고려했던 대안, 선택했던 전략 또한 문제였다. 모든 이들이 착륙장치 이상을 해결해야 한다는 단 한 가지 목표에만 집중한 탓에 전체 상황을 파악하지 못했던 것이다. 이들은 착륙장치에 대한 정보만 수집했다. 그에 따른 대안만을 고민했다. 하나의 문제에만 지나치게 집중할 때 다른 문제가 생길 수 있다는 가능성을 전혀 고려하지 않았다. 새로운 문제를 시사하는 정보를 맞닥뜨렸을 때, 다시 말해 연료가 바닥났다는 소식을 들었을 때 이 정보를 제대로 분석하거나, 이로 인해 벌어질 수 있는 위험을 면밀하게 파악하지 못했다. 연료가 완전히 소진되기까지 시간이 얼마나 남았는지조차 계산해보지 않았으니 말이다. 그 결과 어떤 일이 벌어졌는지는 미국 연방교통안전위원회National Transportation Safety Board, NTSB에 보고된 유나이티드항공 173편의 최후 13분간 녹취록 요약본을 통해 파악할 수 있다.

18:02:22

조종석에서 항공기관사가 "연료가 3(3,000파운드)이고, 이게 전부입니다"[4]라고 말했다. 당시 항공기는 공항에서 남쪽으로 겨우 8킬로미터 떨어진 지점에 있었다.

18:03:23

포틀랜드 공항 관제탑에서 연료 상황을 물었을 때 기장은 "4,000파운드가량, 아니 3,000파운드 정도"[5]라고 답했다.

3분 후

기장이 약 5분 후 착륙할 예정이라고 말했다. 그와 거의 동시에, 부기장이 "4번(엔진)이 고장 났습니다"[6]라고 말했다.

2, 3초 후

부기장이 반복했다. "엔진이 작동하지 않습니다."

"이유가 뭔가?" 기장이 물었다.

"엔진이 작동하지 않습니다." 부기장이 다시금 말했다.

"왜지?"[7] 기장이 질문을 반복했다.

"연료가 없습니다."[8] 부기장이 대답했다.

7분 후

부기장이 포틀랜드 관제탑에 교신했다. "포틀랜드 타워, 유나이티드 항공 173편에 문제가 발생했다.[9] 메이데이. 엔진이 멈췄다. 추락하고 있다. 공항까지 갈 수 없는 상황이다."

1분 후

항공기가 포틀랜드 교외의 삼림지역으로 추락했다. 덴버에서 이륙할 때만 해도 연료는 충분했다. 그러나 추락 현장을 조사한 결과[10] '가용 연료'가 전혀 없었던 것으로 드러났다. 비행기의 연료가 말 그래도 바닥난 상태였다.

연료가 3,000파운드밖에 없는데 "이게 전부입니다"라니? 왜 아무도 "연료가 부족합니다!" 혹은 "시간이 얼마 남지 않았습니다.

지금 바로 착륙해야 합니다!"라고 소리치지 않았던 걸까? 모두들 한마음으로 착륙장치 문제를 해결하기에 급급했던 것으로 보인다. 엔진 이상이라는 보고를 받을 때도 기장이 "이유가 뭔가?"라고 물을 정도였으니까. 모든 사람들이 단 한 가지에만 집중한 탓에 연료가 얼마 남지 않았다는 것이 무슨 의미인지 제대로 해석하지 못했다.

　　우리라면 달랐을까? 우리라면 반대할 수 있었을까? 그것은 기장에게 맞서는 일이자, '한뜻으로' 뭉쳐 있는 승무원들에게 대항하는 일이었다. 우리였다면 연료가 바닥나고 있다는 사실을 눈치라도 챌 수 있었을까? 집중력이 단 한 곳으로만 쏠릴 때, 우리는 다른 주변 정보나 선택지를 고려할 수 없게 된다. 이 책을 통해 우리는 다수의 합의가 하나의 문제, 즉 집단이 집중하고 있는 하나의 문제로만 사람들의 주의력을 집중시킨다는 것을 확인하게 될 것이다. 그렇게 되면 명백한 사실조차 눈앞에서 놓치게 된다.

　　위의 여객기 사건을 통해 대다수 사람들은 다수 의견이 아니라 소수 의견이라도 가치가 있다고 생각했다. 만약 누군가 연료가 얼마 남지 않았다는 사실을 더욱 강하게 문제 삼았다면, 다른 사람들이 관심을 쏟았을 수도 있다. 그럼에도 우리는 사람들이 언제나 진실만을 좇는 것이 아님을 안다.[11] 진실을 말하는 자가 누구인지도 중요하지만, 그보다는 옳고 그름에 상관없이 소수보단 다수를 따르는 경향이 있기 때문이다. 하지만 사람들이 잘 모르는 사실 하나가 있다. 바로 다수에 반대하는 의견이 심지어 틀렸을지라도 나름의 가치가 있다는 점이다.

　　이 책에서는 반대 의견의 가치가 반드시 옳고 그름에 있지 않다는 것을 보게 될 것이다. 옳지 않은 반대 의견이라도 위의 여객기 사고 상황에 비추어볼 때 두 가지 중요한 의미를 지닌다. 반대 의견은 다수를 맹목적으로 따르는 사람들의 행동에 제동을 건다. 합의가 반대의 목소리에 부딪히는 순간, 사람들은 독립적으로 생각하게 된다. 더욱 중요한 대목이자 이 책의 핵심적인 메시지는 반대 의견이 우리가 더욱 다양하게 사고하도록 자극하고, 편향적으로 사고하지 않게 도와준다는 것이다. 반대 의견이 발생하면 우리는 더욱 많은 정보와 대안을 고려하고, 다양한 관점에서 긍정적인 측면 뿐 아니라 부정적인 측면도 생각하게 된다. 유나이티드 항공 173편에서 누군가 착륙장치에만 신경 쓰고 있는 상황에 문제를 제기했다면, 사람들은 연료는 물론 그 외 발생할 법한 여러 문제들도 고려해야 한다는 경각심이 들었을 수도 있다.

　　다수의 의견을 인지한 동료나 친구들이 자신의 반대 의견을 표출하는 데 있어 단어를 신중히 고르거나 침묵을 택하는 것을 볼 때마다 염려스럽다. 통제해야 한다는 생각을 지닌 사람이 집단의 지도자 자리에 있는 것이 우려스럽다. 조직이든, 스타트업이든[12], 사이비 종교집단 혹은 협동주택관리위원회든, 권력과 통제가 함께할 때 집단 내부의 자만심이 높아지고, 반대 의견을 억누르는 경향이 커지는 것을 자주 볼 수 있다. 이런 조직의 리더들은 다양한 시각을 수용하는 문화를 형성하기보다는 반대 의견의 싹을 잘라내거나, 누군가 반기를 들면 그 죗값을 치르게 만든다. 이사회 임원 계약서 중 '팀 플레이어'가 되어달라는 조항 속에 "반대 의견이 있을 때조차…… 다수의 의사결정을 약화시키지 않음으로…… 공동의 합의를 존중해야 한다"는 글귀가 있는 것을 수차례 목격했다. 반대 의견에 대한 입장을 분명히 한 것이다. 받아들이지 않겠다는 뜻이다.

이 책에 등장하는 주장들은 일반적 사실을 기반으로 하지만 절대적인 사실은 아니다. 사례를 통해 독자를 설득할 생각을 하거나 이 책에 나온 주장을 무조건 받아들이길 기대하는 것도 아니다. 다만, 오랜 세월에 걸쳐 다양한 환경에서 얻은 연구 결과를 토대로 여러분을 설득할 예정이다.

실제 사례를 차용할 때는 내가 말하고자 하는 아이디어의 다양성과 적용 가능성을 설명하기 위함이고, 여기서 아이디어라 함은 역시 연구 결과에서 나온 것이다. 유나이티드 항공사의 사고, 에드워드 스노든Edward Snorden의 미국 국가안보국National Security Agency, NSA에 대한 폭로, 존스타운 대학살, 헤지펀드의 성공적인 의사결정 과정 등 다양한 사례를 다룰 것이다. 많은 CEO와 직접 나눈 인터뷰 내용도 더해질 것이다. 우리가 속해 있는 집단 내 영향력의 유형이 무엇인지 밝히고, 이러한 영향력이 우리의 생각과 선택에 어떠한 영향을 미치는지를 깨닫도록 하는 것이 이 책의 목표다. 지금부터 영향력이 얼마나 복잡한 과정을 통해 전파되는지 다룰 것이다.

이 책을 통해 우리 모두가 다수의 합의는 과대 포장되었고, 반대 의견의 가치는 과소평가되었다는 나의 주장을 한 번쯤 재고하게 되길 바란다.

설득의 힘보다 중요한 것

이 책은 사람들의 공통된 견해와 '다수'의 판단이 우월하다는 내용을 담은 제임스 서로위키James Surowiecki의 저서이자 〈뉴욕타임스New York Times〉 베스트셀러《대중의 지혜The Wisdom of Crowds》등 몇몇 유명 도서의 논점과 완전히 반대되는 주장을 담고 있다. 물론 서로위키의 책은 단 한 명의 '전문가'에게 지나친 가치를 부여하는 현상을 꼬집었다는 점에서는 옳은 관점을 지니고 있지만, 다수의 정확성에 관해서는 한계를 드러낸다.

서로위키의 책은 연구 결과를 통해 쟁점이 상식에 근거하고 개인의 판단이 독립적일 때, 다시 말해 개인이 다른 사람에게 영향을 받지 않는 상황에서는 다수의 정확도가 상대적으로 높다는 것을 보여주었다. 위의 조건들은 다수가 통계적 이점을 가질 수도 있는 상황을 평가하는 데는 중요한 요소다. 그러나 이런 책들이 다수가 특정 상황에서 옳을 수도 있다는 게 아닌, 다수가 대체로 옳다는 인식을 무심코 심어준다는 지점에서 우려를 금할 수가 없다.

　이 책은 또한, 집단이 한 뜻을 모아 운영되어야 하고 반대 의견은 억누르는, 광신적 종교집단과 비슷한 조직문화가 성공의 가능성을 높인다고 말하는[13] 제임스 콜린스^{James Collins}와 제리 포라스^{Jerry Porras}의 책 《오래도록 존재하는 조직^{Build to Last}》 등과도 상당히 반대되는 주장을 한다. 이러한 조직문화는 팀 플레이어와 합의의 중요성을 강조하고, 의견 충돌이 생길 때는 외교적으로 (혹은 침묵으로) 넘겨야 한다고 말한다.

　이 책은 사회 심리학에서 오래 연구되어온 분야인 사회적 영향력의 주장 다수를 반박한다. '사람들이 다른 사람의 신념이나 행동에 미치는'[14] 영향력을 연구하는 분야인 만큼 사회적 영향력은 사회 심리학의 주요 소재로 꼽힌다. 그러나 연구자들 대부분이 두 가지 조건을 전제로 하고 있다. 하나는 영향력이란 강한 쪽에서 약한 쪽으로, 다수에서 소수로 흐른다는 추정이다. 때문에 다수가 지닌 설득의 힘에 대한 연구는 많지만, 소수가 설득하는 방식에 대한 연구는 현저히 적었다. 현재는 소수 의견이 설득하는 힘이 있음을 입증하는 자료들이 있지만, 학계 내에서는 그 가능성을 낮게 추정하거나[15] 다수의 설득과 동일한 패턴으로 영향력이 발휘될 거라고 지레 해석한다. 그러나 이러한 믿음이 틀렸음을 이제 보게 될 것이다. 다수와 소수는 그들과 다른 입장의 사람들을 설득하는 방식이 상당히 다르고, 설득의 힘이 발현되는 방식에도 차이가 있다.

사회 심리학 연구에서 드러나는 또 다른 전제는 사람들이 우리의 생각과 신념, 행동에 영향을 미치는 모든 과정의 복잡성을 단순히 설득이라는 개념으로 축소시킨다는 것이다. 사회적 영향이라는 광범위한 주제를 설득으로 좁히는 것은,[16] 승리만이 중요하다는 인식을 심어주는 것과 같다. 사람들에게서 동의를 이끌어내고, 사람들이 당신 말에 긍정적으로 대답하고, 당신 의견을 채택하는 것만이 중요하다고 여기는 것과 비슷하다. 신규 채용자의 자격요건에 대한 당신 생각에 동의하지 않는 동료를 대상으로 의견 일치를 이뤄내는 것도 사회적 영향력이다. 배심원으로서 유죄판결을 내리고 싶어서 다른 배심원 한 명을 유죄에 투표하도록 설득하는 것도 사회적 영향력이다. 수십 년간 사회 심리학자들은 누가, 언제, 어떻게, 그리고 왜 다른 사람의 동의를 이끌어낼 수 있었는지, 설득이라는 좁은 관점에서 사회적 영향력을 연구했고, 상대적으로 단순한 분석법을 활용했다. 만약 당신이 A라는 입장을 고르고, 나는 B라는 입장을 택한 후, 당신이 A에서 B로 심경의 변화를 보였다면 내가 당신을 설득했다는 의미로 간주했다. A에서 B로의 변화를 측정하는 것으로 국한해 살펴본다면 연구는 한결 간단해질 수밖에 없다.

그러나 설득은 한 사람의 사고 방향이 변화하는 것을 설명할 수 없다. 그리고 사고를 자극하는 것과도 다른 개념이다. 만약 피고인의 유죄 혹은 무죄를 주장하는 당신의 의견을 접한 뒤, 내가 사건 증거를 재고하고, 각 입장에 따른 찬반양론을 살피고, 또 다른 가능성에 대해 생각했다면 당신이 내 생각에 분명 영향을 끼친 것이다. 최종적으로 내가 당신의 주장에 동의하지 않을 수도 있지만, 당신의 주장은 내가 사고하는 방식과 판단 그리고 결정의 질에 영향을 끼쳤다. 당신의 의견 덕분에 나는 대다수의 연구자들이 올바른 의사결정이라고 여기는, 더욱 나은 선택으로 이끌어주는 사고 과정[17]을 경험한 것이다.

　　범죄 현장에 있던 사람이 달아난 것은 그가 유죄이기 때문일까, 아니면 유죄로 오인 받을까봐 두려워서였을까? 섣불리 판단하지 않고 두 가지 가능성을 모두 고려한다면 더 나은 결정을 할 확률이 매우 높다. 연구 관점에서 보자면, 어떠한 영향으로 생각이 자극받는 과정은 설득과 같이 도식화된 개념으로 설명하기 어렵기 때문에 연구하기가 훨씬 까다롭다. 사람들이 수집하는 정보, 이들이 고려하는 가능성, 의사결정의 질, 이들이 제시하는 해결책의 창의성을 측정할 방법을 찾아야 한다. 이후 소개하겠지만, 다행스럽게도 우리는 신뢰할 만한 방법을 찾아냈다.

　　설득에 국한해서 연구를 진행한다면―설득은 다른 사람의 동의를 목표로 한 사회적 영향력의 좁은 형태일 뿐이다―의사결정의 질에 대해서는 분석할 길이 없다. 우리 자신의 기준으로 판단하기 때문에 의사결정의 옳고 그름을 깨닫기 어렵다. 합병이 좋은 생각이었을까? 배심원 판결에서 10 대 2로 갈린 다수의 의견은 과연 옳았을까? 12 대 0의 만장일치 판결이 옳은 판결이었을까? 확신할 수 없다. O. J. 심슨 사건에서 '무죄'를 선고한 형사재판 배심원이 옳을까, 아니면 '유죄'를 선고한 민사재판 배심원이 옳을까? 의사결정의 질을 판단하기에 가장 좋은 방법은 의사결정 과정을 살피는 것이다.

우리는 올바른 의사결정 과정이 무엇인지 알고 있다. 요약하자면 올바른 과정이 올바른 선택을 이끈다. 본질적으로 좋은 의사결정이란 확산적 사고를 내포한다. 확산적으로 사고할 때, 다양한 관점을 고려하고, 정황의 모든 측면을 고려해 정보를 수집하고 사실관계를 분석하며, 자신이 지지하는 의견의 장점뿐 아니라 단점도 생각하게 된다. 나쁜 의사결정은 이와 반대된다. 수렴적으로 사고하고, 하나의 방향으로만 편협하게 집중한다. 기존 입장을 더욱 확고히 해줄 정보를 찾는다. 자신이 선택한 입장의 부정적인 면은 고려하지 않으려 하고, 주어진 사실을 해석하는 과정에서 발생할 수 있는 또 다른 가능성에 대해서는 떠올리지 않는다.

아마도 초등학교 산수 시간 때 선생님이 문제의 답을 검토하는 방법을 두 가지 알려준 적이 있을 것이다. 지금까지도 나는 덧셈 계산을 다시 해야 할 때 두 번, 세 번 같은 방법으로 확인하지 않는다. 같은 실수를 반복하지 않기 위해 다른 방법으로 수식을 살핀다. 15 더하기 28을 계산해야 할 때 계속해서 (43이 아닌) 33을 답으로 생각하는 경우가 있다. 이 때 33에서 15를 빼면 계산에 실수가 있었음이 확연히 드러난다. 33 빼기 15는 28이 아니니까. 그러고 나면 무엇이 이상한지 신중하게 살펴보게 되고, 답이 43이었음을 깨닫는 식이다. 다양한 관점에서 상황을 바라보는 확산적 사고를 통해 더욱 나은 결정을 내릴 수 있게 된다. 이것이 바로 반대 의견이 자극하는 사고체계다.

나는 오랫동안 배심원의 의사결정 과정에 관심을 갖고 지켜보면서 사고의 과정에서 자극이 중요하다는 것을 배웠다. 배심원들을 연구하고, 여러 변호사와 의논을 나누며 영향력이 설득보다 훨씬 강력한 힘을 지녔다는 것을 깨달았다. 또한 나는 사람들이 '누가' 이겼는가보다 배심원단이 내린 의사결정의 질에 더욱 관심이 크다는 것도 새삼 깨달았다. 뿐만 아니라 돈을 벌자고 하면 변호사에게 절대적 기피권^{peremptory challenge}(사유를 밝히지 않고 배심원을 피할 수 있는 피고인의 권리 - 옮긴이)을 행사해야 할 배심원이 누구인지 가려내는 비법을 전수하고 큰돈을 벌 수도 있었다. 변호인 측과 반대되는 의견을 주장하는 배심원을 제거하는 것뿐 아니라, 배심원단 내 역학을 꿰뚫어 보고 이 중 다른 배심원에게 영향력을 발휘할 수 있는 사람을 파악할 수도 있었다. 승리에만 집중한다면, 다른 사람을 내 의견에 동의하게 만드는 설득만이 중요해진다. 그러나 내가 관심 있는 것은 의사결정의 질, 그리고 과정의 정당성이었다. 누가 이겼는가가 아니라, 과연 판결은 옳은가의 문제였다.

나와 동료들이 진행한 초기 연구를 통해, 반대 의견이 있는 상황에서 배심원들의 의사결정 능력이 향상되었다는 점이 드러났다. 반대자가 섞여 있는 배심원단은 더욱 다양한 정황을 고려했고, 주어진 정황을 다양한 관점에서 바라보기 시작했다. 이것을 시작으로 반대 의견이 어떻게 우리의 사고를 자극하는지, 문제 해결 방향과 해결책을 찾는 과정을 어떻게 향상시키는지를 밝히기 위해 수십 년간 연구를 진행하게 되었다. 한편, 우리는 합의 역시 반대 의견과 전혀 다른 방향으로 우리의 사고체계를 자극한다는 것을 깨달았다.

　　우리는 대부분의 실험을 합의와 반대 의견 모두를 연구하는 방향으로 설계했다. 단순히 '다수'의 영향력을 살피는지, '소수'의 영향력을 살피는지에 따라 우리는 다른 결과를 예측했고, 그 결과를 손에 쥐었다. 더욱이, 연구를 진행할 때마다 같은 유형의 결과를 얻었다. 반대 의견이 우리의 생각을 확장시키는 반면, 합의는 우리의 생각을 편협하게 만들었다. 연구를 통해 우리가 배운 것, 그리고 이 책을 통해 말하고 싶은 것은 합의에는 위험이 따르고 반대 의견은 중요한 가치를 지닌다는 점이다.

　　이는 요즘 시대에 통용되는 가르침을 정면으로 반박하는 것이다. 우리는 집단 내 친구를 사귀고, 다른 사람의 호감을 얻으며, 집단 문화에 '잘 어우러져야' 득이 된다는 조언을 끊임없이 들으며 자랐다. 우리는 다수의 지혜를 신뢰하고, 남들과 다를 때, '잘 어울리지' 못할 때, 그들에게 동의하지 않고 '소신껏 발언'할 때 생길 반향을 명심해야 한다고 배웠다.

　　수많은 책과 컨설턴트, 학자들은 '다른 사람들과 잘 어울려야 한다'는 가르침을 되풀이한다. 일면 맞는 말이기도 하다. 다른 사람의 호감을 사고, 어딘가에 소속되어 있을 때 분명 이점이 있고, 반대 의견을 지지할 때는 분명 위험이 따른다. 그러나 그다지 잘 알려지지 않은 사실 하나가 있다. 바로 소속에는 동의라는 대가가 따른다는 점이다. 이 대가를 치르는 과정에서 발생하는 권태와 집단의 취약성, 끔찍한 결과는 차치하더라도 경솔해지고, 나쁜 결정을 내리며, 창의력이 저하되는 것은 큰 문제다. 모두가 한마음으로 서로를 칭찬하고, 눈앞에 뻔히 보이는 문제는 모른 척하는 모습을 볼 때, 고함치고 싶었던 적이 없었는가? 예를 들어, "이 사람을 뽑다니 미쳤어요?" 혹은 "이 합병을 진짜 추진해야만 합니까?"라고 소리치고 싶었던 적이 없었는가?

튀어나오는 못이 정 맞는다는 일본 속담이 있다.[18] 그러나 못이 튀어나오지조차 못하는 때가 너무도 많다. 합의가 생긴 이후 동조가 뒤따르고, 집단 프로세스는 집단사고로 변모한다. 집단 내 윤리위반과 비윤리적인 문제가 은폐되고, 거론조차 되지 못한다. 모두가 서로의 눈치를 보며, 언제 입을 열고 침묵해야 할지 치밀하게 계산한다. 그러는 동안 참가자 대부분이 자신을 감추고 기회주의적 모습을 보이는 의미 없는 회의를 하고 교류를 나눈다. 물론 모든 사람에게 해당하는 말은 아니다. 몇몇은 다수의 의견에 진심으로 동의할 수도 있으나, 다수에 소속될 때 느끼게 될 동질감과 소속감에 분명 영향을 받고 있다. 집단사고가 발생할 때, 각 개인이 집단에 가져올 가치, 즉 의사결정이나 문제 해결에 도움이 되는 개개인의 경험과 의견을 잃게 된다. 또한 반대 의견이 지닌 고무적인 효과 역시 놓치고 만다.

다른 사람의 의견에 이의를 제기하는 일에는 용기가 필요하다. 반대 의견을 내세울 때는 용기뿐 아니라 신념도 필요하다. 사람들은 자신과 반대되는 의견을 내세우는 사람을 싫어한다. 나 역시도 누군가 내게 반대하고 나서면 짜증이 날 때가 있다. 솔직히 말해 상대방은 아무것도 모른다는 생각을 하기도 한다. 하지만 반대 의견에 대해 심도 있게 연구하며 변화가 찾아왔다. 나는 반대자들이 제기한 이의가 우리를 더욱 나은 의사결정으로 이끌고, 더욱 창의적인 해결책을 떠올리는 계기가 된다는 점을 배웠다.

또 하나, 이러한 장점들은 (나이, 성별, 인종 등에 근거한) 인구학적 다양성에서 연유하지 않는다는 것을 깨달았다. 교육이나 훈련으로도 만들어낼 수 없다. 아무리 잘 짜였다 하더라도 교육이나 훈련은 제한적일 수밖에 없고, 효과는 지나치게 과장되어 있을 때가 많다. 다만 올바른 의사결정과 창의적 해결법이란 효과는 반대 의견, 즉 도전과 저항을 받을 때 생겨난다는 것을 배웠다. 진정성 있는 반대 의견이 있을 때, 그리고 이 반대 의견이 지속적으로 표출될 때 우리에게 큰 이점을 제공한다.

반대하는 순간, 모든 것이 달라진다

1부에서는 설득 그리고 다수와 소수가 각각 동의를 이끌어내는 방법을 파악하는 데 도움이 되는 실질적 연구를 집중적으로 다룰 예정이다. 여기에서 우리는 다수의 힘을 확인하게 될 것이다. 다수의 옳고 그름과 관계없이 우리가 맹목적으로 따르는 경우가 많은 만큼, 아무도 다수에 반기를 들지 않을 때 생길 다수의 영향력을 우려하는 마음을 갖길 바란다. 우리는 이성적으로 정보를 분석하기보다, 다수 의견이 진실일 거라고 단정할 때가 지나치게 잦다. 문제는 너무 경솔하게 단정을 내린다는 것이다. 우리는 무작정 다수를 따른다. 이런 경향은 소비자 행동에서, 광고 캠페인과 주식시장의 거품현상에서, 일상 속 우리가 보고, 믿는 많은 것에서 드러난다.

이런 상황 속에서도 반대 의견이 우리에게 어떤 가치를 제시할 수 있다. 다수의 권력을 벗어나는 데는 오직 반대를 외치는 단한 명이면 충분하다. 반대 의견은 독립적인 사고를 자극하고, '우리의 진정한 의견이 무엇인지 깨닫게' 해준다. 반대 의견 역시 우리의 동의를 얻고, 우리를 설득해낼 힘이 있다. 우리는 지금부터 반대 의견의 설득이 다수의 설득보다 훨씬 교묘한 방식으로 행해진다는 것을 보게 될 것이다. 사람들이 반대 의견에 저항하는 수많은 이유에도 불구하고, 발언의 순서를 달리하는 아주 단순하고도 기발한 기술만으로도 반대자의 설득이 얼마나 큰 힘을 발휘하게 되는지 확인하게 될 것이다.

　합의와 반대 의견이 사람들의 동의를 얻는 방법을 살펴본 후에는 왜 이 두 가지 개념이 각각 다른 사고체계를 자극하는지 이해할 수 있게 된다. 2부에서 다룰 주제이자, 내가 아주 오랜 시간 연구해온 분야이기도 하다. 합의와 반대 의견이 우리의 사고와 결정에 어떤 영향을 미치는지 연구 결과로 상세하게 제시할 것이다. 여러 실험은 물론 존스타운 대학살과 NSA 자료를 유출한 에드워드 스노든 등 실제 사례를 들어 설명할 것이다.

　3부는 집단에 관한 내용이다. 다양한 사람이 상호작용을 하는 집단은 복잡한 역학구조를 가진다. 그러나 우리는 수많은 연구를 통해 집단이 합의에 이르는 과정과 그 이유를 설명하는 다양한 패턴을 밝혀냈다. 집단은 지나치게 섣불리 합의에 도달하고, 그 이유가 타당하지 않을 때가 많다. 이 패턴 가운데 몇 가지는 널리 알려진 개념인 '집단사고'로 설명할 수 있다. 또한 우리는 집단 의사결정 과정을 향상시키는 반대 의견의 역할에 대해서도 확인할 수 있다. 반대 의견은 집단사고 현상을 막을 뿐 아니라, 의사결정 과정의 질을 향상시킨다.

　유의해야 할 점이 있다. 나는 일부러 반대 의견을 형성하라고 말하는 것이 아니다. 반대 의견을 허용하고, 적극 환영해야 한다는 것을 알리고자 한다. 효과적인 반대 의견의 가장 중요한 요소이자 우리가 진행한 연구에서도 반복적으로 그 중요성이 강조되는 것이 바로 진정성의 유무이다. '악마의 변호인devil's advocate'(어떤 사안에 대해 의도적으로 반대 의견을 말하는 사람. 이들의 역할은 모두가 찬성할 때 반대의 목소리를 내는 것으로, 토론을 활성화시키거나 다른 선택의 여지가 있는가를 모색하기 위한 것이다-옮긴이)을 포함해 여타 제도들이 제대로 그 역할을 할 수 없는 이유도 여기에 있다. 이러한 제도는 진정성 있는 반대 의견과 달리 하나의 역할 연기에 불과하여 편견에 저항하지도, 확산적 사고를 자극하지도 않는다. 브레인스토밍 과정에서 "다른 사람의 의견을 비판하지 말라"는 말이 잘못된 원칙인 이유도 진정성의 부재에 있다.

여러분이 이 책을 다 읽은 후에는 합의의 위험성, 특히 합의가 우리의 사고체계에 끼칠 위험성에 대해서 잘 인지하여 합의를 경계하는 마음을 갖길 바란다. 특히 자동적 사고를 피할 수 있는 메커니즘을 적극 활용하고, 스스로 판단하는 것의 중요성을 더욱 확실히 깨닫길 바란다. 만약 여러분이 리더라면 이 책을 통해 조직을 잘 운영할 힘을 얻고, 열린 토론을 진행하고 섣부른 결정을 피하는 기술을 통달하길 바란다. 더불어 반대 의견을 그저 용인하는 것 이상으로 환영할 줄 알아야 하고, 반대 의견은 설령 틀렸을 경우라도 굉장한 가치를 지니고 있다는 것을 깨닫게 되길 바란다.

무엇보다 이 책이 반대 의견은 억눌러야 할 대상이 아니라는 가르침을 전해주길 바란다. 우리는 누구나 편견과 선입견을 갖고 있고, 우리의 의견에 반기를 들며 신경에 거슬리게 구는 사람들을 침묵시키고 싶어 하는 성향도 지니고 있다. 그러나 반대 의견은 우리가 복잡한 사고를 할 수 있도록 자극한다. 반대 의견으로 인해 모든 입장에 따른 각각의 긍정적인 면과 부정적인 면을 고려하게 된다. 뿐만 아니라 자신의 입장도 다시금 분석하고 재고하게 되어, 그 전에는 잘 보이지 않았던 자기 의견이 가진 단점 역시 깨닫게 된다.

이 책으로 가장 이뤄내고 싶은 것은 우리를 자유롭게 하는 것이다. 그 중 하나가 바로 '자신의 신념대로 발언'하는 자유다. 집도의에게 잘못된 부위를 수술하고 있는 것 같다고 말하고, 상사가 진행한 계획에 치명적인 결함이 있다는 것을 밝히고, 가장 친한 친구가 사려는 고가의 드레스가 사실 그녀에게 전혀 어울리지 않는다는 말을 하는 자유 말이다. 아마도 우리의 의견이 틀렸다는 소리를 듣게 되겠지만, 다른 사람을 설득하는 데 실패했다고 해도 상대방의 생각을 자극한 것만은 분명하다. 우리는 소신껏 발언함으로써 집단 내 의사결정과 판단의 질을 향상시켰다는 것을 깨닫게 될 것이다.

또한 다른 사람과 다르게 생각하는 것을 두려워하지 않아도 된다는 해방감을 느끼게 될 것이다. 다른 의견을 표출하는 것은 본인의 자유이나, '자신의 진정한 의견을 깨닫는' 능력을 잃고 싶지는 않을 것이다. 소속되고 싶은 욕구에서 빚어지는, 다수의 합의를 바탕으로 한 자기세뇌의 포로가 되고 싶지도 않을 것이다. 사이비 종교집단은 세뇌의 힘을 너무나도 잘 이해하고 있다. 학대를 일삼는 사람들 역시 마찬가지다. 이들이 지닌 힘의 원천이 무엇인지, 자신이 갖고 있는 능력은 무엇인지 깨달을 때 우리는 비로소 해방될 수 있다.

윌리엄 풀브라이트William Fulbright는 "우리는 반대의 목소리를 환영하고 두려워하지 않는 법을 반드시 깨우쳐야 합니다"[19]라고 말했다. 이보다 더욱 간결하게 이 책을 요약할 수 있는 문장이 하나 더 있다. 바로 마크 트웨인Mark Twain의 말이다. "만약 당신이 다수에 속해 있다는 것을 깨달았다면, 변화할 (혹은 잠시 멈춰 상황을 깊이 생각해볼) 때다."[20]

차례

3부

집단사고의 함정에서 벗어나는 법

1부

다수와 소수의 설득법이 다른 이유

IN DEFENSE OF TROUBLEMAKERS

사람들에게서 동의를 이끌어내는 것은 기술이다. 바로 설득의 기술. 이 기술에서 다수는 상당히 우세한 위치에 있는 것으로 드러났다. 이들은 우리를 설득하려고 노력할 필요조차 없다. 다수라는 아주 단순한 사실 하나만으로도 이들은 우리가 동의하고 따르게 만들 수 있다. 얼마나 즉각적이고 막강한 힘을 가진 사람들인지 우리는 이들이 틀렸다는 직감이 들 때마저도 다수를 따르게 된다. 다수는 현실을 왜곡하는 능력을 가졌다.

이와 반대로 소수는 사람들을 설득하기까지 힘겨운 싸움을 거쳐야 한다. 우리는 순순히 이들에게 동의하지 않는다. 실상, 소수 의견에 반대할 수많은 이유를 찾는다. 반대자들, 즉 소수는 짧은 시간 안에 사람들을 설득할 수 없다. 다양한 설득의 비법을 동원해 오랜 시간을 들여야만 가능하다. 우리가 소수 의견에 동의하는 경우

는 보통 우리의 태도가 변했을 때다. 다시 말해, 우리가 납득해야
소수를 따르거나 동의할 수 있다.

1장

다수가 지배하는 세상에서
반대하기

THE POWER OF DISSENT IN LIFE AND BUSINESS

오래된 TV 프로그램인 〈몰래 카메라Candid Camera〉를 기억하는가? 이 프로그램은 다수의 힘을 보여주는 가장 과학적인 증거 자료는 아니라 할지라도 가장 재밌는 자료 중 하나임은 분명하다. 앨런 펀트Allen Funt가 거리에서 비밀리에 일반인을 대상으로 실험하면서 사람들의 반응을 카메라에 담은 프로그램으로, 1962년에 방영한 '뒤를 마주하고 서다Face the Rear'1는 내가 가장 좋아하는 에피소드다. 이 영상에서 펀트는 실험 도우미로 고용한 세 명과 아무것도 모르는 일반인 한 명을 엘리베이터에 태웠다. 문이 닫히자 세 명의 실험 도우미가 엘리베이터 뒤쪽 벽을 보고 돌아섰다. 엘리베이터 문이 다시 열렸을 때 일반인은 다수인 세 명을 따라 뒤쪽 벽을 보고 서 있었다. 문이 다시 닫히자, 이번엔 실험 도우미 세 명이 옆쪽 벽을 향해 돌아섰다. 이후 문이 열렸을 때 아무것도 모르는 일반인은 무척 혼란스러운 얼굴이긴 했지만, 다른 세 명과 함께 옆쪽 벽을 보고 서 있었다. 다음 장면에서는 실험 도우미들이 모자를 벗었다. 일반인 역시 모자를 벗었다. 세 명이 다시 모자를 쓰자 일반인도 이들을 따라 모자를 썼다.

　　요즘도 학생들에게 틀어주는 영상인데, 학생들은 볼 때마다 폭소를 터뜨린다. 아주 짧은 시간 내에 인간 행동양식의 특성을 여실히 보여주기 때문이다. 엘리베이터에 탄 일반인은 다른 사람들이 방향을 바꿔가며 돌아서는 까닭을 전혀 몰랐지만, (아마 우리 대다수가 그렇듯) 자신만 모르는 무언가가 있다고 생각했다. 어쩌면 엘리베이터 문이 반대편에서 열리는 게 아닐까 생각했을지도 모른다.
그렇기 때문에 그는 다른 사람들의 행동을 따라 한 것이다. 문이 열
리고 이들이 잘못된 행동을 하고 있었다는 사실을 알게 된 후에도
일반인은 다수의 행동을 모방했다.

왜 우리는 다수를 따를까

이처럼 다수는 사람들의 동의와 동조를 이끌어내는 강력한
힘이 있다. 이 힘은 우리에게 직접적이고 막강한 영향력을 행사한
다. 우리는 비행기 조종실과 병원 수술실, 판결 전 배심원의 숙의
과정 등 우리 삶에 영향을 미치는 의사결정이 탄생하는 다양한 장
소에서 이 힘을 목격한다. 유나이티드 항공 173편의 추락사고 당
시 착륙장치 문제가 가장 심각하다고 생각하는 다수의 의견에 기내
관계자들이 모두 휩쓸렸고, 때문에 항공기에서 감지된 다른 치명적
인 결함은 아무도 신경 쓰지 않아 사고가 발생했다. 배심원단의 경
우, 첫 번째로 진행한 무기명 투표에서 나온 다수의 의견만으로 이
후 숙의 과정에서 도출될 결과를 90퍼센트의 정확도로 예측할 수
있다.[2] 평결을 내리기까지 몇 시간에서 며칠이 소요되지만 열에 아
홉의 경우, 첫 투표에서 나온 다수의 입장이 최종 평결로 이어진다.

다수가 반드시 옳기 때문에 사람들이 따른다고 보기는 어렵

다. 도리어 다수가 우리의 판단력과 의사결정은 물론, 생각과 감정에 지대한 압력을 행사한다는 의미로 해석할 수 있다. 지금부터 살펴보겠지만, 다수의 힘은 너무나도 막강한 나머지 우리를 교묘하게 속여 사실이 아닌 다른 무언가를 믿게 만든다. 명백하게 그릇된 다수의 의견과 마주한 사람들이 이유를 불문하고 다수가 택한 거짓의 편에 서게 될 확률은 30퍼센트가 넘는다. 정치와 비즈니스 분야의 문제처럼 모호한 쟁점 앞에서 다수의 힘은 훨씬 강력해진다. 우리의 연구 결과에 따르면,[3] 다수의 주장이 틀렸음에도 군중의 의견을 사람들이 함께할 확률은 무려 70퍼센트나 되었다.

　우리가 그 실체를 인식하지 못하고 잠재적 파장에 대해 모를 뿐, 다수의 힘과 영향력은 삶 곳곳에서 찾아볼 수 있다. 다수는 사람들의 동의를 이끌어내는 힘이 있다. 다수는 사람들을 무조건적으로 따르게 만드는 힘을 가지고 있다. 다수에게 반기를 드는 사람이 없을 때 이런 현상은 더욱 두드러진다. 대개 우리는 스스로 판단하고, 설득력을 갖춘 의견만이 자신의 마음을 움직일 수 있다고 생각한다. 그러나 다른 사람들과 의견이 충돌했을 때, 깊이 있는 언쟁은커녕 별다른 말 없이 다른 사람의 의견을 따르는 경우가 대부분이라는 사실을 곧 깨닫게 될 것이다. 다수 앞에서는 우리가 갖고 있던 신념과 지식마저도 무용지물이 된다. 군중의 의견이라는 사실 하나만으로 이들에게는 사람을 설득하는 힘이 생긴다.

　다수가 옳다면야 이들을 따르는 것이 이상한 일은 아니다.

어쩌면 옳을 수도 있고, 실제로 그런 경우도 제법 있지만, 반드시 항상 옳다고는 볼 수 없다. 문제는 다수의 의견이기 때문에 옳다고 추측하는 데 있다. 서로위키의 《대중의 지혜》와 같은 여러 베스트 셀러 도서가 우리에게 본의 아니게 수적으로 우세한 의견이 옳다는 확신을 심어주었다.[4]

《대중의 지혜》에서는 다양한 사례를 들어 '전문가들'보다 '다수'가 뛰어난 판단력과 우수성을 보인다고 주장한다. 그러나 다수의 의견은 오로지 특정 상황에서만 우월하다는 점을 독자들에게 정확히 전달하지 못했다. 예를 들어, 상식에 관한 문제라면 많은 사람들이 택하는 의견이 정답일 확률이 높다. 병 속에 공을 몇 개나 넣을 수 있는지와 같은 문제는 우리의 상식에 기반을 둔다. 그러나 초우라늄원소를 처음 발견한 인물의 이름은 누구나 알 만한 문제가 아니다. 일반인 열두 명보다 화학 전문가 단 한 명이 '글렌 시보그 Glenn Seaborg'라는 이름을 댈 확률이 현저히 높다. 판단의 독립성 역시 문제가 된다. 각 개인이 독립적으로 판단하는 상황이라면 다수의 의견이 정확할 수 있다. 한편, 이들이 판단 과정에서 서로 영향을 주고받았다면 단 한 명의 의견이라고 봐야 한다.

우리의 경제활동에서 가장 흔하게 보이는 군집행동(다른 금융회사나 투자자의 의사결정을 무조건 따르는 행위. 예금 인출 사태를 예로 들 수 있다-옮긴이), 주식시장의 거품 현상과 같이 다수가 동일한 행동을 하는 경향이 이들이 반드시 정확하고 옳은 판단을 했다는 방증은 아니다. 독립적인 판단을 내렸다기보다는 서로를 모방했을 가능성이 있다.

다수의 의견이 그르다고 지적하는 것이 아니다. 통계학적으로 봤을 때 쟁점이나 환경에 따라 다수가 옳은 경우도 있다. 또한 '군중'의 의견이 무의미하다는 이야기를 하는 것도 아니다. 문제는 '소수'가 아닌 '다수'이기 때문에 우리가 이들을 옳다고 여기는 데 있다. 이러한 짐작을 바탕으로 우리가 별다른 생각 없이 동의 혹은 동조의 대열에 합류한다. 《대중의 지혜》와 같은 책들이 특정 상황에서는 개인보다, 심지어 전문가보다 군중의 판단이 정확할 수 있다고 주장하는 가운데 독자들은 도서에 담긴 논지와 상황의 특수성이라는 한계에 대해 완벽하게 이해하지 못하는 경우가 생긴다. 무엇보다 심각한 문제는 이런 도서들이 다수가 옳다는 가정에 힘을 실어준다는 점이다.

다수가 틀린 경우는 자주 있다. 내가 속한 그룹에서 나를 제외한 모든 사람들이 그릇된 의견을 말한다면 어떨 것 같은가? 다른 사람들이 뭐라고 하든, 뭘 하든 간에 신경 쓰지 않고 자신은 옳은 답변을 내놓을 거라고 예상할 것이다. 특히나 자신의 두 눈으로 직접 정답이 무엇인지 가릴 수 있는 상황에서는 더더욱 말이다. 그러나 50년도 더 전에 진행된 연구를 통해, 다수 앞에서 진실은 해법이 될 수 없다는 사실이 분명하게 드러났다.

1951년, 사회적으로 영향력 있는 심리학자 솔로몬 애시

Solomon Asch가 이 현상을 밝히고자 연구를 진행했다.⁵ 애시의 초기 연구에서는 실험 참여자들에게 그림 두 개를 나란히 보여주었다. 그림 하나에는 실험의 표준이 되는 선분 하나가 그려져 있었다. 두 번째 그림에는 대조용 선분 세 개가 그려져 있었는데, 이 중 하나는 표준 선분과 동일한 길이였다. 참가자들에게 이 두 그림을 제시하고 두 번째 그림에서 표준 선분과 길이가 같은 선분 하나를 고르게 했다. 어려운 문제도, 모호한 문제도 아니었다. 대조 선분 중 하나는 표준 선분과 완벽히 똑같은 반면, 다른 두 선분은 한눈에 알아볼 수 있을 정도로 길거나 짧았다. 참가자들은 홀로 대답하는 상황에서는 막힘없이 정답을 골랐다. 정답이 명백하게 제시되어 있는 문제였다.

또 다른 실험 조건에서 애시는 일곱에서 아홉 명으로 이루어진 집단을 몇 개 꾸렸고, 한 집단당 단 한 명만이 진짜 피실험자였다. 이 외 사람들은 모두 고용된 실험 공모자였다. 이들은 전원 오답을 말하는 다수의 역할을 맡았다. 순진한 참가자 한 명이 집단의 다수를 따라 오답을 고를 것인지 자신의 신념대로 정답을 고를 것인지를 알아보는 게 실험의 목적이었다.

당신이 이 순진한 피실험자라고 생각해보라. 두 그림을 마주하고 있다. 정답은 분명 B다. 누군가 A가 표준 선분과 같다고 말하는 것을 들었다. 시력이 안 좋은 사람이라고 생각하며 이 말을 가볍게 무시했다. 곧이어 두 번째 사람이 "A"라고 답했다. 정신이 번뜩

들기 시작했다. 세 번째 사람이 "A가 표준 선분과 일치한다"고 답했다. 그리고 다른 사람들 역시 같은 답을 말했다. 모두 A가 정답이라고 한 상황. 자, 이제 당신의 차례가 되었다. 당신은 과연 어떻게 대답할 것인가? 애시의 연구 결과에 따르면 피실험자의 37퍼센트가 다수가 고른 오답에 동조했다.

무려 50년 전에 진행한 이 연구의 결과는 이후 여러 국가에서 수차례나 반복적으로 나타났다.[6] 피지, 네덜란드, 일본, 캐나다에서도 다수의 판단에 오류가 있다는 것을 인지했음에도 다수를 따르는 사람들이 많았다. 다양한 문화 속 다양한 성격의 사람들에게서 같은 결과가 도출되었다. 전문가와 일반인을 가리지 않고 같은 결론이 나왔다.

변수가 많을수록 다수의 틀린 판단에 동조하는 경향이 두드러졌다.[7] 일반적으로 과제가 어려워지거나 모호해질수록 다수의 의견을 따르는 사람의 수 역시 늘어났다. 또한 자존감이 낮거나, 집단에 호감을 느낀 사람들이 더욱 그런 경향을 보이는 것으로 드러났다. 다수의 규모에 따라 사람들이 다수를 따르는 정도가 달라졌다. 한편, 대다수의 연구를 통해 한 명에서 세 명 혹은 네 명으로 다수가 형성될 때 동조 현상도 높아지는 것이 확인되었다. 그 이상으로 다수의 규모가 커진다고 해서 정비례 관계로 동조 현상이 높아지는 것은 아니었다.

솔로몬 애시와 그를 따르는 수많은 심리학자들은 단순히

44

이러한 현상을 강조하거나 약화시키기 위해 여러 교묘한 장치를 설정하는 것에만 그치지 않았다. 애시는 사람들이 다수가 틀렸음을 아는 상황에서도 왜 계속해서 다수를 따르는지가 궁금했다. 애시가 진행한 실험 대상자들의 인터뷰 내용과 그의 연구가 공신력을 얻은 이후, 실험이 잇따랐다. 이에 참여한 대상자들의 인터뷰를 취합한 결과, 사람들이 다수를 따르는 가장 큰 이유 두 가지가 밝혀졌다. 하나는 다수의 편에 진실이 있다는 믿음 때문이다. 오래된 노래 제목 '5,000만 프랑스인이 틀렸을 리가 없다**Fifty million Frenchmen can't be wrong'**[8]와 같은 맥락이다. 우리는 이를 '5,000만 프랑스인 원칙**Fifty-Million-Frenchmen-Principle'**이라고 부른다. 또 다른 이유는 소속되고 싶은 욕구, 혹은 달리 말해 다른 사람들과 달리 보여서 비웃음과 처벌을 받을까 두려운 마음이 들기 때문이다. 튀어나오는 못이 정 맞는다는 일본 속담에 공감하는 사람이 많을 것이다.[9] 실제로 현실에서 이 속담과 같은 상황을 자주 볼 수 있는 만큼, '다른 사람들의 눈에 띄지 말아야 한다는 원칙**Keep-Your-Head-Down Principle'**이 생겨났다.

애시의 초기 연구에서[10] 다수가 피실험자가 직접 두 눈으로 본 사실과 정보에 반대하는 의견을 내놓았다. 연구가 끝나고 참가자들을 대상으로 인터뷰가 이루어졌다. 몇몇 참가자는 다수의 의견이 옳았다고 주장했다. 이들은 실제로 다수의 생각처럼 A선분이 표준선분과 같다고 믿었다. 다른 몇 명은 다수가 틀렸다는 사실을 알면서도 다수의 의견을 따랐다. 비교적 그 수가 적긴 했지만, 이 참가자들은 튀고 싶지 않았다고 답했다. 나머지 대부분의 실험 참가자들은 상황을 제대로 인식하지 못했다. 대부분이 자신의 답변에 확신을 가지지 못했다. 그럼에도 스스로 판단하고 결정했다고 답했다.

애시의 연구에 참여한 사람들 대부분은 다수의 의견이 옳고 자신이 틀렸다고 생각했다. 자신이 직접 확인한 정보를 신뢰하지 않고, 분명 무언가 착각했거나 잘못 생각한 것이라고 믿었다. 평균적으로 오류에 동조한 확률은 37퍼센트였으나, 실험이 진행되는 동안 단 한 번이라도 자신이 틀렸고 다수가 옳다는 추정을 바탕으로 판단을 내린 참가자는 이보다 훨씬 큰 75퍼센트에 이르렀다. 다시 말해, 실험 참가자의 4분의 3이 본인이 직접 목격한 사실과 다수의 판단이 반대될 때, 적어도 한 번은 다수가 범한 오류에 동의했다는 의미다.

더욱 놀라운 사실은 오류를 범한 다수를 단 한 차례도 따르지 않았던 25퍼센트에게서 찾을 수 있었다. 이들은 매번 정답을 말했음에도, 다수에게서 전혀 영향을 받지 않았던 것은 아니었다. 심지어 이들은 다수가 아마도 옳다고 생각했다고 밝혔다. 이들 역시 자신의 두 눈으로 직접 확인한 정보를 그다지 신뢰하지 않았다. 다만, 자신이 본 대로 솔직하게 말하는 것이 자신의 의무라고 여겼다. 이들은 거짓으로 내건 연구 주제처럼 시지각적 연구에 참여하고 있다고 믿었을 뿐이었다.

애시 이후로 이 현상을 밝히는 연구가 100건 이상 진행되었고,[11] 매번 예외 없이 다수의 힘을 확인하는 계기가 되었다. 특히나, 다수가 만장일치를 이루거나, 모두 같은 행동을 할 때 사람들이 다수를 좇는 경향이 두드러졌다. 누구나 그러하듯, 사람들은 어딘가에 소속되고 싶어 했다. 더욱이, 이들은 다른 이들의 거부와 조롱을 두려워했다.[12] 실상, 사람들이 다수를 따르는 데에는 주어진 과제의 정답을 맞히고 싶은 욕구보다 두려움이 더욱 강력한 동력인 듯 보였다.[13] 다수가 옳다고 믿어야 다수를 따르는 것이 훨씬 쉬워진다.[14]

금융계의 역사 또한 다수의 힘이 사람들의 판단과 행동을 어떻게 변화시키는지 여실히 보여준다. 18세기 초기 사우스 시 버블South Sea Bubble 사건(남해포말사건, 영국의 남해회사 주가를 둘러싼 투기 사건-옮긴이)부터 나스닥NASDAQ, 지난 20년간 계속돼온 주택시장 거품까지, 사람들은 무리를 지어 다른 사람들을 따라 투자하기를 거듭했다. 여러 경제학자들은 실증적 연구를 통해 투자자들은 본인이 조사하고 분석한 내용보다 다른 사람의 선택을 따른다는 것을 밝혀냈다.[15] 예컨대, 1990년대 후반 미국 주식시장에는 거대한 거품이 형성되었다. 1995년에서 2000년 사이, 나스닥 지수[16]가 다섯 배나 상승했다. 이 기간 동안 지수가 급격하게 올라갔으나 1년이 채 지나지 않아 급락했다. 거품이 커지기 시작할 때는 사람들이 돈을 번다. 하지만 거품이 터질 때는 이 사람들 가운데 대다수가 돈을 잃는다.

경제학자인 로버트 쉴러Robert Shiller가 지적하듯, 거품 현상이 반드시 투자자들이 합리적인 투자 결정을 하지 못한다는 증거가 될 수는 없다.[17] 심지어 나쁜 투자 선택을 한다고 하더라도 이성적 사고의 부재로 치부할 수 없다. 투자자들은 다른 부분에서 나름의 이성적인 판단을 내렸다. 존 메이너드 케인스John Maynard Keynes가 말하는 '평판 계산reputational calculation'[18] 역시 이에 속한다. 이러한 관점에서 볼 때, 투자자들이 대중을 따르고 자신의 판단을 무시하는 이유 중 하나는 바로 평균적인 재정적 손해보다 반대 행동을 할 때 얻게 될 평판 위험이 더 크기 때문이다. 군중에서 벗어나면 성공 여부와 관계없이 평판을 잃게 된다. 만약 당신이 옳았고, 그래서 성공한 역투자자가 된다 해도, 그저 가벼운 사람이라는 낙인만 찍힐 것이다. 당신의 판단이 틀렸고, 따라서 실패한 역투자자가 되면 사람들의 비난을 피하지 못한다.

소수 집단에 속하길 두려워하는 현상은 일터에서도 드러난다. 한 예로, 캐슬린 라이언Kathleen Ryan과 대니얼 오스트리치Daniel Oestreich는 직장인 가운데 70퍼센트가 문제를 발견하고도 지적하지 않는다는 것[19]을 발견했다. 이들의 연구에서 두 가지 이유가 밝혀졌다. 하나는, 직장인들이 문제를 지적한다고 달라질 것이 없고 어차피 회사 측에서 무시할 거라고 생각하기 때문이었다. 또 다른 원인은 침묵을 지키고 문제를 상부에 보고하지 않는 다수를 두려워하는 마음이었다. 동료들이나 수많은 사람들에게서 조롱과 거부를 당하는 반향이 생길까 우려한 것이었다. 침묵은 다수가 지닌 힘의 일부라는 것이 드러났다.

　소비자 행동에서도 유사한 현상이 발견된다.[20] 왜 우리는 자리가 반 이상 비어 있는 음식점을 피하고 사람들이 가득한 음식점을 선택하는 것일까? 왜 우리는 옐프Yelp(지역 비즈니스 리뷰 애플리케이션-옮긴이)나 아마존에 있는 리뷰가 고작 30개여도, 어떤 때는 좋은 리뷰를 남기는 대가로 상점 측으로부터 할인을 받는 게 아닐까 의심이 드는 상황에서도 별점 제도를 신뢰하는 것일까? 왜 우리는 〈뉴욕타임스〉 베스트셀러 목록에 올라가 있는 책을 구매할까? 왜 우리는 오르세 미술관에서 뻔히 눈앞에 짧은 줄이 있는데도, 사람들이 길게 늘어선 줄 뒤에 서는 것일까? 그 이유는 다수의 사람들이 그렇게 행동하기 때문이고, 우리가 다수의 선택을 어떤 상품이나 경험이 가치가 있거나 일정한 수준을 보장하는 징표로 여기기 때문이다. 하지만 다수가 옳다는 맹목적인 믿음으로 줄을 서거나 무언가를 구매하고는 후회한 적이 없는가? 왜 우리는 매년 패션 트렌드를 따르다가 자신이 좋아하지도 않는 색의 옷을 입거나, 내년이면 옷장에서 치워버리게 될 옷을 사는 것일까? 이런 현상은 비즈니스 모델과 마케팅에 강력한 도구로 쓰인다. 다수의 행동과 의견 가운데 무엇이 더욱 큰 영향력을 발휘하는지는 이후 보게 될 테지만, 어쨌든 판매에 큰 영향을 미치는 것은 분명하다.

　수많은 비즈니스가 5,000만 프랑스인 원칙과 다른 사람들의 눈에 띄지 말아야 한다는 원칙을 적극 활용하고 있다.[21] 옐프 등

고객 리뷰 사이트와 같은 업체에서는 다양한 방법을 활용해 잠재고객이 다수를 따르도록 만든다. 그 중 한 가지가 기업에 평점을 다는 방법이다. 다수에게서 높은 평점을 받은 기업은 고객을 끌어당길 확률이 높다.[22] 이와 대조적으로 낮은 평점을 받은 기업은 고객이 찾지 않을 확률이 높다. 좋은 평점이 몇 개 안 되더라도, 리뷰들이 한목소리로 같은 내용을 말한다면 역시 고객을 유인할 가능성이 높아진다. 아마존의 '이 제품을 산 고객들이 구매한 다른 제품들' 목록은 소비자가 대중을 따를 수밖에 없도록 고안된 하나의 장치나 다름없다.

도서 추천 분야에서 가장 막강한 힘을 발휘하는 것[23]은 〈뉴욕타임스〉 베스트셀러 목록이다. 조사에 따르면, 이 목록에 안착한 도서들의 경우 매출이 급증하는 현상을 보였다. 5,000만 프랑스인 원칙이 힘을 발휘하는 대목이다. 많은 사람이 구매한 책이라면 아마도 괜찮은 책일 것이고, 그렇지 않다 하더라도 소속감을 느끼고 '현재 트렌드'에 합류한다는 장점이 있다.

베스트셀러 목록은 사람들이 어떤 말을 하고, 어떤 의견을 갖고 있는지가 아니라, 실제로 어떤 행동을 하는지 유추할 수 있는 정보를 담고 있다. 실상, 행동은 말보다 훨씬 강력한 힘을 발휘할 때가 많다. 호텔에서 '환경을 보호하는 데 일조하기' 위해 숙박하는 동안 수건을 재사용해달라는 문구가 적힌 작은 카드를 본 적이 있을 것이다. 이 카드만으로도 효과가 있긴 하지만, 다른 사람들의 행동양식에 대한 문구를 추가할 경우 투숙객의 참여를 훨씬 많이 이끌어낼 수 있다. 한 연구를 통해 '저희가 새로이 진행하는 자원 절약 운동의 참여를 요청드린 고객 가운데 약 75퍼센트 고객께서 수건을 한 번 이상 재사용하며 함께해주고 계십니다'라는 문구를 추가하자 수건을 재사용하는 고객의 수가 네 배 증가했다.[24]

설득보다 강한 힘

위의 다양한 사례를 통해 특정 물건을 사거나 특정 의견에 동조하도록 유도하고, 심지어 원래 의도에 반하는 행동을 이끌어내는 데는 설득 메시지보다 다수의 행동이 더욱 강력한 영향력을 발휘할 수 있다는 것이 드러났다. 1971년 환경오염을 줄이자는 내용을 담은 공익광고는 메시지보다 행동의 힘이 강력하다는 것을 잘 보여주는 사례다. 미국의 원주민 배우 아이언 아이즈 코디Iron Eyes Cody가 쓰레기를 보며 눈물을 흘리는 광고였다. '우리가 공해를 일으켰습니다. 이제 우리가 공해를 멈출 수 있습니다'[25]라는 카피가 쓰인 이 광고는 공개되자마자 사람들의 뜨거운 호응을 받으며 〈애드에이지Ad Age〉 매거진이 뽑은 20세기 100대 광고 캠페인으로 선정되었다.[26]

진한 여운을 남기며 많은 사람의 뜨거운 호응을 받았던 광고이니만큼 대중에게 환경오염에 대한 경각심을 일깨우는 데도 효과적이었을 거라 생각하기 쉽다. 광고에는 공해를 멈추라는 '규범적prescriptive' 메시지가 내포되어 있었다. 또한 현재 많은 사람이 환경을 오염시키고 있다는 '기술적descriptive' 메시지도 담겨 있었다. 광고를 접한 많은 사람은 (아마도 광고 제작자 역시) 기술적 메시지에 충격을 받았겠지만, 이 메시지는 많은 사람이(다수가) 환경을 오염시킨다는 추가 정보 역시 전달하고 있었다. 규범적 메시지와 기술적 메시지 가운데 사람들의 마음을 움직인 것은 무엇이었을까? 광고를 보고 사람들은 공해를 줄이려고 노력했을까, 아니면 많은 사람이 하는 행동을 따랐을까? 로버트 치알디니Robert B. Cialdini와 그의 동료들이 함께 진행한 연구에 따르면, 기술적 메시지는 본래 의도한 영향력을 발휘하지 못했다.[27]

치알디니와 그의 연구팀은 애리조나의 석화림 국립공원Petrified Forest National Park에서 대조 연구를 진행했다. 공원 측은 절도 문제로 골머리를 앓고 있었다. 공원 방문객들이 매달 1톤 이상의 규화목(오랜 세월을 거쳐 돌처럼 굳어진 나무화석-옮긴이)을 가져갔기 때문이었다. 공원 측의 허가를 받아, 연구진들은 나무화석 몇 개를 길 쪽으로 옮겼다. 그 후 규범적 메시지와 기술적 메시지를 담은 문구를 내걸었다. 규범적 메시지는 사람들에게 규화목을 가져가지 말아달라는 내용이었고, 기술적 메시지에는 과거 많은 방문객들이 공원의 규화목을 수집하며 자연을 훼손했다고 적었다. 두 문구에 담긴 메시지는 본질적으로 '나무화석을 가져가지 마시오'란 의미였으나, 영향력은 분명 달랐다. 5주 후, 기술적 표지판 옆에 놓인 규화목은 규범적 표지판 옆에 있는 규화목에 비해 다섯 배 넘게 사라졌다. 메시지의 의도와는 무관하게, 기술적 메시지에 담긴 내용은 다수의 사람들이 무엇을 하는지를 보여주는 정보일 뿐이었다.

앞서 나온 여러 사례와 연구 결과를 통해 우리는 다수의 의견과 행동이 지닌 파급력과 영향력을 살펴보았다. 우리는 다수가 옳다고 추측하기 때문에, 실제로 옳고 그름과 상관없이 무조건적으로 다수를 따른다. 또한 우리는 다수에 소속되고 싶기 때문에 이들이 옳다고 믿고 싶어 한다. 틀리는 것도 두렵지만, 그보다 반대 의견으로 생길 파급효과를 더욱 걱정한다. 위의 이유가 우리가 이성적으로 판단할 때, 즉 다수를 따라야 할지 선택하는 과정에서 고려사항으로만 작용한다면 그다지 우려할 것이 없다. 그러나 다수의 의견에 동의하거나 행동을 표방하는 과정에서 우리는 전혀 생각하지 않고 오직 앞서 나온 이유만으로 다수를 따르기 때문에 문제가 된다.

다수가 특정 입장을 지지한다는 사실은 중요한 정보가 된다. 만약 다수의 집단에 속한 개개인이 각각 독립적인 판단을 내렸고, 단순히 다른 사람들을 좇지 않았다면 다수가 옳을 수도 있다. 그러나 다수가 틀린 경우도 있다. 수많은 책과 기사는 다수가 옳은 상황에 관해서만 다룬다.[28] 다만, 여기서 중요한 쟁점은 우리가 다수를 따르느냐 마느냐가 아니라, 우리가 정보의 가치를 판단해 깊이 생각한 끝에 결정을 내렸느냐다. 앞서 소개한 버블 투자자들과 〈몰래카메라〉 속 엘리베이터를 탄 일반인들은 다수를 무턱대고 따랐다. 또한 연구에 참여한 사람들도 잘못된 판단을 내린 다수가 봤던 선분의 길이를 직접 두 눈으로 '볼 수' 있었다.

　우리가 사회적 동물이란 점을 감안해도 이러한 현상은 분명 문제가 있어 보인다. 남들과 다르게 행동하는 것을 두려워하는 마음이나 다수에 반할 때 받게 될 보복에 대한 두려움을 낮추는 비교적 간단한 해결책이 있다. 물론 몇몇 특정 상황에서만 가능하다는 제한은 있지만 말이다. 한 가지 구체적인 방안은 익명성이다.[29] 예컨대, 직접 대면하는 상황보다 컴퓨터 네트워크 환경에서 다수의 입장에 동조하는 정도가 낮아지는 경향을 보인다.[30] 다수의 힘에 맞서는 또 다른 방법은 다른 사람들의 의견을 듣기에 앞서 자신이 먼저 결정을 내리는 것이다.

　안타깝게도 삶을 살아가다 보면 익명성이란 방법을 활용할 기회가 거의 없다. 우리는 미팅에서 우리 이름을 아는 사람들 사이에 섞여 의사결정을 할 때가 많다. 미팅에서는 홀로 기표소에 들어가 자신의 의견을 적어 낼 수 없다. 하지만 손쉬운 해결책이 있다. 바로 반대 의견을 독려하는 것이다. 다음 장에서 보게 되겠지만 다수의 힘은 바로 만장일치에 있다. 고로 단 한 명의 반대자만 있다면, 우리는 스스로 생각할 자유를 찾을 수 있다.

2장

단 한 명만으로도
변화할 수 있다

THE POWER OF DISSENT IN LIFE AND BUSINESS

우리에게 동의와 동조를 이끌어내는 다수의 힘을 생각해보면, 특히나 그 과정에서 우리가 깊이 생각조차 않는다는 것을 고려해보면, 다수에게도 약점이 있다는 사실을 쉽게 믿을 수 없을 것이다. 하지만 다수의 힘이 만장일치에서 비롯된다는 것은, 누군가 그에 반기를 든 상황에서는 도리어 큰 약점이 된다는 의미이기도 하다. 여기서 우리가 독립적으로 사고할 수 있도록 하고, '아는 바를 깨닫게' 하는 반대 의견의 힘이 발휘된다. 만장일치는 아마도 다수의 힘에 가장 큰 영향력을 미치는 변수일 것이다. 다수의 합의에 반기를 드는 단 한 사람만 있다면 다수의 힘을 무너뜨리고, 우리가 독립적으로 사고할 능력을 향상시키며, 잘못된 판단을 하는 것을 막을 수 있다.

독립성을 높이기 위한 방법

앞서 확인했듯, 사람들은 다수의 의견과 행동이 정확하고 적합하다고 생각한다. 또한 다수에 속하지 않을 때 겪게 될 반향을 걱정한다. 때문에 다수가 틀릴 때도 자동반사적이고 맹목적으로 다수를 따르고 다수에 동의한다.

　　사람들이 다수의 의견을 더욱 깊이 있게 분석하고 그 가치를 판단할 수 있도록 다수의 힘에 균열을 일으키는 방법에는 여러 가지가 있다. 1장에서 그 한 가지 방법으로 언급된 것이 바로 익명성[1]인데, 몇몇 연구를 통해 사람들이 서로를 볼 수 없도록 칸막이를 세우는 것만으로도 효과가 있음이 입증되었다. 또 다른 방법으로는 개인이 의견을 표현할 때 무기명 투표 방식이나 글로 적는 것이다. 이렇게 하면 소수에 속할 때 생기는 두려움이나 소수로서 이후 겪게 될 반항에 대한 걱정을 크게 줄일 수 있다.

익명성을 보장하거나 무기명으로 투표하는 데에는 이점이 한 가지 더 있다. 다른 사람의 의견을 접하기에 앞서 개인의 의사를 결정할 수 있다는 것이다. 단체로 투표할 때 앞의 세 사람이 같은 의견을 말한다면 어떨까? 아마도 앞 사람들의 의견에 동조할 확률이 매우 높다. 다른 사람의 의견을 보거나 듣기 전 각자 종이에 자신의 생각을 적어 투표한다면 어떻게 될까? 이 경우, 집단 구성원이 다수의 의견을 따를 확률이 낮아진다. 자신의 신념을 먼저 정했다면, 의견을 바꾸게 되는 상황이 생길 때 적어도 그 이유가 무엇인지 생각하는 단계를 거쳐야 한다. 잠시 모든 것을 멈추고 왜 생각이 바뀌게 되었는지 고민하게 된다. 보통 우리는 생각하고 난 후에 어떤 말을 하고 행동을 할 것인지 결정한다. 그러나 만약 다른 사람들의 의견을 먼저 접했다면 상황은 달라진다.

일찍이 미국의 사회 심리학자인 모튼 도이치**Morton Deutsch** 와 해럴드 제라드**Harold Gerard** 는 개인의 신념이 바뀌는 양상에 관해 한 가지 흥미로운 연구를 진행했다.[2] 다수가 잘못된 의견을 주장하는 가운데 실험 참가자들이 공개적으로 자신의 의견을 구두로 밝히는 실험이었다. 솔로몬 애시의 선분 길이 연구와 같은 실험이었다. 그러나 도이치와 제라드의 연구에서는 다른 사람의 의견을 듣기에 앞서 각자가 자신의 의견을 종이에 적었다. 다음과 같은 세 가지 조건으로 나누어 실험했다. (1) 참가자의 의견은 공개되지 않고, 그 자신만이 본인이 쓴 것을 볼 수 있었다. (2) 실험 진행자는 참가자가 쓴 답을 볼 수 있었다. (3) 참가자는 비공개로 자신의 답변을 적었지만 (다른 사람은 볼 수 없었다), 불투명한 플라스틱 판 아래 마분지가 덧대어져, 플라스틱 판을 들어 올리면 자신이 쓴 글을 지우고 새로 쓸 수 있는 '매직 패드'에 적었다.

　　당신이라면, 위의 어떤 조건에서도 자신이 직접 보거나 확신하는 진실을 버리고 틀린 답을 말하는 다수를 좇는 우를 범하지 않을 거라고 자신할 수도 있다. "B를 정답이라고 적었어"라고 스스로에게 말했다고 하자. 만약 다른 사람들이 "A"라고 답한다면, 자신의 최초 판단이 그들과 다르다는 현실을 직면하게 된다. 이미 자신의 의견을 밝힌 바, 이제는 아무 생각 없이 다른 사람들을 그저 따르기가 힘들다. 실험에서도 이와 유사한 상황이 펼쳐졌지만, 결과는 우리의 예상과 다르게 흘러갔다.

　　한번 생각해보길 바란다. 위의 세 가지 조건 중 어떤 조건이 독립성을 높였을까? 공개적 선언(조건2)? 개인적 선언(조건1)? '매직 패드' 선언(조건3)? 대다수의 사람들은 자신이 적은 답을 다른 사람이 볼 수 있었던 공개적 선언에서 동조심리가 가장 낮아졌을 거라고 생각한다. 그러나 도이치와 제라드가 확인한 바로는 아니었다. 공개적 선언은 참가자 본인만 자신의 최초 의견을 알 수 있는 개인적 선언과 크게 다른 결과를 도출하지 않았다.

두 사람을 크게 놀라게 한 것은 '매직 패드' 조건이었다. 아마도 당신은 자신의 의견을 종이에 적든 수정 가능한 패드에 적든 크게 다르지 않으리라고 생각할 것이다. 어찌되었건 다른 사람의 의견을 듣기 전에 자신이 어떤 입장을 취했는지는 변함이 없을 테니까. 그럼에도 두 가지 조건에서 서로 다른 결과가 나타났다. 참가자가 최초의 입장을 번복할 수 있는 상황에서 오류에 동조하는 현상이 두드러졌다. '매직 패드' 조건에서 참가자들은 자신의 처음 판단이 다수와 달랐다는 사실을 잊은 듯했다. 다수에게 동의하고자 하는 동기가 커질 때 개인의 판단은 쉽게 달라진다.

실험을 통해 얻은 중요한 교훈이 있다. 우리는 다른 사람의 의견을 듣기 전, 지울 수 있는 패드가 아니라 지울 수 없는 종이에 자신의 신념을 적어야 한다는 것이다. 비단 투표 방식에 대한 이야기가 아니다. 다수의 의견을 맞닥뜨리는 순간, 우리가 신념을 이토록 쉽게 '잊어'버린다는 것을 깨닫게 해주는 실험이었다. 우리는 패드에 적어둔 의견을 지우듯, 우리 마음에서도 자신의 생각을 손쉽게 지워버린다. 우리가 얼마나 자동적으로, 경솔하게 다수를 좇는지를 여실히 보여주는 실험이다. 자신의 신념과 대립했을 때, 적어도 잠시 멈춰 왜 자신의 의견을 바꾸게 되었는지 자문한다면 맹목적으로 다수를 따르는 행동에 제동을 걸 수 있다.

우리가 스스로 생각할 수 있도록 다수의 기반을 흔들기 위해서는 다수가 가진 가장 강력한 힘의 원천, 바로 합의를 무너뜨려야 한다. 애시의 선분 길이 실험[3]에서 드러났듯이 만장일치의 상황에 균열을 일으키는 것이 독립성을 높이는 방법이 될 수 있다. 한 개인에게 뜻을 함께하는 사람이 단 한 명만 있어도 잘못된 다수를 좇을 확률이 줄어든다. 어느 정도 말이 되는 이야기다. 이 협력자는 우리와 뜻을 같이하며, 우리에게 자신감과 용기, 힘을 줄 수 있다. 누군가가 우리 편에 함께 설 때, 우리는 자신의 의견을 말하기가 수월해진다. 더욱 중요한 사실은, 함께하는 누군가 덕분에 자신의 진정한 의견을 깨달을 수 있다는 것이다.

의외라고 생각할 수도 있지만 협력자가 우리를 자유롭게 하는 이유는 우리에게 힘을 실어주기 때문만은 아니다. 바로 협력자로 인해 다수의 합의에 균열이 생기기 때문이다. 만약 반대자가 당신과 의견이 같은 협력자는 아니라면? 만약 반대자의 의견이 다수보다 훨씬 오류가 많다면? 아마도 이런 협력자는 큰 도움이 되지 않는다고 여길지도 모른다. 그러나 연구에 따르면[4] 협력자가 나와 뜻이 다르고, 잘못된 의견을 주장하더라도 우리를 다수의 힘에서 해방시키는 데 큰 역할을 한다. 우리는 더욱 독립적으로 사고하게 되며, 다수의 합의에 조금의 균열이라도 생긴다면 다수의 힘은 심각하게 손상되고 만다.

선분 실험을 예로 들자면, 스스로 생각했을 때 A선분이 정답이라고 판단했고, 실제로도 정답은 A다. A만이 표준선분과 완벽히 일치하는 선분이었다. 혼자인 경우라면 실수가 발생할 여지가 없다. 한편, 내집단에 속한 모든 사람들이 B가 정답이라고 말하는 상황이다. 여러 연구 결과를 봤을 때 나 역시 B가 정답이라고 말할 확률이 높다. 적어도 3분의 1의 경우 그렇다. 그러나 이때, 한 사람이 나서 정답은 C라고 답한다. 다수와 마찬가지로 그 역시 오답을 말했다. 나와 같은 의견을 갖고 있지 않으니 이 사람을 내 협력자라고 볼 수 없다. 그러나 이 사람은 다수의 의견에도 동조하지 않고 있다. 그룹의 합의에 균열이 생기는 순간이다. 이때 나는 무엇이 옳은지를 보고, 깨달으며, 표현할 수 있게 된다. 나는 "A가 맞습니다"라고 말할 수 있게 된다. 이처럼 설령 다른 반대자가 틀렸다 하더라도, 그리고 이 반대자가 나와 의견이 같지 않더라도 다수의 힘을 무너뜨렸다는 데 중요한 의미를 지닌다. 이 실험에서는 잘못된 다수에 동조하는 확률이 37퍼센트에서 9퍼센트로 낮아졌다.[5] 틀린 의견이라 해도, 반대 의견은 우리의 독립성을 높여준다.

용기는 전염된다

합의의 기반을 흔들고, 독립적인 사고를 키우기 위해서는 '단 한 명'이면 충분하다. 그러나 우리는 모두 이 '한 명'이 되는 것을 두려워한다.[6] 다른 사람들의 조롱과 처벌이 걱정되기 때문이다. 하지만 정말 그럴까? 반대하는 이들이 보인 독립심과 용기에 사람들이 박수를 보내지는 않는 걸까?

반대 의견에 부딪힐 때 사람들이 굉장히 불편해한다는 점은 분명하다. 미국 국가안보국을 고발한 에드워드 스노든이나 담배산업을 고발한 제프리 위건드$^{Jeffrey Wigand}$처럼 정부나 강력한 이익단체에 맞서는 극적인 상황까지도 필요하지 않다. 사소한 문제라도 소수가 목소리를 내는 상황에 사람들은 분노하고, 특히나 이 상황이 지속될 때는 분노가 더해진다. 반대자들과 언쟁하고, 이들의 지능과 동기에 의문을 제기하고, 심지어 이들의 정신 상태까지 들먹인다. 소수 의견을 낸 사람들을 향해 우리는 처벌이나 조롱으로 응대한다. 사람들의 분노를 사는 데는 굳이 권력에 맞서는 것까지 필요치도 않다. 가상의 상황이나 전혀 중요하지 않은 문제에 관해서라도 그저 '다수'에 반대한다는 것만으로도 위와 같은 반향을 예측할 수 있다.

앞에서 사람들이 다수에 동조하는 이유는 그들에 반대할 경우 받게 될 조롱과 거부를 두려워하기 때문이라는 점을 확인했다. 거절에 대한 두려움이 과연 타당할까? 자신의 신념을 위해 목소리를 낼 때 사람들의 존경을 받게 될지 아니면 비난을 받게 될지 궁금하다면, 이제부터 설명할 연구 결과에 실망할 수도 있다.

스탠리 샥터^{Stanley Schachter}는 반대자들을 향한 반발에 대해 연구했다.[7] 고전으로 널리 알려진 이 실험에서 그는 소규모 집단에게 가상의 청소년 범죄 사건을 하나 보여주었다. 그러고는 문제의 청소년을 어떻게 교육해야 할지 논의하라는 과제를 내어주었다. 이들에게는 '1. 사랑으로 감싼다'부터 '7. 엄격하게 훈육한다'로 일곱 가지의 선택지가 주어졌다. 실험 대상자들은 그들 내부에 반대자 역할을 할 실험 공모자가 숨어 있다는 것을 몰랐다.

이 연구에서는 해당 범죄 아동을 사람들의 동정을 받을 만한 캐릭터로 설정했다. 조니 로코^{Johnny Rocco}는 어려운 가정 형편에서 홀어머니와 함께 자랐다. 학교에서는 내내 문제아동이었고, 가끔씩 경찰과도 문제를 일으켰다. 이 아이에게는 의지할 곳도 없고, 롤 모델로 삼을 만한 어른이라고는 그나마 담당 교도관뿐이었다. 예비 실험을 통해 연구자들은 참가자들이 2 혹은 3 범위의 사랑으로 감싸는 훈육을 선택하리란 것을 이미 예상하고 있었다. 따라서 실험에 심어놓은 한 명의 반대자는 굉장히 엄격한 훈육을 지지하는 7번을 주장하는 것으로 설계했다. 사람들은 이 반대자를 향해 어떤 반응을 보였을까?

이 실험에서 나타난 두 가지 결과는 오랜 세월을 거쳐도 변치 않고 다른 여러 실험에서도 동일하게 나타났다. 첫째로, 반대 의견을 낸 실험 공모자는 논의 과정 내내 대화의 중심에서 가장 많은 질문을 받았고, 그가 자신의 의견을 굽히지 않자 그 현상은 더욱 두

드러졌다. 결국 그는 그룹에서 배제당했다. 처음 논쟁이 시작될 때 그는 대화의 중심에 있었다. 더욱 정확하게 표현하자면 사람들 모두가 그를 몰아세웠다.

그저 하나의 실험 현상일 뿐이라고 치부할 수 없는 것이, 반대자를 향한 이런 반응은 사회적 단체나 기업 등 어디서든 상황을 불문하고 찾아볼 수 있다. 수십 년간, 수업 때 학생들을 대상으로 모의 상황을 만들어 실험을 수차례 진행해도 결과는 항상 같았다. 다수와 다른 의견을 피력하는 순간 질문이 쏟아진다. 사람들은 몸을 돌려 당신을 바라본다. 왜 그런 생각을 하는지 수없이 물어온다. 질문의 이면으로 소수 입장에 속한 당신의 의견이 틀렸음을 지적하고 있다. 사람들에게 공격을 받는 입장에 처했다. 그러나 한 가지 명심할 것은 이 상황에는 긍정적인 부분도 있다는 점이다. 토끼몰이를 당하지만 적어도 발언할 기회는 확보가 된 상태이니까. 사람들의 관심과 대화의 주인공으로 자신의 입장을 대변할 기회를 얻는 셈이다.

둘째로, 사람들은 반대자를 거부했다. 그는 사람들에게서 호감을 얻지 못했다. 실제로 그는 아무도 원하지 않는 멤버였다. 이유가 무엇이냐고? 소수에 속한 사람이었으니까. 다수의 의견에 반기를 들었으니까. 이후 참여자들은 각자 역할을 배분했다. 반대자는 잡무를 책임지는 '통신연락위원회'로 밀려났다. 더욱 권한이 높은 '집행위원회'를 노리던 것도 아니었다. 집단에서 누군가 다른 부서로 이동해야 하는 상황이라면 그게 누가 될 것 같은가? 이 실험을 통해, 실제가 아닌 가상의 문제나 아주 하찮은 문제라도 다수의 의견에 반대할 경우 그 대가를 치른다는 것이 드러났다. 국가 안보처럼 큰 문제에 관해 소수의 목소리를 낼 때만 보복을 당하는 것이 아니었다.

슬프게도 거의 모든 사람들이 반대자에게 형벌을 내린다. 우리의 신념에 반하는 사람을 좋아하지 않고, 우리가 다수의 편에 속해 있을 경우, 대립하는 의견을 내세우는 사람들에게 응징을 가하는 것은 상당히 쉬워진다. 대학에서 학생들을 대상으로 샥터의 실험을 진행할 때마다 군중의 폭력성을 마주하게 된다. 평소에는 예의 바르고 침착한 학생들이 청소년 범죄에서 '강경한 태도'를 취하는 외로운 반대자를 거리낌 없이 비웃고는 한다. 이 반대자는 명백히 그르다. 어쩌면 비정상일 수도 있고, 냉혈한임에 틀림이 없다. 다른 주제에 관해 똑같은 실험을 해봐도, 위의 실험과 달리 다수가 냉혹한 입장을 취하고 반대자가 온건한 입장을 선택할 때도 결과는 같았다. 반대자들을 좋아하는 사람은 아무도 없었다. 다수는 반대자의 마음을 돌리려 설득하고,[8] 그 설득이 실패로 돌아가면 그를 무시했다. 이 실험을 통해서 알게 된 것이 있다. 반대 의견이 사람들에게서 다양한 반응을 이끌어내는 가능성을 지니는 것만은 분명했다. 그 반응이란, 혼란일 때도 있고 존경이나 질투일 때도 있다. 그러나 대부분, 반대자들을 향한 반응은 짜증과 조롱이다.

이런 이유로 반대 목소리를 내는 데는 용기가 필요하다. 여기서 한 가지 흥미로운 점은 용기는 전염성이 있다는 것이다. 반대 의견을 경험한 사람은 실제로 다른 곳에서 다수의 합의를 맞닥뜨렸을 때 그에 맞설 용기를 낼 가능성이 높다. 또 다른 형태의 해방이다. 반대 의견은 우리가 자신의 소신대로 발언할 수 있도록 해준다.

우리가 직접 진행한 실험에서도 이를 확인할 수 있었다.[9] 반대 의견은 전염성이 있었다. 더욱 정확하게 설명하자면, 사람들은 누군가 반대 의사를 표명한 이후로 이 반대자의 의견에 동의하지 않더라도 반대자의 용기 있는 모습을 따라 자신의 의견을 밝힐 용기를 냈다.

우리가 진행한 연구에서는 실험 참가자를 네 명씩 한 집단으로 나누고, 그 중 한 명에게 반대자의 역할을 주었다. 몇 개의 파란색 슬라이드를 두고 색과 명도를 살피는 실험에서 반대자는 모든 슬라이드를 초록색이라고 주장하라는 요청을 받았다. 사실, 슬라이드는 모두 분명한 파란색이었고, 실험 참가자들 역시 파란색으로 이해했다. 예상대로 참가자들은 반대자가 틀렸다고 생각했다. 때문에 반대 의견을 밝힌 이의 의견을 따르지 않았다. 이와 달리 통제 집단의 경우에는 집단 구성원들의 의견을 듣지 않고, 단독으로 자신의 의견을 밝히도록 했다.

파란색 슬라이드 실험 이후, 두 집단은 각각 작은 방에 입실했다. 방은 벽 하나와 문을 사이에 두고 연결되어 있었다. 새로운 그룹이 형성된 셈이었다. 이번 실험에서는 빨간색 슬라이드를 제시했다. 자신의 눈으로 직접 확인하고 슬라이드의 색과 명도를 답하는 과제였다. 준비된 슬라이드는 모두 빨간색이었다. 혼자 있는 참가자들은 슬라이드를 빨간색으로 인지했고, 마이크에 대고 자신의 생각을 말해달라는 요청에 "빨간색"이라고 말했다. 혼자 판단하고 의견을 밝히는 상황에서 실수하는 사람은 없었다. 한편, 세 명의 실험 동조자와 한 명의 실험 참가자가 섞인 새 집단을 형성하고, 실험 동조자 세 명은 슬라이드 색깔이 오렌지라고 주장하는 상황을 연출했다. 전형적으로 동조 현상이 만들어지는 환경을 형성한 것이었다. 이후 무슨 일이 벌어졌을까? 반대 의견을 경험한 적이 없는 실험 참가자들은 (반대자가 파란색 슬라이드를 초록색이라고 말하는 상황에 노출되지 않은 경우), 다수를 따라 오답을 말하는 경향이 눈에 띄게 증가했다. 실험 결과, 반대 의견에 노출되지 않았던 참가자들 가운데 70퍼센트가 "빨간색"이 아닌 "오렌지색"이라고 답했다.

한편, 앞서 한결같이 반대 의견을 말하는 반대자를 경험한 실험 참가자들의 결과는 상이했다. 반대자는 파란색 슬라이드를 계속 초록색이라고 주장했다는 것을 명심해야 한다. 반대자의 의견은 틀렸고, 참가자들은 반대자에게 호감을 느끼지 않았다. 반대 의견을 말한 사람은 참가자들에게 슬라이드가 초록색이라고 설득하려 들지도 않았다. 그럼에도 반대자를 경험한 참가자들은 두 번째 실험 조건에서 독립성이 향상되는 모습을 보였다. 이들은 반대 의견을 표할 용의가 있었다. 빨간색 슬라이드를 두고 오렌지색이라고 만장일치가 이루어진 상황에서 참가자들은 빨간색이라는 (옳은) 판단을 고수했다. 그리고 빨간색이라고 답하기도 했다. 빨간색 슬라이드를 오렌지색이라고 말하며 다수의 오류를 좇았던 70퍼센트의 참가자와는 반대로, 앞선 실험에서 누군가 반대 의견을 밝히는 것을 목격한 참가자들은 겨우 14퍼센트만이 다수가 말한 오답을 따라 말했다. 반대자를 관심에 목마른 사람으로 치부하거나 바보 같다고 생각하고, 이들의 정확성과 심지어 정신 상태까지 의문을 가질 수는 있지만, 반대자는 우리에게 소신대로 발언할 자유를 보장해준다.

다음 장에서 우리는 단순히 다수의 합의를 좌절시키거나, 우리가 무엇을 아는지 깨달을 기회를 주고, 우리가 아는 것을 밝힐 용기를 주는 데 그치지 않고, 이보다 더 큰 영향력을 발휘하는 반대의 힘에 대해 살펴볼 예정이다. 반대자들은 승리할 수 있다. 다시 말해, 다수에 속한 사람들을 설득해 반대 의견을 수용하도록 만들 수 있다. 다수가 설득하는 과정과 반대자가 다수를 설득하는 과정이 어떻게 다른지 함께 알아보자. 반대자들에게 설득은 굉장히 힘든 싸움이고, 이 싸움의 관건은 호감도가 아닌 신념에 달려 있음을 알 수 있을 것이다.

3장

신념이 있는
반대의 힘

THE POWER OF DISSENT IN LIFE AND BUSINESS

2장에서 살펴봤듯이 반대에는 용기가 필요하다. 반대하면 사람들의 주목을 받는다. 잠깐 동안은 발언할 기회도 얻는다. 그러나 곧 당신을 설득하기 위한 사람들의 질문 세례가 쏟아질 것이고, 당신은 압박을 느끼게 될 것이다. 당신이 소수에 속해 있다는 사실을, 즉 당신이 틀렸다는 암시를 계속 받게 될 것이다. 사람들에게 미움을 사고, 심지어 거부까지 당할 수도 있다.

이쯤 되면 대다수 사람들은 굳이 반대 의견을 내세울 이유가 하등 없다는 결론에 이를 것이다. 그리고 스스로에게 묻게 된다. '뭐 하러 그런 짓을? 그냥 조용히 있는 게 낫지 않아?' 만약 우리가 소수 의견을 갖고 있다면, 다음과 같은 생각을 하게 될 것이다.

'솔직한 의견을 표현해봤자 공연한 일을 하는 건 아닐까?'
'우리로 인해 다른 사람들이 더욱 독립적으로 사고할 수 있다 하더라도, 소수인 우리가 정말 승리할 수 있을까?'
'실제로 다른 사람들을 설득할 수 있을까?'
'우리가 다수가 아닌 소수에 속해 있더라도 사람들이 우리 의견에 동의하도록 만들 수 있을까? 만약 그렇다면, 어떻게 가능할까?'

영향력에 대한 초기 사회 심리학 연구는 다른 사람을 설득하는 것이 소수가 아닌 다수라는 전제로 행해졌다. 그렇기 때문에 반대자를 영향력을 행사하는 근원이 아닌 영향을 받는 대상으로 연구했다. 연구자 대다수는 대화의 표적이 되는 것이[1] 반대자로서 겪어야 하는 위험 중 하나라고 봤다. 반대자는 압박을 받았다. 그리고 거부당했다. 그러나 연구자들은 반대자가 다수의 의견을 바꿀 수 있을지에 관해서는 연구하지 않았다.

반대자가 사람들의 주목을 받고, 조롱과 보복을 받는 사례는 수없이 많다. 그럼에도 반대자는 우리를 설득했고, 자신들의 의견을 납득시켰다. 감히 지구가 우주의 중심이 아니라고 주장했던 갈릴레오 갈릴레이^{Galileo Galilei}와 '무의식적' 동기를 내세워 당시 사람들에게 큰 충격을 안겨준 지그문트 프로이트^{Sigmund Freud}를 기억할 것이다. 당시 이들은 세상의 손가락질을 받았다. 세상과 반대하는 의견을 내세운 대가를 치러야 했다.

예컨대, 갈릴레오는 1633년 로마에서 종교재판을 받고 무기징역형을 선고받았지만 이후 가택연금으로 감형되었다. 역사상 몇몇 반대자들은 죽음에 처하기까지 했다. 예수 그리스도나 마틴 루터 킹^{Martin Luther King Jr.} 목사의 마지막이 어땠는지 생각해보라. 그럼에도 이들이 대중을 설득했다는 사실에는 의문의 여지가 없다. 이들은 다른 사람들에게 자신의 생각을 관철시키고 동의를 이끌어냈다. 그러나 아주 오랜 시간이 걸렸다. 갈릴레오의 《대화^{Dialogue}》가 금서 목록에서 풀리기까지[2] 두 세기가 걸렸고, 그로부터 한 세기가 더 흘러서야 갈릴레오의 복권이 공식적으로 선언되었다.

여성에게 순결함이 강요되고 성적인 대화를 나누는 것이 금기시되었던 빅토리아 시대(1837년부터 1901년까지 빅토리아 여왕이 영국을 통치하던 시대-옮긴이) 때 지그문트 프로이트는 '무의식적' 동기와 부모에게서 성적 욕망을 느끼는 어린아이들에 대해 설파했다. 그는 사람들에게 비난받았고,[3] 대학 강단에 설 자격을 잃었으며, 심지어 '성도착자' 취급까지 받았다. 프로이트의 정신학 이론이 탄생한 데에는[4] 코카인의 역할의 컸다고 보는 사람도 있었다. 1890년대 당시, 그는 세간의 통념을 뒤엎는 소수였다. 그러나 한 세기가 지난 지금까지도 우리는 그가 남긴 영향력 아래 있다. 이제 무의식, 억압,[5] '프로이트의 말실수(무의식적으로 자신의 속마음을 드러내는 실수-옮긴이)'와 같은 개념은 널리 수용되고, 많은 사람이 일상적으로 사용하는 용어로까지 자리 잡았다.

최근 역사에서는 반대자들의 '승리'를 쉽게 찾아볼 수 없다. 그러나 이들에게 가해진 처벌은 분명하고 즉각적이었다. 1989년 톈안먼天安門 광장 시위 이후 '사라진' 반대자들과 알렉산드르 솔제니친Aleksandr Solzhenitsyn, 안드레이 사하로프Andrei Sakharov 같은 구소련의 반체제 인사들이 어떤 처우를 받았는지 생각해보라. 젊은 파키스탄 여성, 말랄라 유사프자이Malala Yousafzai는 여성이 교육받을 권리를 주장하다 탈레반의 피습을 받고 겨우 살아남았다. 담배 산업의 내부 고발자인 제프리 위건드의 이야기는 1999년 영화 〈인사이더The Insider〉[6]의 소재가 되기도 했다. 영화는 자신의 신념을 밝히고 기득권에 저항한 사람들에게 가해지는 재정적 피해는 물론 괴롭힘과 스토킹, 협박 등을 사실적으로 그렸다. 가장 최근에 등장한 반대자라면, 여전히 뜨거운 논란의 중심에 서 있는 에드워드 스노든을 들 수 있다. 그의 사례를 통해 반대자가 감수해야 할 위험이 무엇인지 분명하게 드러났지만, 사람들이 언제, 그리고 왜 반대 의견에 설득당하는지를 알 수 있는 계기가 되기도 했다.

2013년 6월, 〈가디언The Guardian〉 신문사 소속 기자인 글렌 그린월드Glenn Greenwald는 미국 국가안보국NSA이 비밀리에 미국 최대 이동통신사인 버라이즌Verizon을 통해 고객 통화 기록을 수집해왔다는 특종[7]을 보도했다. 그는 어디서 이 정보를 얻었을까? 이튿날 더욱 큰 폭로가 터졌다. 그린월드와 유언 맥어스킬Ewen MacAskill은 NSA가 7년간 구글, 애플, 페이스북 등을 통해 개인의 검색 기록과 이메일 및 개인정보 데이터를 수집해온 프리즘PRISM 프로그램에 대해 보도[8]했다. 프리즘은 국내 감시 프로그램이었을까? 무슨 데이터를 어떤 이유로 수집했던 걸까?

보도 이후 대중의 반응은 즉각적이고 뜨거웠지만 다양하게 엇갈렸다. 몇몇은 큰 정부big government(국민들의 삶과 국가 전반에 개입, 간섭, 통제를 하는 정부-옮긴이)의 도래와 국민의 사생활 침해를 우려했다. 국가 정보요원의 기밀 누출이 국가

안보를 위험하게 할 수도 있다는 점을 걱정하는 사람들도 있었다. 국가 안보와 개인 사생활의 '균형'[9]은 모두가 바라는 부분이었다. 한편, 이 모든 사태를 책임져야 할 정보 유출자에 대한 수색이 시작되었다. 정보기관 한 곳의 고위 간부직일 거라는 예상이 지배적이었다.

그리 멀리서 찾을 필요도 없었다. 2013년 6월 9일, 정보 유출자 스스로 모습을 드러냈다. 본인의 요청으로 〈가디언〉은 그가 부즈 앨런 해밀턴[Booz Allen Hamilton] 소속, CIA 전직 컴퓨터 기술자인 스물아홉 살의 에드워드 스노든이라고 보도[10]했다. 정부와 연 10억 달러의 계약을 맺은 부즈 앨런에서는 정보 유출이 확실하다면 이는 자사의 핵심 가치를 위반하는 행위라며 해당 사건의 연관성을 일축했다.

평론가들과 정치인들 역시 스노든 사건에서 발을 빼려고 애쓰던 중 상원의원인 랜드 폴[Rand Paul]은 "사생활 침해에 있어서는 스노든의 말이 사실이다"[11]라고 밝혔다. 스노든은 자신이 '잘못을 저질렀다고 생각지 않았으므로'[12] '숨을 이유'가 전혀 없었다. 그럼에도 그는 도피했다. 그는 홍콩의 한 호텔에 머물며 자신이 한 일에 대한 대가를 치러야 한다는 사실을 알고 있었다. 그는 다음과 같이 자신의 입장을 밝혔다.

"NSA는 거의 모든 것에 개입할 수 있는 인프라를 구축했습니다.[13] 저는 사람들의 이메일, 비밀번호, 통화 기록, 신용카드 내역 뭐든 확인할 수 있었습니다." 그는 덧붙였다. "이런 일을 자행하는 사회에서 살고 싶지 않습니다. …… 제가 하는 모든 일, 모든 말이 기록되고 녹음되는 세상에서 살고 싶지 않습니다. 이런 사회는 제가 지지하거나 소속되어 살고 싶은 곳이 아닙니다."

발언의 진실 여부보다는 폭로의 동기에 대한 추측이 난무했다. 그는 영웅인가, 반역자인가? 그를 영웅이라고 보는 쪽[14]에서는 옳은 일을 실천하는 용기를 지닌 사람이자 '굉장한 봉사'를 했고, '민간인으로서 조국을 위해 자신의 목숨을 희생할 준비'가 되어 있었다고 평가했다. 그를 비난하는 사람들은 그의 저의와 가정환경 심지어 성격까지 들먹였다. '오만'[15]하고, 제멋대로이며, '유년 시절 문제로 극심한 성격이상' 증세를 보이는 사람 등으로 다양하게 묘사했다. 〈뉴욕포스트New York Post〉의 한 리포터는 "심각할 정도로 자기중심적인[16] …… 수염 난 킴 카다시안Kim Kardashian"이라고까지 묘사했다. 그가 스파이일지도 모른다는 뉘앙스의 보도도 흘러나왔다.

이후 벌어진 일은 탐정소설을 방불케 했다. 미국이 홍콩 당국에 스노든의 구금과 송환을 요청했음에도 그는 2013년 6월 23일 모스크바로 떠날 수 있었다. 그러나 미국이 여권을 말소하며 모스크바의 세레메티예보 국제공항 환승구역에서 발이 묶였다. 그는 여권도, 비자도 없는 처지에[17] 스파이 활동 혐의로 기소당한 상태였다. 이 판에 모스크바까지 등장한 후로 추측과 우려는 커져만 갔다. 다른 나라들도 하나둘씩[18] 추측컨대 미국의 압박으로 인해 그의 망명 신청을 거부하거나 다른 이유를 내걸어 망명 요청을 받아줄 수 없다는 입장을 내보였다. 몇몇 국가는 일체 대응조차 하지 않았다. 결국, 러시아 대통령 블라디미르 푸틴**Vladimir Putin**[19]은 한시적 임시 망명을 허가했고, 이는 미국 백악관과 의회의 분노를 샀다.

에드워드 스노든이 용기 있는 사람인지, 혹은 어리석은 선택을 한 사람인지, 반역자인지 혹은 영웅인지 논란은 여전하다. 하지만 여기서 핵심은 그가 권력에 맞서 자신의 신념을 밝혔고, 그 대가를 치르고 있다는 것이다. 이 책을 집필하는 지금까지도 그는 여권과 비자가 없고, 간첩 혐의 재판을 받아야 하는 입장이다.

힘겨운 싸움을 시작한 사람들

스노든은 자신의 의견을 사람들에게 설득시킨 걸까? 역사상 반대자들은 '승리'를 쟁취했는가? 만약 그랬다면 이유가 무엇이었을까? 역사를 살펴보면, 사람들의 동의를 이끌어낸 인물이 수없이 많다.

이제 우리는 지구가 태양계의 중심이 아님을 안다. 우리의 의식에는 무의식이 있고, 우리가 '프로이트의 말실수'를 저지른다는 것은 이미 기정사실로 자리 잡았다. 이제는 셀 수 없이 많은 사람이 예수 그리스도의 가르침을 따른다. 스노든마저도 자신의 행동이 정당했음을 수많은 사람들에게 납득시켰다. 사람들은 국가 안보만큼 사생활 보장이 중요하고, NSA의 감시 프로그램을 개혁해야 한다는 스노든의 의견에 동의하기 시작했다.

사람들의 태도가 완전히 달라졌다. 스노든을 어찌 평가하든 그의 영향력은 상당했으며, 보호해주는 사람 없이 혼자의 몸으로 대단한 일을 했다는 점은 누구나 인정했다. 스노든 사건은 전 세계에 파장을 일으켰을 뿐 아니라,[20] 사건을 최초로 보도한 글렌 그린월드의 '예상을 훨씬' 뛰어넘는 파급력을 낳았다.

실제로 정책을 바꾸게 만들기까지에는 시간이 걸렸지만, 2015년 4월, 애국자법Patriot Act(9·11 이후 테러 방지를 위해 관련 정보기관의 권한을 확대하고 시민의 자유권을 제한한 법령-옮긴이)이 만료되기 직전 변화가 찾아왔다. 연방항소법원은 무차별적 감시 프로그램이[21] 애국자법에 의거했다고 보기 어렵다는 판결을 내렸다. 의회는 정보기관에 대한 통제권을 되찾았다. NSA는 영장을 받아 통신사의 데이터에 접근할 수는 있지만 통화 기록을 수집 및 저장하는 것은 금지되었다. 1년 후, 2015년 캘리포니아주 샌버너디노에서 14명의 사망자를 낸 총기 테러 사건 용의자의 아이폰을 잠금 해제 해달라는 FBI의 요청에 애플이 거부하는 사태가 벌어졌다. 애플은 FBI가 자사의 보안체계를 무력화할 것을 요구했고, 이는 고객의 개인정보를 위협하는 행위라고 일축했다. 추후 '부당한 정부의 감시'[22]뿐 아니라 해커와 사이버 범죄자들에게도 개인정보가 유출될 수 있다고 우려했다.

과거에도, 그리고 최근에도 혼자서 사람들을 설득하는 일이 어떻게 가능했을까? 이들은 다른 사람에게 자신의 입장을 어떻게 관철시켰을까? 혼자서 자신의 입장을 관철하고 사람들을 설득시키기 위해서 충분조건은 아니더라도 필요조건이었던 것이 하나 있다. 반대자가 자신의 입장을 끝까지 유지했다는 점이다. 반대자는 상대방에게 굴복하거나 일관성을 잃어선 안 된다. 자신의 입장을 변경하는 것으로 절충이나 타협을 해선 안 된다. 이는, 우리가 반박당할 때를 대비해 자신의 언행을 살펴야 하고, 자신의 입장을 고집스럽게 지키기보다는 협의할 줄 알아야 하며, 다른 사람을 설득하기 위해서는 우리 스스로 호감 가는 인상을 주어야 한다는 통념과 상충한다. 수많은 컨설턴트가 우리에게 개인이 지닌 호감도가 설득에 큰 역할을 한다고 강조하지만, 이는 다른 사람에게서 동의를 이끌어내는 반대자의 역량에서 가장 핵심적인 요소가 아니다.

역사상 수많은 반대자들이 회유와 타협의 전략을 사용해야 한다는 조언을 들었지만, 대부분 이 조언을 무시했다. 스노든 또한 국회의원들과 직접 협상하거나 절충하라는 요구를 거부했다. 대신 그는 자신의 입장을 고수하고, 기밀서류 유출의 정당성을 주장했다. 스노든의 성공, 그리고 역사상 여타 반대자들의 성공은 태도의 일관성 덕분이었을까, 아니면 일관성을 유지했음에도 불구하고 쟁취한 것이었을까? 만약 이들이 타협에 대한 조언을 받아들이고, 자신의 입장을 지나치게 내세우지 않았다면 상황은 더 나아졌을까?

1969년, 반대자가 설득하는 방법에 대한 실험 연구[23]가 최초로 진행되었다. 반대자의 일관성을 집중적으로 다룬 이 연구는 타협의 어두운 단면에 대해 깨닫는 계기를 마련해주었다. 최초 연구자인 세르주 모스코비치Serge Moscovici는 루마니아 유대인으로, 2차 세계대전 이후 파리로 옮겨와 어려운 생활을 이어갔다. 그는 정치학에 유난히 관심이 많았다. 파란만장한 삶 덕분에 권력 그리고 합의가 지닌 힘과 위험에 대해서 누구보다 잘 알았던 그는 아웃사이더, 특히나 일관성과 신념을 지닌 아웃사이더의 영향력을 수차례 목격했다.

그가 진행한 연구에서는 소수가 다수의 의견에 반대되는 의견을 주장했는데, 이때 소수의 의견은 틀린 것이었다. 애시 및 다른 연구자들이 진행한 동조 실험에서는 소수가 잘못된 다수를 상대해야 하는 환경이었지만, 이 실험은 완벽히 반대의 상황이었다. 여섯 명으로 구성된 몇 개의 집단에게 슬라이드를 보여준 뒤 두 가지 질문에 답하게 했다. 참가자들은 슬라이드를 직접 확인한 뒤, 색깔의 이름을 말하고 명도를 0에서 5사이로 대답하면 되었다. 예를 들어,

파란색의 약간 어두운 밝기라면 "파랑 2"라고 답하는 식이었다. 준비된 슬라이드는 모두 36개였고, 모두 파란색이었다. 모두 똑같은 파장을 지녔고, 중성필터를 이용해 눈이 인식하는 밝기만 달리 했다. 전혀 어려울 것이 없는 과제였다. 참가자들에게 각각 따로 물어봤을 때는 사람들이 36개 모두 파란색이라고 빠르고 자신감 있게 대답했다. 그러나 그룹 내 반대자가 나타났을 때 상황이 달라졌다. 그룹 내 소수의 반대자들은 잘못된 의견을 말했다. 이들은 파란색 슬라이드를 "초록색"이라고 답하는 역할이었다.

첫 번째 조건에서는 여섯 명 중 두 명이 주어진 슬라이드가 모두 "초록색"이라고 답했다. 이들 두 명은 다른 네 명이 모르는 실험 동조자였다. 대다수의 사람들은 이 두 명이 아무런 영향력을 끼치지 못할 것이라고 예상할 것이다. 실험 후 참가자들이 작성한 설문지에 따르면, 참가자들은 두 명의 실험 공모자에 대해 잘못된 판단을 했거나, 시력이 나쁜 사람들로 치부했다. 그러나 이것이 끝은 아니었다.

두 번째 조건에서 실험 동조자 두 명은 슬라이드의 3분의 2(24개)를 "초록색"이라고 답하고, 3분의 1은(12개) "파란색"이라고 말했다. 이번에도 집단 내 다른 참가자들은 이 두 명이 잘못된 판단을 하거나, 시력이 나쁘다고 생각하고 넘겼을까? 그렇다. 하지만 실험 공모자들이 슬라이드를 모두 "초록색"이라고 말했을 때만큼은 아니었다. 과연, 위의 두 상황 중 다수에게 슬라이드가 파랑이 아닌

초록이라고 설득하기에 유리한 상황은 어느 쪽일까? 당신이라면 파
란색을 보고 "초록"이라고 말하는 두 명에게, 특히나 당신이 다수에
속해 있을 뿐 아니라 명백히 진실을 아는 상황에서 이 두 명에게 설
득될 것 같은가? 만약 그렇다면, 위의 두 상황 중 어떤 조건이 더욱
설득력 있게 다가오는가? 소수가 파란색을 두고 "초록색"이라고 반
복적으로 말하며, 계속 잘못된 의견을 펼치는 상황인가? 아니면, 세
번 중 두 번은 잘못된 의견을 고집하지만, 나머지 한 번은 다수의 의
견에 동의하며 진실을 말하는 상황인가?

아마도 대부분의 사람들은 위의 어떤 상황에도 설득당하지
않을 거라고 답할 것이다. 사람들에게 실제로 질문했을 때, 그나마
세 번 중 한 번은 파란색을 "파란색"이라고 답하고, 두 번은 "초록
색"이라고 답한 두 번째 상황이 설득력 있다고 말했다. 일부나마 정
답을 말한 소수에게 신빙성이 있다고 판단한 것이었다. 세 번 중 한
번, 이들은 정답을 말했고 다른 사람에게도 동의하는 모습을 보였
다. 때문에 타당한 추측이었으나 실험 결과는 달랐다.

실제로 참가자들을 설득한 상황은 소수의 실험 공모자가 모
든 슬라이드를 "초록색"이라고 말하며 변치 않는 반대 의견을 제시
했을 때였다. 이 상황에서 다수에 속한 사람들 가운데 9퍼센트가
"초록색"이라고 답했다. 소수가 세 번 중 두 번은 "초록색"이라고 잘
못된 답을 말하고, 한 번은 "파란색"이라고 답한 상황, 즉 이들이 정
답을 말하나 의견의 일관성은 결여된 모습을 보인 상황에서는 다수

에게 아무런 영향력도 끼치지 못했다. 이때 다수는 "파란색"이라는 답변을 고수했고, 파란색 슬라이드를 보고 "초록색"이라고 답한 비율은 단 1.25퍼센트에 그쳤다. 이 결과가 시사하는 것은 무엇일까? 지속적이고 일관적인 오류가 진실과 오류가 섞인 상황보다 사람들을 설득할 확률이 높다는 점이다.

연구자들은 실험 결과에 놀랐지만, 이후 진행된 연구에서도 반복적으로[24] 같은 결과가 나왔다. 이 연구에서 무엇보다 중요한 결론이 나왔다. 바로 일관성이 설득의 가장 중요한 요소라는 점이다. 일관성이 없다는 것은 곧 확실한 신념을 바탕으로 한 명확한 입장이 없다는 뜻이다. 계속된 연구를 통해 일관성이 없는 소수 의견은 설득의 힘이 없다는 것이 드러났다. 하지만 의견의 일관성은 설득의 필요조건이나, 충분조건은 아니라는 것을 곧 확인하게 될 것이다.

일관성이 있는 소수라 하더라도 적어도 공적인 문제에서만은 다수를 설득하지 못한다는 사실이 수많은 연구를 통해 밝혀졌다.[25] 소수 의견은 관철되기가 어렵다. 예컨대 배심원의 경우, 첫 번째로 진행된 무기명 투표에서 소수 의견에 따른 평결이 내려지는 확률이 5퍼센트 미만에 그쳤다.[26] 배심원제 모의재판 실험을 직접 진행한 결과,[27] 반대자가 일관성 있는 입장을 고수했음에도 반대자의 의견에 동참하려는 움직임은 거의 없었다. 반면, 다수에 속한 사람들은 반대자에 대한 분노를 여실히 드러냈다. 배심원 내 반대자 역할을 하는 실험 공모자가 실험 내내 견뎌야 했던 심적 고통의 대가로 '위험 특별 수당'을 요청해온 적이 많았다. 거의 매 실험마다 그는 참가자들에게 분노의 대상이 되었고, 협박을 받을 때도 있었다. 우리는 우리에게 반대하는 사람들을 싫어하고, 특히나 이들이 '소수'일 경우 반감은 더욱 심하며, 소수이기 때문에 이들이 분명 틀렸을 거라고 생각하는 경우가 많다.

한편, 앞서 나온 두 가지 실험을 포함해 공적 동의public agreement를 주제로 한 여러 연구의 경우, 반대자가 다수를 설득하는 역량에 대해 과소평가하는 경향이 있다. 사람들이 다수의 의견에 실제로 동의하지 않아도 다수는 사람들에게서 공적인 동의를 이끌어낼 수 있는 반면, 반대자는 공적이 아닌 사적으로[28] 의견 변화를 이끌어내는 경우가 많다는 것이 수많은 연구를 통해 거듭 밝혀졌다.

사람들이 공적으로 반대자에게 동의하는 모습을 보이고 싶어 하지 않는 현상을 수차례 발견했다. 그러나 사실은 반대자에게 설득당했다는 것을 알 수 있었다. 연구진이 참가자들에게 실험이 끝난 후 나중에 따로 묻거나, 참가자 자신이 반대자에게 동의했다는 사실을 노골적으로 깨닫지 못하도록 은근슬쩍 물어보면 반대자가 제시한 의견 쪽으로 태도의 변화가 있었음을 은연중에 드러내는 경우가 많다.

연골 파열과 그에 따른 보상에 대한 실험 연구에서 반대자는 보상 금액을 적게 제시해야 한다고 주장했다. 반대자를 제외한 사람들은 공식적으로는 반대자의 의견에 동의하는 모습을 보이지 않았다. 다시 말해, 제안한 보상금에서 단 1달러도 낮추지 않았다. 그러나 위와 같은 상해 사건을 포함해[29] 다른 신체적 상해 문제에 대해 집단이 아닌 단독으로 판단한 경우, 반대자의 의견을 접하지 않은 참가자와 달리, 해당 실험 참가자들은 보상금을 낮춰야 적절하다고 판단했고, 실제로도 적은 보상금을 제시했다. 앞으로 설명할 실험에서도 이와 비슷한 사고 패턴을 찾아볼 수 있다.

일관성과 타협의 영향력

여러 연구에서 일관성의 중요성을 '일관되게' 강조해온 한편, 일관성의 개념은 단순히 같은 의견을 반복하는 것 이상으로 해석되었다. 반대자는 더욱 유려하게 자신의 의견을 피력할 수 있다.[30] 실제로 반대자가 자신의 입장을 바꿨을 때마저도 의견의 일관성을 고수하는 것처럼 비춰질 수 있다. 다만 새롭거나 변경된 정보로 인해 반대자가 입장을 바꿨을 때만 가능하다. 반대자는 굴복한 모습을 보여서는 안 된다. 굴복하는 순간 반대자는 힘을 잃는다.

그렇다면 적어도 의견의 일관성만은 지켜냈던 순교자들의 삶을 다시금 살펴볼 필요가 있다. 이들은 굴복하지 않았다. 자신의 신념을 위해 목숨을 바칠 각오까지 되어 있었다. 만약 이들이 자신의 주장을 굽혔다면 지금과 같은 영향력을 남길 수 있었을까?

만약 프로이트가 자신의 이론을 수정했다면 지금처럼 한 세기가 지난 후에도 인정을 받고, 거대한 영향력을 미칠 수 있었을까? 실제로도 프로이트의 이론이 사회적으로 용인될 수 있도록[31] 타협하라는 조언을 받았지만 그는 무시했다.

에드워드 스노든이 미국 당국과 타협했다면 그의 선택이 대중에게 더욱 설득력 있게 다가왔을까?

사람들의 마음을 바꾸는 데는 타협보다는 일관성 있는 태도가 중요하다는 사실이 연구를 통해 드러났다. 그렇다면 여론을 자신 쪽으로 끌어오기 위해서는, 그리고 협상하기 위해서는[32] 타협이 필요하다는 통념을 뒷받침하는 수많은 연구는 어떻게 된 것일까? 만약 일관성이 더욱 중요하다는 연구가 옳다면, 여러 연구 결과처럼 실제로도 그렇다면,[33] 설득력을 얻기 위해서는 일관성을 유지하고, 타협하길 거부해야 할까? 혹은 타협과 일관성은 설득에서 서로 다른 영향력을 지닌 것일까?

타협의 두 얼굴

어쩌면 자신의 신념을 지키기 위해서는 목숨을 잃어도 좋다고 생각할지도 모르겠다.[34] 그러나 분명 타협이 필요할 때도 있다. 타협은 무척 효율적일 수 있다는 것을 우리 모두 안다. 여기서 우리는 태도를 바꾸는 것과 협상의 차이점에 대해 짚고 넘어가야 한다.

협상에서는 타협이 필요하지만, 우리가 타인의 의견을 바꾸고 싶을 때라면 타협은 나쁜 전략이다. 초록색-파란색 슬라이드 실험에서 확인했듯, 일관성이 결여된 타협은 반대자의 힘을 약화시킨다. 색깔 슬라이드 실험에서 반대자가 옳은 의견을 내세워 타협하더라도, 최소 3분의 1의 경우는 정답을 말하는 것으로 타협하는 모습을 보여주더라도 다른 사람의 의견을 바꾸는 데는 아무런 영향력을 미치지 못했다. 타협으로 얻을 수 있는 것은 다른 사람의 호감, 정확히 말해 미움을 덜 받는 것뿐이다. 그러나 호감은 사람들을 반대 의견 쪽으로 설득하는 데 결정적인 요인은 아니다.

타협에 대한 논쟁은, 누구도 실제로 그렇게 생각하지는 않지만 한 가지 결론에 이르기 위해 특정한 안에 공적으로 동의하는 '절충적compromise' 결정으로 이어진다. 이는 타협이란 이름 아래 자신의 입장을 바꾸는 것이 아니라, 협상하고, 판결을 내리고, 최상의 결과를 이끌어내기 위한 한 가지 방법이다. 하나 예를 들자면, 증인의 말을 어떻게 받아들이는지에 따라 형사사건은 '1급 살인사건'이 되기도 하고 '무죄'가 되기도 한다. 때문에 배심원은 합의점을 찾기 위해 '과실치사'라는 평결로 절충하게 된다. 실제로 벌어진 사건과 정확하게 일치하는 것도 아니고, 누구도 합당한 결과라고 생각하지 않지만 말이다. 배심원의 평결은 공공의 여론일 뿐, 한 개인의 태도 변화로 이해하기는 어렵다. 그렇다면 상대방을 설득해야 하는 반대 입장의 경우, 공적인 문제에서만은 타협이 성공적인 전략일까?

아니면 앞선 실험에서 확인했듯 태도의 일관성이야말로 공적, 사적 문제를 막론하고 설득에 가장 중요한 요소일까?

절충과 설득에서 각각 타협의 역할을 자세히 알아보기 위해, 관점이 상충하는 두 가지 연구를 조사했다. 협상 분야 연구[35]에서는 유려한 타협의 기술이 공적 동의를 이끌어내고, 자신에게 유리한 '거래'를 성공시키는 요소라고 규정했다. 앞서 소개된 연구를 포함한 또 다른 연구[36]에서는 타협하는 사람은 자신의 확실한 신념을 갖고 있다는 인상을 주기 어려운 만큼, 타협은 상대방의 마음을 바꾸는 데 큰 효과가 없다고 주장했다.

우리 연구팀은 이 두 가지 견해가 모두 옳은지 확인하고자 했다. 우리는 먼저 타협이 공적인 문제에서 힘을 발휘하고, 사람들은 완고한 입장을 내세우는 사람보다 절충할 줄 아는 사람의 의견을 따른다는 가설을 세웠다. 한편, 타협이 개인적인 태도 변화를 이끄는 데 효용이 없을 거라고 전제했다. 우리는 일관성 혹은 완고함이 사적인 문제에서는 작용할 것이나, 공적 여론을 반대자의 의견으로 이끄는 데는 비교적 효과가 없을 거라고 생각했다. 뿐만 아니라, 반대자가 그룹의 합의를 이끌어내고, 사람들의 마음도 자신 쪽으로 돌릴 수 있는, 이 두 가지를 모두 얻을 수 있는 '최적의 지점'이 있을 거라고 가정했다.

우리는 타협과 일관성이 상충하는 환경을 설정했다. 보상 문제를 두고 소송이 제기된 실험 상황에서[37] 한 사람이 소수 의견을 주장했다. 어떤 기업의 부주의로 인해 스키 리프트에서 사고를 당하고 육체적, 정신적 고통을 입은 사람이 얼마의 보상을 받아야 하느냐는 문제였다. 실험 집단에게는 만장일치의 결론에 도달해야 한다고 알렸다. 토론을 10번 진행하는 동안 참가자들이 각자 자신의 의견을 밝혔다.

실험 조건을 세 가지 설정했고, 세 조건 모두 우리가 고용한 실험 공모자가 다른 사람들의 의견에 반대하는 입장을 주장했다. 우리는 사전 테스트를 거친 터라 사람들이 통상 15만 달러에서 20만 달러 선을 적당하게 생각한다는 사실을 알고 있었다. 반대자 역할을 맡은 실험 공모자는 이에 비해 현저히 낮은 금액인 5만 달러를 주장할 예정이었다.

한 실험 조건에서는 반대자가 일관되게 자신의 입장을 주장했다. 그는 결코 타협하지 않았다. 토론이 10회에 걸쳐 진행되는 동안 절대 자신의 입장을 바꾸지 않았다. 두 번째 조건에서 그는 논의 초기에 그룹의 의견에 절충하는 모습을 보였다. 그는 2회 차 토론에서 다수의 입장을 받아들였고, 그 입장을 끝까지 고수했다. 세 번째 조건에서 반대자는 9회 차 토론에서, 즉 '최후의 순간'에 다수의 의견을 받아들였다.

늦든 빠르든 반대자가 타협하는 움직임을 보이자 서로 양보하는 모습이 나타났다. 반대자가 마음을 돌리자, 다수에 속한 사람들도 반대자 쪽으로 마음을 돌렸다. 이들은 공적으로 한 발씩 서로에게 다가갔다. 반대자가 타협하지 않을 때는 공적인 움직임이 보이지 않았다. 교착상태에 빠졌다. 그러나 개인의 태도 변화는 이와 다른 양상을 보였다.

실험 참가자들은 다음 날 다시 모여 여섯 건의 상해 사건에 대해 논의했다. 그 중 한 건은 앞서 토론했던 스키 리프트 사건과 굉장히 유사했다. 다른 다섯 건의 사고는 희생자의 특징과 기업의 방임 정도가 상당히 달랐다. 둘째 날 진행된 실험에서 참가자들의 판단을 통해 개인적인 입장에 변화가 생겼다는 것이 드러났지만, 공적 여론의 움직임은 전날과 다른 양상을 띠었다.

조금도 타협하지 않고 주장의 일관성을 지켰던 반대자와 같은 집단이었던 참가자들의 태도가 달라졌다. 다수는 반대자의 입장 쪽으로 방향을 선회했고, 보상금을 확연히 낮춰 제안했다. 이 사람들이 전날에는 공적으로 조금의 입장 변화도 보이지 않았던 사람들이었다는 점을 잊어서는 안 된다. 빨리 타협한 (2회 차 토론에서) 반대자와 같은 집단이었던 참가자들은 다음 날 실험에서도 자신의 입장을 바꾸지 않았다. 전날 실험에서는 단체로 반대자에게 양보하는 듯한 분위기가 있었지만, 실상 의견은 조금도 바뀌지 않았다. 이들은 여섯 개의 사건에 대해 반대자가 없었던 통제 집단과 유사한 입장을 보였다.

반대자가 '늦게 타협한' 집단은 공적, 사적으로 태도가 변화하는 모습을 찾아볼 수 있었다. 최후의 순간에 다수의 의견과 절충할 당시, 반대자는 두 가지 태도를 보였다. 일관성 있는 모습을 보여준 동시에 사람들과의 합의에 이르기 위해 유연하게 생각하는 태도 또한 보여준 것이었다. 이 반대자는 자신의 의견을 바꾸지 않았다. 다만 화해의 제스처를 보였던 것이다. 그 결과, 반대자는 두 가지 모두를 이룰 수 있었다. 바로 '최적의 지점'을 찾아낸 것이다. 그는 집단에게서 양보하는 모습을 이끌어냈고, 각 개인의 의견 또한 변화시켰다.

생각보다 거대한 힘

연구를 통해 반대자들에게는 '숨은' 영향력이 있다는 것이 드러났다.[38] 일반적으로 반대자는 공적보다 사적으로 사람들의 생각을 바꾸는 힘이 있다. 다수에 속한 사람들이 미처 눈치채지 못하더라도, 혹은 인정하고 싶지 않더라도, 반대자가 사람들의 태도를 변화시킨다는 사실은 분명하다.

우리가 모의재판 상황을 주제로 진행한 여러 연구[39]에서 다수의 심리 변화를 여러 차례 확인했다. 반대자가 타협하지 않을 경우, 그룹 내 의견 일치는 좀처럼 이루어지지 않았다. 다수는 자신의 의견을 고집스럽게 고수했다. 그저 반대자를 짜증스럽게 여길 따름이었다. 그러나 토론 당시 다수의 여론이 조금도 바뀌지 않았음에도, 실험이 끝나고 고작 10분이 지났을 무렵, 참가자들의 태도 변화가 거듭 확인되었다. 참가자들조차 자신의 변화를 직접적으로 느끼지 못했지만, 연구원들이 질문을 약간 달리 하자 이들의 생각이 변했음이 답변을 통해 드러났다. 연구원들은 "만약 원고가 보상금을 두 배로 요청했다면?" 같은 식으로 '만약'의 상황을 가정해 여러 차례 질문했다. 일종의 가리개를 제공한 것이었다. 반대자의 의견에 설득당했다는 사실을 미처 깨닫지 못했지만, 다수의 편에 섰던 사람들의 생각은 분명 달라져 있었다.

　　반대자는 공개적으로 드러난 것보다 훨씬 많은 사람의 마음과 생각을 바꿔놓을 수 있다는 것을 확인한 후, '신념에 따라 발언'하거나 만장일치에 감히 제동을 거는 단 한 사람의 영향력에 대해 깨닫기 시작했다. 공적으로 인지하지 못했을 뿐, 반대 의견이 사람들을 설득할 수 있다는 의미다. 중요한 문제뿐 아니라 개인의 경험과 같은 사소한 문제에서도 반대자의 영향력은 빛을 발한다. 서른다섯 살의 나이로 캘리포니아대학교 버클리 캠퍼스의 정교수로 부임할 당시, 나는 자유 발언과 독립성뿐 아니라 이의를 제기할 자유까지도 보장하는 대학 문화를 기대했다. 사무실은 모두 무척 깔끔한 것으로 모자라 근엄한 분위기까지 느껴졌다. 나는 바닥에 러그를 하나 깔아야겠다는 생각이 들었다. 나쁠 것이 없어 보였다. 그러나 놀랍게도, 명확한 설명 없이 모든 사무실을 모종의 이유로 똑같이 유지해야 한다는 지적을 당했다. 평등이 자유보다 중요한 가치를 지니는 듯했다.

그런 불필요한 지적은 가볍게 무시했다. 나는 평생 고용을 보장받은 종신 교수로서 불복종할 권리가 있었다. 내가 러그를 마련한 이후 일주일이 채 지나지 않아 교수 한 명이 사무실에 카펫을 들여놓은 것을 보았다. 그리고 또 한 명이. 그리고 또 다른 사람이. 현재는 거의 모든 사무실에 카펫이 깔려 있다. 카푸치노 머신을 갖다놓은 사람도 있었다. 밝은색으로 사무실 벽을 칠하거나 예술 작품으로 사무실을 꾸미는 사람들도 생겼다. 나는 별것 아닌 이 경험을 통해 한 발씩 나아가기가 이토록 힘들다는 것을 다시금 깨달았다. 우리는 자신의 진정한 신념이 무엇인지를 깨닫고 그에 따라 행동하는 것이 얼마나 중요한지를 잊고는 한다. 변화를 이끌었다고 해서 다른 사람들에게 인정을 받을 거라는 기대는 버려야 한다. 나는 지금도 버클리 캠퍼스 심리학과 사무실에 러그가 등장한 계기에 대해서는 아무도 모를 거라고 확신한다.

반대가 지닌 사적이고도 숨겨진 영향력은 파란색 슬라이드 실험에서도 분명하게 드러났다. 이 실험은 반대가 지닌 가장 중요한 의문점을 다뤘고, 의미 깊은 발견을 했으며, 하나의 기준으로 자리 잡아 다른 여러 연구에서 반복적으로 등장하고 다양하게 확장되는 실험인 만큼 나 역시도 자주 언급하고 있다. 파란색과 초록색을 식별하는 개념처럼, 우리가 직접 보고 확인할 수 있는 것마저도 반대자에 의해 달라질 수 있다는 점을 보여주는 실험이다. 또한, 공적인 움직임보다 사적인 태도 변화를 더욱 크게 이끌어낸다는 점에서 반대 의견의 숨은 영향력에 대한 하나의 증거가 되는 실험이다.

실험 속 두 명의 반대자는 일관되게 파란색 슬라이드를 초록색이라고 말했고, 일관된 반대자로 인해 다수의 9퍼센트나 되는 사람이 파란색 슬라이드를 보고 초록색이라고 답했다. 한편, 새로운 형태의 파란색 슬라이드 실험이 이어졌다.

참가자들에게 페인트 상점에서 샘플로 나오는 청록색 샘플을 한 무더기 제시했다. 모든 샘플이 '청록색'이었으나 파랑과 초록의 함량에 따라 약간씩 색감이 달랐다. 각각 참가자들에게 무작위로 샘플을 전해주고는 파란색과 초록색 두 가지로 분류해달라고 요청했다. 그게 다였다. 실험 참가자들은 청록색 샘플을 단순히 파랑과 초록으로 나누기만 하면 됐다. 파란색을 보고 초록색이라고 지속적으로 주장하며 입장의 일관성을 지킨 소수와 한 집단이었던 참가자들은 파란색과 초록색을 구분하는 판단력이 달라졌다. 이들은 반대자를 경험하지 않은 사람들에 비해 초록색으로 분류한 샘플이 더욱 많았다. 앞선 실험에서 공식적으로는 파란색을 초록색이라고 부르지 않았던 사람들의 초록색과 파란색을 구분하는 개념이 달라져 있었다. 비록 잘못된 의견이었음에도 일관성 있는 소수 의견은 첫 실험 때 "초록색"이라고 답한 9퍼센트보다 훨씬 많은 사람을 설득했다.

소수가 다수를 설득하려면

단 한 사람의 힘으로 혹은 '소수'의 힘으로 사람들을 설득하기 위해서는 일관성과 신념이 중요하지만, 이것만으로는 충분하지 않다. 소수의 영향력은 즉각적으로 나타나지 않는다. 시간과 일관적이고 집요하지만, 독단적이지 않은 연출이 필요하다.[40] 빠르고 반사적인 영향력을 행사하는 다수와 달리, 소수가 승리하기 위해서는 설득의 기술을 갖추는 것이 매우 중요하다. 반대자는 언어적,[41] 비언어적 행동을 세심하게 연출해야 한다.

고전 영화인 〈12명의 성난 사람들Twelve Angry Men〉[42]은 시간의 흐름에 따라 달라지는 설득의 기술을 상당히 잘 그려냈다. 이 영화를 분석하면 소수가 설득하는 방법, 사람들을 소수 의견에 동의하게 만드는 방법에 대한 연구와 일치하는 부분을 많이 찾아볼 수 있다. 우리는 5장에서 반대자가 지닌 또 다른 영향력에 대해 살펴볼 것이다. 바로 현명한 결론에 도달하기 위해 증거를 다른 관점에서 생각하도록 만드는 영향력이다. 우선 지금은 반대자가 설득하는 능력에 대해서 논하고자 한다. 이 능력은 좋은 의사결정보다는 반대자의 승리에 초점이 맞춰져 있다.

그와 관련하여 수많은 실험과 변수를 늘어놓는 것보다, 〈12명의 성난 사람들〉 한 편을 살펴보는 것이 낫다. 이 영화는 타이밍, 다른 사람에게서 미묘한 신호를 관찰하는 능력, 말할 때와 들어야 할

94

때를 판단하는 능력 등 사람의 마음을 움직이는 기술을 잘 보여준다. 1957년 개봉 당시에는 그다지 큰 인기를 얻지 못했으나, 오랜 세월이 지난 후까지 회자되며, 심리학과 경영학에서 설득의 원칙을 설명하는 자료로 활용되고 있다.

〈12명의 성난 사람들〉은 현대의 특수효과로 가득한 액션 영화와는 달리 놀라울 정도로 단순한 영화다. 한 청년이 자신의 아버지를 칼로 찔러 죽여 1급 살인 혐의로 기소된 사건을 판결하기 위해 12명이 배심원 협의실에 모여 토론하는 내용을 담고 있다. 헨리 폰다**Henry Fonda**가 배심원단 가운데 홀로 반대 의견을 주장하며, '무죄' 평결을 위해 다른 배심원 11명을 설득하는 모습을 현실감 있게 그려냈다. 지루한 이야기 같지만, 소수 의견이 사람들을 설득시키는 과정을 대단히 흥미로우면서도 통찰력 있게 담아낸 영화다. 특히나 누가 먼저 발언할지, 발언자는 자신의 입장을 논리적으로 설명하고 있는지, 새로운 투표를 언제 시작해야 할지 등 토론 과정을 통제하는 방법에 대해서도 유익한 내용을 담고 있다. 명심해야 할 것은 과정을 통제할 수 있다면 결과도 통제할 수 있다는 점이다.

사건을 목격한 증인이 두 명이나 있는 만큼 판결이 어려울 것은 없었다. 한 명은 살인을 직접 목격했고, 다른 한 명은 피고인인 청년이 살인 현장에서 달아나는 모습을 봤다. 12명의 배심원단은 최종 판결을 빨리 해치울 마음이었다. 그해 들어 가장 더운 날 중 하루였고, 모두 남성으로 구성된 배심원단은 그날 저녁에 있을 농구 경기를 볼 생각에 마음이 조급해졌다. 그다지 토론할 것도 없다는 것이 배심원 대다수의 생각이었다. 첫 번째 투표는 손을 드는 것으로 진행했다. 11명의 배심원이 '유죄'에 손을 들었지만, 이 중 몇 명은 다른 사람들이 손을 드는 모습을 보고 주저하며 손을 올렸다. 그 후, 영화에서 건축가로 분한 헨리 폰다의 손이 느리게 올라갔다. 그는 '무죄'에 투표했는데, 무죄를 강력하게 믿어서가 아니라 유죄임을 '확신하기 어려웠기' 때문이었다. 젊은 청년의 삶이 걸린 재판인 만큼, 이 청년의 유죄 혹은 무죄에 대한 숙의는 마땅히 있어야 했다. 다른 11명의 배심원은 언짢아했다. "항상 이런 사람이 있지"라는 말을 시작으로 헨리 폰다를 향한 공격이 시작되었다. 11명은 타협하기를 거부하는 한 사람을 대화의 중심에 세워놓고는 "어떻게 '무죄'에 투표할 수가 있소?"라고 물었다. 반대 의견에 맞닥뜨린 사람들의 반응은 이토록 강력하고 또 한결같다. 폰다는 즉시 모든 대화의 표적이 되었고, 사람들에게 호감을 얻지 못했다.

배심원 대표가 10명의 배심원에게 "이자가 무엇을 잘못했는지 가르쳐주고 우리가 옳다는 것을 보여줍시다"라고 제안하며 상황은 전환점을 맞이한다. 이들은 자만심이 넘쳤으나, 이 자만심은 권력이 있거나 수가 많은 쪽에 속한 사람들이 흔히 저지르는 어리석은 실수다. 이 제안으로 인해 보통 때라면 공격의 위치에 있는 다수가 수비를 해야 하는 입장이 되었다. 폰다가 자신의 의견을 설명해야 할 경우 우리가 이미 알다시피 다수의 조롱만 남게 되겠지만, 이제는 11명의 배심원이 자신의 입장을 변호해야 했다. '이러이러한 점에서 명백하다' 혹은 사건을 목격한 증인이 청년이 범죄를 저지르는 현장을 '목격했다' 등의 발언을 시작으로 각자 왜 이 청년이 유죄인지를 설명하기 시작했다. 다른 배심원들에게는 고민할 필요도 없는 간단한 사건이었다.

11명의 배심원이 각자 자신의 생각을 밝히는 과정에서 하나둘씩 오류가 드러났고, 각자 청년이 유죄라고 생각하는 근거 역시 밝혀졌다. 유죄 판단의 근거가 증언일 경우, 폰다는 "하지만 이들이 틀렸을 수도 있잖소?"라고 계속 되물었다. 회의가 계속되며 증인이 착각했을 수도 있다는 가능성은 점차 커져갔다.

어느 순간인가 이들은 증인 중 한 명이 나이가 들었고 다리를 전다는 것을 깨달았다. 이들은 피해자의 몸이 바닥에 떨어지는 소리가 난 시각과 증인이 문으로 달려가 피고인이 계단을 내려가는 모습을 본 시각 사이에 시차가 있을 수밖에 없음을 인정했다. 배심원들은 사건이 일어난 아파트의 설계도를 요청했다. 그리고 증언을 재구성하며 증인이 침실에서 문까지 그렇게 짧은 시간 안에 도달할 수 없다는 것을 깨달았다. 몇몇 배심원이 유죄의 근거로 삼았던 핵심 증거에 대한 의심이 커져만 갔다. "하지만 이들이 틀렸을 수도 있잖소?"라고 재차 되묻던 폰다의 질문이 점차 신빙성을 얻어갔다. 11명의 배심원들은 사건 초기의 증언이 틀렸을지도 모른다는 생각을 하기 시작했다.

각자 자신의 의견을 피력하는 과정에서 또 다른 문제가 생겼다. 이들의 진술은 다수의 만장일치에 허점이 있다는 것을 드러냈다. 만장일치에 금이 가는 순간, 다수의 힘은 급격히 무너진다는 것을 우리는 알고 있다. 11명이 유죄라는 판결에는 합의를 보았으나, 모두 같은 이유는 아니었다. 영화 속에서 이들은 유죄라고 판단한 각자의 이유에 대해 의견 충돌을 보였고 논쟁을 벌였다.

확신하는 모습을 보이는 배심원도 있었고, 그렇지 못한 배심원도 있었다. 자신 편으로 만들 사람을 찾는다면, 다수 중 자신 없는 모습을 보이는 사람이 누구인지 찾는 것부터 시작해야 한다. 몇몇이 굉장히 편견에 사로잡힌 모습을 보인 것이 배심원들 사이에 분노와 언쟁을 불러일으켰다. 이런 분열이 폰다에게는 기회가 되었다. 우선, 폰다는 설득당할 확률

신념이 있는 반대의 힘

이 높은 사람이 누구인지 식별할 수 있게 되었다. 다수의 힘을 가능케 하는 가장 핵심적인 근간이 만장일치인 이상, 그는 자신 쪽으로 누군가를 포섭한다면 얼마나 막강한 힘을 얻게 될지 이해하고 있었다. 절차를 이해하기에 얻을 수 있는 또 하나의 이점이었다.

앞서 언급했듯이, 후에 중요한 역할을 한 절차상의 결정은 (반대자가 수세에 몰려 자신의 입장을 해명하는 것이 아니라) 바로 11명의 다수가 자신의 근거를 직접 밝히게 한 것이다. 배심원 대표는 폰다의 잘못된 판단을 깨닫게 하기 위해서 내린 결정이었지만, 오히려 반대자인 폰다에게 유리하게 작용했다. 토론 후반부에는 절차를 통제하는 힘이 중요하다는 것을 보여주는 또 하나의 사례가 등장한다. 이번에는 폰다가 직접 자신에게 유리한 쪽으로 절차를 활용하는데, 그가 배심원 대표가 아니었던 만큼 상당히 교묘한 방식을 쓸 수밖에 없었다.

어느 순간에 이르자, 배심원단은 교착상태에 빠진 듯 보였다. 이들이 스스로 내린 결정에 확신이 없음을 직감한 폰다는 현명하게도 투표를 다시 하되, 이번에는 말이 아닌 글로 써서 개인적으로 투표할 것을 제안했다. 그러고서 자신은 투표하지 않겠다고 공표했다. 만약 11명의 투표가 모두 '유죄'라면 그 뜻을 거스르지 않겠다는 것이었다. 그 즉시 이들은 토론을 멈추고 '유죄' 판결을 내릴 수 있었다. 그가 신사적인 제안을 했다는 점이 중요하다. 누구도 그의 제안을 거절하기 어려운 상황이었다. 또한 폰다가 자신의 의견에 대해 불확실한 모습을 보이지 않았고, 입장을 바꾸지도 않았다는 것도 눈여겨봐야 한다. 그는 다수의 힘을 알았고, 이들의 마음을 바꾸기 쉽지 않다는 것을 이해하고 있었다. 더불어 그는 종이에 써서 투표할 때 개인의 독립성이 더욱 잘 드러나리란 것도 알고 있었다. 특히나 그는 만약 이 중 한 명이라도 그의 편에 선다면 토론의 흐름을 바꿀 수 있다는 것도 인지했다. 이미 그는 배심원 가운데 자신의 편이 생겼다는 확신이 있었다.

폰다는 11명 중 몇 명은 흔들리고 있다는 것을, 적어도 사건을 다시금 생각해보고, 몇 가지 의구심을 갖기 시작했다는 것을 알았다. 투표용지를 하나씩 꺼내며 큰 소리로 읽어 내려갔다. "유죄, 유죄, 유죄, ……유죄" 일곱 번 연속으로 유죄라고 적힌 용지가 나왔다. 배심원 대표는 여덟 번째 용지를 읽기 전 잠시 숨을 골랐다. "무죄." 그 뒤 "유죄, 유죄, 유죄" 행진이 이어졌다. 누군가 나서주었다. 이제 폰다에게 편이 생긴 것이었다.

'무죄'라는 말도 안 되는 투표를 한 사람을 색출하기 위해 사람들이 서로를 비난하기 시작하자, 조지프 스위니**Joseph**

Sweeney가 연기한 한 노인이 나와 자신이 무죄로 썼다고 밝혔다. 그는 자신의 의견을 설명했다. 그는 생각을 바꾼 것이 아니라 유죄라고 확신하기가 어려워졌다고 말했다. 더욱이 다수에 맞선 폰다에게서 큰 용기를 보았고, 때문에 그의 말을 심각하게 숙고할 필요가 있다고 느꼈다. 그때부터 토론이 본격적으로 재개되었다.

우리는 이미 영화의 결말을 알고 있다. 배심원은 한 명씩 차츰 '무죄'로 마음이 기울고 있었다.

극적인 연출이 있었지만, 영화는 소수가 승리하는 방법에 대해 섬세하게 보여주었다. 이는 단순히 영화로 그치지 않고, 우리가 지금까지 봐왔던 유의미한 연구 결과와도 일치한다. 이 영화가 오랜 시간이 지난 후에도 사랑받는 이유일 터다.

영화 초반부에서 우리는 사람들에게 순응해야 한다는 압박감을 주는 투표의 힘을 확인할 수 있었다. 첫 번째 투표는 사람들 앞에서 손을 들어 의사를 표현하는 방식으로 진행되었다. '유죄'라고 생각하는 사람은 손을 들라는 요청에 몇몇이 가장 먼저 자신 있게 손을 들었다. 그 뒤로 주춤대며 이들을 따라 나머지 사람들도 손을 올렸다. 이후 우리는 '혼자'가 된다는 것, 바로 반대자가 된다는 것이 얼마나 어려운 일인지를 보았다. '무죄'라고 생각하는 사람이 누군지 묻는 질문에 폰다가 손을 들었다. 손을 든 사람은 그뿐이었다.

    이후 이어진 상황은 연구 결과와 상당 부분 일치한다. 폰다
는 조롱과 질문의 표적이 되었다. "항상 이런 사람이 있지"라는 말
을 시작으로, 그는 모든 사람의 질문 공세를 받았다. 이런 그의 입
장이 이후 어떻게 바뀔 수 있었을까? 일반적으로는 방어해야 하는
입장에 놓였겠지만, 영화에서는 절차상의 결정이 공격과 방어의 역
학을 뒤바꿔놓았다. 가만히 두면 과정대로 알아서 진행될 일이었으
나, 배심원 대표는 각 배심원에게 본인 생각의 근거에 대해 설명하
라고 요청했다. 다시 말해, 이제는 다수에 속한 사람들이 왜 '유죄'
에 투표했는지 그 이유를 상대방에게 납득시켜야만 하는 상황이 되
었다. 이제 방어 태세를 취하는 것은 다수였고, 그 과정에서 자신의
추론에 결함이 있음을 드러내고 서로 불협화음을 만들어냈다.

    영화에서는 협력자의 가치, 특히나 다수의 편에 몸담았다가
'전향한' 동지의 가치가 훌륭하게 묘사되었다. 폰다는 여러 번에 걸
친 뛰어난 관찰력과 절차적 전략을 통해 협력자를 만들었는데, 협
력자를 포섭하는 과정 역시 여러 연구 결과와 일치한다.

    폰다는 '무죄'로 의견을 바꿀 가능성이 있는 사람을 가려내
기 위해 배심원들의 언어적, 비언어적 행동에 관심을 기울였다. 배
심원단이 고착상태에 빠지는 순간, 폰다는 비밀 투표를 제안했다.
잠재적 협력자가 공개적인 환경보다 익명성이 보장된 환경에서 다
수에 맞설 확률이 높다는 것을 파악했던 것이다. 또한 폰다는 기권
함으로써 잠재적 협력자에게 모종의 책임감을 느끼도록 만들었다.

그는 만약 11명이 모두 '유죄'에 투표한다면 다수의 뜻을 따르겠다고 밝혔다. 이는 배심원 가운데 누군가가 용기를 내어 '무죄'에 표를 행사할 때만 '무죄'라는 반대 입장이 살아남을 수 있다는 뜻이었다. 누구든 아직 마음을 정하지 못했거나, '무죄' 쪽으로 마음이 움직인 사람이 있다면 더 이상은 유일한 반대자 폰다의 뒤에 숨을 수 없는 상황이 만들어졌다.

다른 사람들이 하는 말과 행동을 관찰한 폰다는 자신의 편에 함께 서줄 사람이 조지프 스위니가 연기한 노인이라는 확신을 얻게 되었다. 비밀 투표는 분명 모험이었지만, 폰다는 자신의 설득력만으로는 한계에 이르렀고, 다수의 힘을 해체하기 위해서는 협조자가 필요하다는 것을 절감했다. 그가 택한 모험은 성공적이었다. 스위니가 반대 입장으로 돌아선 것이다. 스위니는 자신이 '무죄'에 투표한 사람이라고 직접 밝힌 후 그 이유를 설명했다. 거기에는 폰다의 용기에 대한 존경도 포함되어 있었고, 이 역시 연구 결과를 통해 중요한 요인으로 밝혀진 것 중 하나였다.

토론이 진행되는 내내, 영화는 일관성이 지닌 영향력과 자신의 신념을 지키기 위해 기꺼이 대가를 치르고자 하는 한 인간의 모습을 보여주었다. 영화는 언쟁과 절차의 '기술'에 대해 말하고 있다. 반대자 한 명이 다수를 설득하는 과정을 극적으로 표현한 영상 자료인 셈이다. 여기서 중요한 것은 일관성과 존경이지, 호감도 혹은 타협이 아니다. 폰다는 자신과 다른 의견을 가진 사람들에게서 호감을 얻지 못했지만, 그럼에도 설득력 있는 모습을 보여주었다.

일면, 에드워드 스노든 역시 사람들에게서 사랑을 받지 못했지만 생각지도 못했던 사람을 포함해 그를 비난하는 쪽에서마저도 존경심을 불러일으켰다. 스노든의 NSA 기밀유출 사건이 있었던 오바마 정권 당시 법무부 장관을 지낸 에릭 홀더**Eric Holder**마저도 이후 스노든이 일으킨 변화를 언급하며, 그가 한 행동이 '공익적'이었음[43]을 인정한다고 밝혔다. 물론 그렇다고 해서 스노든이 곧바로 미국으로 돌아올 수 있다는 뜻은 아니다.

2부

생각을 확장하는
반대의 힘

IN DEFENSE OF TROUBLEMAKERS

1부의 주제는 바로 다른 사람의 동의를 얻는 것, 즉 설득이었다. 다른 사람의 동의를 얻어내는 데 '다수'가 '소수'보다 더욱 유리한 입장이라는 것을 앞서 확인한 바 있다. 지금까지 우리는 다수의 설득과 소수의 설득이 서로 다른 방식으로 진행된다는 것을 살펴봤다. 동의란 다양한 형태로 나타난다. 예컨대 다수의 경우, 구성원의 개인적인 태도 변화에는 영향을 끼치지 못하더라도 공적인 여론을 이끄는 힘이 있는 반면, 소수 의견은 공식적으로는 드러나지 않지만 구성원 개개인을 설득하기도 한다. 다수의 설득은 직접적이고 즉각적이다. 반면 소수의 설득은 비교적 비밀스럽고 잘 드러나지 않는다.

설득은 중요한 문제이나, 사람들의 동의를 이끌어내는 설득이란 합의와 반대 의견의 관점에서 볼 때는 그저 일부에 지나지 않는다. 2부에서는 우리가 다수 혹은 소수의 의견에 노출되었을 때,

어느 쪽을 지지하느냐 하는 것과는 별개로 우리의 생각이 어떻게 달라지는지를 다룰 예정이다. 개인적으로는, 어느 쪽이 '승리'하는지 혹은 사람들의 동의를 더욱 많이 이끌어내는지보다는 다수와 소수가 각각 다른 사고를 자극한다는 사실이 훨씬 중요하다고 생각한다. 결국 우리가 어떻게 생각하느냐는 사고방식과 의사결정의 질에 영향을 미치기 때문이다.

다수의 의견과 소수의 의견이 우리의 생각에 영향을 미치는 방식은 정반대다. 다수의 의견은, 특히나 합의가 이뤄진 상황에서는 더더욱 우리의 생각을 좁고 편협하게 만들지만, 소수의 의견, 즉 반대 의견은 우리의 생각을 확장시키고, 열린 사고를 가능하게 한다. 그 결과, 합의와 반대 의견은 의사결정의 질을 높이거나 문제를 해결하는 방법에 도움을 주는 창의성에 지대한 영향을 끼친다.

4장

합의는 때로
이성을 파괴한다

THE POWER OF DISSENT IN LIFE AND BUSINESS

4장에서는 다수의 의견이 사람들의 사고 과정을 어떻게 변화시키는지를 살펴볼 예정이다. 합의는 다수를 강하게 만드는 무기다. 다수의 의견이 무엇인지 인지하는 것만으로도 우리가 정보를 찾는 과정과 그 정보를 받아들이는 방식, 우리가 고려하는 선택지, 문제 해결을 위해 채택하는 전략, 심지어 생각의 깊이까지도 달라진다.

우리를 맹목적으로 따르게 만드는 합의의 힘에 대해 우려하는 마음이 들 것이다. 그러나 더욱 위험한 것은 합의가 우리의 사고 범위를 한정 짓는다는 점이다. 단순히 사고의 폭을 좁히는 것에 그치지 않고, 단 한 방향으로 흐르게 만든다. 우리는 합의의 관점에서 사고하게 된다. 이를 뒷받침하는 연구가 상당히 많다.

나쁜 판단과
결정으로 향하는 길

다른 사람이 옳건 그르건 여부를 떠나 심사숙고하지 않고 그들에게 동의할 때 우리는 나쁜 의사결정을 하게 된다. 2장에서 살펴봤듯 다수의 합의를 맞닥뜨렸을 때 우리는 자동반사적으로 다수를 따르게 된다. 더욱이 합의는 좋은 의사결정에 이르는 길의 반대 방향으로 우리의 생각을 이끈다. 다수의 합의를 맞닥뜨리면 우리는 정보를 구하고, 대안을 찾는 과정에서 편향적으로 사고하고, 어떤 관점의 긍정적인 면은 물론 부정적인 면에 대해서 생각하지 않게 된다. 또한 눈앞에 있는 해결책을 알아보는 능력까지 사라진다. 합의는 우리의 합리적 행위 능력을 현저히 떨어뜨릴 정도로 추론의 폭을 줄이고, 관점을 왜곡시키는 강력한 힘을 지녔다.

일반적으로 우리는 정보의 일부만을 살핀다. 우리가 정보를 고르고 해석하는 과정에서 많은 편견이 개입하는데,[1] 이 편견은 대체로 우리의 신념에서 비롯된다. 문제 해결을 위해 전략을 채택하는 과정에서도 개인의 편견이 발휘되어, 이제는 효력이 없는 낡은 해결책을 고르는 경우가 많다. 그러나 다수의 의견을 경험하는 순간, 우리의 사고 범위는 더욱 좁아진다. 최악의 상황은 나수의 관짐으로만 사고하게 되는 것이다. 보통, 편협하고 일차원적인 사고는 의사결정과 문제 해결 능력의 질을 훼손시킨다. 뿐만 아니라 본인 스스로 자기세뇌에 동참하는 이유가 되기도 한다.

한 가지 시각으로만 사고하게 만드는 합의의 힘은 집단이 실수를 저지르고 나쁜 결정을, 심지어 치명적인 결정을 하는 이유이자, 사이비 종교집단과 이런 집단과 유사한 성향의 기업이 왜 그토록 내부의 합의를 이루기 위해 열성인지, 그리고 이런 유형의 집단에서는 합의를 어떻게 그리도 쉽게 얻을 수 있는지 설명하는 답이 된다.

사이비 종교와 자기세뇌

사이비 종교가 우리 삶과 동떨어져 있다고 느끼는가? 이런 종교는 우리가 매일같이 마주하는 다수의 합의의 극단적인 형태일 뿐이다. 일반적으로 합의는 우리의 사고를 다수의 관점으로 한정 짓는다. 때문에 우리는 비정상적인 일을 정상적으로 여기고, 다른 가능성을 생각하는 능력을 잃으며, 다수가 이룬 합의에 의문조차 품지 못한다. 심지어 다수의 시각을 앞장서서 옹호하며 편협한 정보를 양산하는 데 일조하기까지 한다.

> 1978년 11월 19일, 남미의 가이아나에서 918명이 사망했다는 소식이 전해졌다.[2] 이 중 276명은 어린아이였다. 존스타운 사이비 종교—혹자는 신흥종교라고 부를 수도 있지만—의 '인민사원Peoples Temple'이라 불리는 마을에 시체 수백 구가 놓여 있는 그로테스크한 사진들이 전 세계로 전해졌다. 테러리스트나 군대 혹은 정신병자 한 명이 살육을 저지른 학살 현장이 아니었다. 정황상 수백 명이 집단 자살을 한 것이었다.[3] 이들은 청산가리와 진정제가 든 포도주스를 스스로 마셨다. 심지어 자신들이 음독하기 전 자녀들에게 독극물을 먼저 마시게 한 것으로 알려졌다. 어떻게 이런 일이 벌어질 수 있었을까?

인민사원을 이끈 짐 존스Jim Jones는 인디애나폴리스에서 목사로 활동하다 1960년대 중반, 소수의 충직한 신도를 이끌고 북부 캘리포니아로 이주했다. 그가 전파한 평등이란 이념은 특히 샌프란시스코를 중심으로 널리 퍼졌다. 그곳에서 그는 설교를 했는데, 따뜻함과 보살핌에 대한 내용이었다. 그가 세운 인민사원 커뮤니티는 자본주의와 개인주의의 해악에서 벗어나 서로를 아끼고 사랑한다는 이념을 바탕으로 설립되었다. 물론 그는 신과 소통할 수 있고 기적을 행할 수 있는 신비한 힘이 있다는 식의, 사이비 교주들에게서 공통적으로 찾아볼 수 있는 요소를 지니고 있었다. 예를 들자면, 신도들 앞에서 암 환자를 '치유'하는 모습을 보이는 식이었다.

존스는 강력한 메시지를 전파했고 카리스마 넘치는 모습을 갖추고 있었다. 뿐만 아니라 사상 통제를 가능하게 하는 합의의 힘을 이해하고 있었다. 합의를 이끌어내기 위해 그는 자신의 커뮤니티에 '어울리고', 자신의 말을 전적으로 믿을 사람을 신중하게 골라 인민사원을 꾸렸다. 그리고 자신의 메시지를 끊임없이 반복했다. 개종의 기미를 보이는 사람들과 추종자들이 교류하도록 만들었다. 신도 가족 전체가 존스타운으로 옮겨갔고, 이주가 합리적인 선택이라고 서로 지지했다. 그는 집단 내에서 자신에게 동의하는 표현이 활발하게 이뤄지도록 했고, 반대의 목소리는 용인하지 않았다. 의심의 싹 또한 잘라내었다. 신도들은 존스의 말을 믿지 않거나 따르지 않는 친구와 가족과는 가차 없이 연을 끊었다.

적극적인 반대 의사 표현은 모두 응징을 당했다. 비평하는 사람이나 어떤 형태로든 저항의 모습을 보이는 자는 수많은 신도들 앞에 정기적으로 불려 나가 벌을 받았다. 다른 신도들이 반대 의사를 표현한 사람들에게 추가적인 응징을 내리는 분위기가 형성되었다. 예컨대, 아이들은 저항하거나 불평을 늘어놓는다는 이유로 사람들 앞에서 폭행을 당했다.[4] 이는 모두 짐 존스의 유토피아를 건설하자는 대의를 위한 일이었다.

짐 존스가 생각하는 종교적 이상향은[5] 사람들이 자본주의의 폐해에서 벗어나 함께 생활하고 노동하며 재산을 공동으로 소유하는 것이었다. 신도들은 일상의 스트레스에서 해방될 터였다. 모든 것들이 이들을 위해 결정되고 안배되어, 삶은 한결 가볍고, 따뜻하며, 규칙적이고, 더욱 평등해질 터였다. 신도들은 스스로 무언가를 판단하거나 생각할 필요가 없었다. 짐 존스와 그의 충직한 열혈 추종자들이 모두 알아서 해주니까.

존스는 미국 정부가 자신들의 낙원을 파괴할 것이라고 확신했다. (그리고 그는 이 확신을 신도들에게 전파했다.) 그는 정부가 그들을 고문할 것이라 예견하고는 신도들에게 명예롭게 집단 자살을 선택하자고 제안했다. 신도들은 진정제나 청산가리 없이 쿨 에이드와 비슷한 가루로 진 음료를 만들어 마시며 자살을 '연습'했다. 그리고 얼마 지나지 않아 연습했던 것을 직접 실행할 순간이 오리라 생각했다.

미국 하원의원인 레오 라이언Leo Ryan이 존스타운에 관한 보고를 받은 후, 사태를 조사하기 위해 방문한 것이 그 계기가 되었다. 그는 샌프란시스코에 인접한 캘리포니아주 11선거구 의원이었는데,[6] 그가 관할한 지역의 주민들 가운데 사랑하는 가족과 지인이 본인의 의지와는 달리 존스타운에 갇혀 지내고 있어 걱정하는 사람들이 있었다. 그는 자신이 직접 존스타운의 진상을 알아보기로 결심하고 취재진을 대동했다.

존스타운에 도착한 후, 라이언 의원과 일행은 그곳의 문제를 조사하기 시작했다.[7] 그러던 중 누군가 취재팀 한 명에게 쪽지를 건넸다.[8] 쪽지에는 그곳을 떠나고 싶어 하는 사람들의 이름이 적혀 있었다. 이튿날, 라이언 의원은 그 사람들을 데리고 미국으로 돌아가겠다고 밝혔다. 단 몇 명만이 라이언 의원의 제안을 받아들였다. 한편, 존스와 그의 간부들은 신도의 이탈이나 누군가 자신들이 다져놓은 합의에 감히 도전하는 것을 두고볼 생각이 조금도 없었다. 이들은 단 몇 명뿐이라도 반대 세력이 생긴다면, 신도들의 이탈 상황이 걷잡을

수 없이 커지고 자신들은 통제력을 잃게 될 것이라고 생각
했다.

공항에서 라이언 의원과 그 일행이 비행기가 이륙하길 기다
리는 동안, 인민사원의 신도 가운데 몇 명이 무장을 하고 활
주로에 나타나 하원의원을 포함해 다섯 명을 죽였다. 짐 존
스의 예언이 어느 정도 실현되고 있었다. 이 사건으로 인해
큰 파장이 있을 것은 빤했고, 존스는 신도들에게 그간 연습
해온 것을 실행에 옮기라 지시했다. 신도들은 청산가리와 진
정제가 섞인 포도주스를 커다란 통에 담아 가져왔다. 대다수
의 신도가 존스의 지시를 따라 음료를 마셨다. 그러나 존스
는 아니었다. 그는 머리에 자살로 보이는[9] 총상을 입고 사망
했다. 그는 자신이 직접 개발한 '쿨 에이드'를 마시지 않았다.

존스타운의 죽음처럼 비극적인 일이 발생하면 대부분의 사
람들은 어쩌다 이런 일이 벌어질 수 있는지 의아해한다. 왜 900명
이 넘는 사람들이 스스로 목숨을 끊은 걸까? 많은 사람이 그 원인
을 나약한 마음이나 짧은 가방끈, 남의 말을 쉽게 믿는 등 개인의
성격에서 찾으려고 한다. 나라면 다른 사람들을 따라 하지도 않고,
절대로 리더나 다른 사람의 말과 행동을 보고 자살을 택하지는 않
을 거라고 생각하는 사람들이 많을 것이다. 과연 그럴까? 이 책에서
지금까지 우리는 그렇게 확신할 수만은 없다는 것을 수없이 봤다.

실제 현실 속 합의가 존재하는 수많은 사례를 살펴보면, 리더와 추종자들이라는 구조를 흔히 목격할 수 있다. 리더 혹은 권력을 가진 누군가가 동의의 문화culture of agreement를 형성하는 데 굉장히 중요한 역할을 하는 것은 분명하지만, 그 문화가 장악력을 얻기 위해서는 다수의 합의가 필요하다. 짐 존스는 자신의 메시지를 지속적으로 반복할 필요도 없었고, 사람들을 쉼 없이 설득할 필요도 없었다. 합의가 그 역할을 대신 해주었다. 존 스튜어트 밀John Stuart Mill(영국의 철학자이자 경제학자-옮긴이)은 다수는 일종의 독재가 될 수 있는데, 민주주의에서 정권은 다수에 의해 세워지기 때문에 지배자의 독재보다 훨씬 알아채기가 힘든 독재라고 가리켰다.[10] 나수의 의지는 통치자보다 더욱 강력한 힘을 지니는데, 우리에게 다수 쪽으로 움직이게 만드는 압력이 가해진다는 것을 인지하지 못하기 때문이기도 하다.

짐 존스의 인민사원과 같은 집단이 합의를 형성하고 유지하고자 하는 데는 이유가 있다.《오래도록 존재하는 조직》을 포함한 여러 유명한 책에서 소개되었듯이, 사이비 종교적 성향의 조직이 합의를 구축하고, 반대 의견을 '바이러스 취급하며' 극구 거부하는 이유[11]가 있다. 1부에서 본 것처럼 다수의 의견은 특히 합의가 이루어진 상황에서 사람들의 동의를 이끌어내는 데 강력한 영향력을 과시하기 때문이다.

존스는 합의의 힘을 제대로 이해하고 있었고, 신중하게 그 힘을 쌓아나갔다. 그는 신도들 간의 교류를 통제했다. 또한 신도들이 비신도와 교류하는 통로를 차단했다. 반역을 저지를 법한 사람이라면 누구라도 모든 소통에서 제외되었다. 집단의 의견에 반대하거나 약간의 의심이라도 내비친다면 반드시 처벌을 받았다. 존스의 단체 내에서 합의란 이루어야 할 목표일 뿐 아니라 반드시 지켜져야 할 무언가였다. 사이언톨로지Scientology, 12 다윗교Branch Davidians(기독교 사교집단-옮긴이) 등 신비주의 혹은 종교집단으로 알려진 여러 집단에서도 이와 비슷한 현상이 벌어지고 있다고 전해진다. 이런 단체에는 '마인더minder'라고 불리는 사람들이 있는데, 이들은 다양한 장소를 누비며 신도들이 비신도와 소통하거나 믿음에 위배되는 이야기를 전파하지 못하도록 신도의 활동을 감시한다. 마인더는 단체 내에서 항상 무조건적인 동의가 만들어지도록 감시한다.

리더가 합의를 강제적으로 달성하기 위해 노력하는 것과는 별개로, 일반적으로 조직이 스스로 집단 내 합의를 도출하고 반대 의견에 보복을 가하는 경우는 매우 잦다. 그룹 내에서 벌어지는 이러한 현상에 대한 실질적인 연구 내용은 6장에서 자세히 살펴볼 예정이다. 한편, 합의의 진정한 힘은 사람들의 생각에 영향을 미친다는 데 있다. 합의란 단순히 공적 의견 일치로 그치지 않는다. 권력보다 훨씬 교묘하고 교활한 방식으로 사람들을 항복시킨다. 사람들이 합의된 관점에서만 생각하도록 만드는 것이 바로 합의가 지닌 거대한 힘이다. 사람들은 다수의 합의가 정당화될 수 있는 정보만을 선택적으로 구하고 분석한다. 세뇌당하는 것을 넘어서서 스스로 세뇌하는 지경에 이르는 것이다. 사람들은 자신도 모르는 새 현실이 왜곡되어가고 있다는 것을 깨닫지 못한다.

합의는 강력하고 극단적으로 작용한다. 이는 비단 어느 이국 땅, 고립되고 의존적인 사람들에게만 해당되는 이야기가 아니다. 주변 사람들이 의견을 같이하기 시작하면 우리는 이들의 의견이 옳을 것이라고 믿는다. 영화 매표소에 줄이 길게 늘어선 것을 보면 우리는 어느새 사람들 뒤에 서게 된다. 한 공간에 있는 사람들이 웃음을 터뜨리면,[13] 우리는 무의식적으로 전염이라도 된 듯 웃는다. 사실, 우리가 다른 이들을 흉내 내고 있다는 사실을 눈치채지 못할 때가 많다. 우리가 다수의 편에서 생각하기 시작했다는 것은 더욱 알아채기가 힘들다. 스스로를 합리적 존재로 여기고 자신이 필요한 정보를 구하는 것뿐이라 생각하겠지만, 사실 합의를 견고하게 해줄 정보를 선택적으로 좇고 있다는 사실은 깨닫지 못하는 것이다.

편향된 생각과 나쁜 결정

나쁜 결정에 이르는 몇 가지 요인 중 하나가 아마도 좁고 편향된 사고방식일 것이다. 좁고 편향되게 생각하다 보면 큰 목표나 다양한 행동 방침을 고려할 수 없게 된다. 단편적인 관점으로 정보를 선택하고, 어떤 한 입장의 긍정적인 면에 대해서만 생각하며, 부정적인 면이나 대체 방안에 대한 생각은 피한다. 하나의 관점에 국한되어 모든 것을 걸러 보게 된다. 나쁜 결정을 내리기 가장 좋은 방법이다.

이것이 바로 존스타운에서 벌어진 일이지만, 그 무엇도 강요 때문은 아니었다. 인민사원의 신도들은 합의라는 틀 안에서만 사고했다. 합의의 관점에서만 상황을 판단하는 현상을 밝힌 연구가 수없이 많다.

의사결정의 첫 단계는 정보를 구하는 것이다. 나쁜 결정을 내리고 싶다면, 자신이 선호하는 입장을 군건히 하는 정보만을 찾는 것으로 시작하면 된다. 다수의 의견은 편협하게 정보를 수집하도록 사고를 자극한다. 광범위하게 정보를 구하는 대신, 다수의 입장을 진실로 만드는 정보를 적극적으로 찾는 것이다. 우리가 캘리포니아대학교 버클리 캠퍼스에서 진행한 연구는[14] 위의 현상을 여실히 보여주었다.

네다섯 명이 한 그룹을 이룬 학생들은 우리가 교내 기숙사제도 개편안을 연구한다고 생각했다. 개편안에는 성별로 기숙사 층을 구분하고, 통금을 만들고, 학부 전공에 따라 룸메이트를 나눈다는 조항이 포함되어 있었다. 학생들이 이런 변화를 싫어할 거라고 예상했다. 실제로 학생들은 싫어했다.

실험에 참가한 학생들에게 전달된 설문 결과에는 80퍼센트에 가까운 학생들이 위에 언급된 변화를 좋게 받아들였다고 적혀 있었다. 또한 실험 진행자는 현재 모인 학생 다섯 명 중 네 명은 새로운 변화에 호의적이라고 알려주었다. 이제 학생들은 새로운 제안에 반대하는 것이 오직 자기 자신뿐이라고 생각하게 되었다.

다음 실험 진행에 앞서, 학생들에게 기숙사에 적용될 변화와 관련해 추가적 정보를 읽을 시간을 마련했다. 전달된 추가정보를 읽지 않아도 되는 상황이었다. 그러나 실험에 참여한 학생들이 원한다면 설문지에 적힌 코멘트를 직접 읽어볼 수 있었다. 이들은 짧은 기사(반 페이지 분량), 긴 기사(세세한 코멘트가 포함된 세 페이지 분량), 새로운 제안에 호의적인 글, 반대하는 글 이렇게 네 종류의 글 가운데 최대 12개까지 선택할 수 있었다. 학생들은 평균적으로 네 개 이상의 글을 가져갔다. 중요한 것은 이들이 선택한 글의 종류였다.

전교생 중 80퍼센트가 제안에 찬성한다고 들은 실험 학생들은 이 80퍼센트에 속한 학생들이 적은 코멘트까지 읽고 싶어 했다. 이들은 더욱 많은 글을 골랐고, 반대하는 입장보다 찬성하는 관점에서 쓰인 글을 골랐다. 이들은 자세한 내용을 알고 싶어 했다. 이들은 다수의 관점을 자세히 살펴보고 싶어 했다. 자신의 현재 의견과 같은, 기숙사 변화를 반대하는 입장의 글을 읽는 데는 큰 관심을 보이지 않았다.

존스타운과 기숙사 개편안은 별다른 연관성이 없어 보이지만, 주목할 것은 중요성이 낮은 문제에서마저도 우리는 다수의 의견을 중심으로 사고한다는 점이다. 이 경우, 우리 혼자서 무언가를 판단할 때보다 생각이 훨씬 편협해진다. 또한 편향된 사고를 하게 된다. 우리는 우리 자신이 아닌 다수의 관점으로 사고하기 시작한다. 다수의 입장을 지지하는 의견을 선택적으로 골라 받아들인다.

우리가 편향된 방향으로 정보를 검색하는 이유는, 우리가 다수를 따르거나 다수에 동의하는 이유와 상당 부분 일치한다. 다수가 옳거나, 다수는 우리가 모르는 무언가를 알고 있을 거라고 추측하기 때문이다. 또한 어딘가에 소속되고 싶어 하는 욕구 때문이기도 하다. 다수의 의견을 뒷받침하는 정보를 구하는 것은 다수의 입장이 옳다는 것을 믿는 길이자, 내가 그들에게 소속될 수 있는 한 방법이다.

1978년 미국에서 수천 마일 떨어진 가이아나에 있던 사람들에게는 정보를 선택적으로 취할 동기가 더욱 컸다. 모두가 한 가지 합의에 이른 상태였다. 바로 '존스타운에서 생활하는 것이 정말 기쁘다'는 것이었다. 반대 의견을 내비친 사람들이 조롱과 응징을 당하는 모습을 직접 본 이상, 의심이 들거나 소수의 목소리를 내고 싶은 마음이 들 때마다 무척 큰 두려움을 느꼈을 것이다. 분명한 다수의 합의가 있었고, 그에 반하는 사람은 없었으며, 의심을 잠시나마 품는 것조차 처벌의 대상이 된다는 공포가 있었다.

버클리 캠퍼스에는 사이비 종교집단에서 찾아볼 수 있는 권력과 통제가 없었다는 것을 고려하면, 실험 결과는 훨씬 충격적으로 다가온다. 학생들 간의 교류나 이들을 이끄는 리더가 없었음에도 정보를 편향적으로 취하고 받아들이는 현상이 일어났다. 심지어 아주 사소한 주제였다. 그저 다수의 의견이 무엇인지 아는 것만으로도 정보를 구하는 과정이 제한적이고 편향적으로 바뀌었다. 우리는 단순히 다수의 의견을 따르는 것이 아니다. 우리는 자발적으로 다수의 의견을 입증하는 정보를 찾고 있다. 우리 스스로 정보 검색의 틀을 좁히고, 우리 자신의 최초 의견과 동일한 맥락의 정보마저도 배제한다. 다수가 우리를 세뇌하는 과정에 스스로 일조하고 있는 셈이다.

무조건적인 믿음이 집단 자살로 이어진 존스타운과 같은 사례는 단 하나의 입장을 형성하고 유지하는 것이 어떤 결과로 이어지는지를 보여준다. 외부에서 바라볼 때는 왜 다른 사람이 재정과 육아 등에 간섭하며 자신의 삶을 휘두르도록 내버려두는지 이해하기가 어렵다. 그러나 한 사람의 삶 속에서 오랜 시간 동안 조금씩 벌어진 일이라면 한결 이해가 쉬워진다. 우선은 가벼운 저녁 초대로 시작되어, 마음이 맞는 사람들끼리 모임이나 파티를 갖는 자리에 초대되고, 이 사람들과 함께 생활하기 시작한 후 다른 나라로 함께 이주하기에 이른 것이다.

유혹의 과정과는 다르다. 무언가 조금씩 삶에 개입하는 과정에는 각 단계마다 개인의 헌신이 수반된다. 처음에는 아마 차를 마시거나 대화를 나누는 것처럼 사소했을 것이다. 한 단계씩 나아갈수록 헌신해야 하는 정도는 데이트로, 함께 사는 것으로, 재산을 헌납하는 것으로 순식간에 확대된다. 사이비 종교집단이나 이와 유사한 단체에서 개인이 자신의 기본 권리를 다른 사람에게 기꺼이 넘겨주는 현상은, 부분적으로는 집단 내 반대 의견 없이 형성된 합의 때문이라 볼 수 있다. 만장일치 합의를 형성하는 것이 사이비 집단이 갖춰야 할 가장 중요한 기술이다.

대다수 사람들은 존스타운처럼 극단적 성향의 신비주의 단체나 종교집단에 빠져 있지 않다. 그럼에도 실상, 우리 대부분이 다수의 합의를 바탕으로 형성된 정보 거품에 갇혀 있다는 사실을 한 번쯤 생각해봐야 한다. 우리 스스로 미처 깨닫지 못한 사이에 정보 거품 안에서 자라났을지도 모른다. 자신이 자라면서 받은 종교적, 문화적, 정치적 교육이 같은 이념을 공유하는 친구, 동기, 가족을 통해서만 행해졌을지도 모르는 일이다. 사이비 종교집단만큼은 아닐지라도 이와 유사하게 폐쇄적인 환경이라고 볼 수 있다. 우리와 비슷한 교육을 받은 친구와 어울리고, 비슷한 성향의 뉴스매체를 선택하며, 우리는 이 거품을 자발적으로 늘려나간다. 그 결과 존스타운처럼 자신과 비슷한 사람들로만 가득 찬 세상을 만들고, 강력한 공통의 믿음을 나누며, 무엇이 잘못되었는지 성찰하는 능력을 잃어갈지도 모른다.

편향된 집중력과 문제 해결

의사결정과 매우 유사하게 문제 해결 또한 다양한 시각으로 바라볼 때 더욱 유익한 결과를 낸다. 문제 해결을 위해 단 한 가지 접근

124

법만을 취한다면, 그 방법이 옳은 전략이기만을, 최고의 선택이기만을 바라는 수밖에 없다. 유나이티드 항공 173편 기내 승무원들이 문제를 다양한 관점에서 고려했다면, 연료 보유량에 대해 더욱 신중하게 생각했을 터였다. 서문에서 설명한 것처럼, 착륙장치에만 치우친 것보다는 나은 전략을 떠올렸을 것이다. 산수 문제 예시로 되돌아가서 설명하자면, 단 한 가지 접근법은 같은 실수를 반복하는 결과만 낳는다. 12 더하기 19를 아무리 계산해도, 애초에 정답이 21이라고 생각한다면 21이라는 답에 갇히게 된다. 그러나 다른 방식을 써서 21에서 19를 빼면 답은 12가 아니라 2가 나온다. 이로써 덧셈 과정에서 실수했음을 깨닫게 된다.

가장 우선적으로 해야 할 일은 다양한 접근법을 고려하는 것이다. 정답을 찾는다고 보장할 수는 없지만, 단 하나의 접근법만 사용할 때보다는 정답을 찾아갈 확률이 상당히 높아진다. 해결책을 찾거나 무언가를 선택하는 과정에서는 다양한 가능성을 고려하고, 각각의 가능성을 심도 있게 분석해야 현명한 결정을 내릴 수 있다.

다수가 어떤 전략을 택하면, 우리는 다수의 전략이라는 이유만으로 그것을 택하게 된다. 다수의 전략은 성공 여부는커녕 심지어 효용성을 바탕으로 성립된 것이 아닐 때가 많다. 그럼에도 우리는 그 전략을 따른다. 더욱 심각한 것은, 우리가 보통 때라면 선택할 법한 전략을 고려조차 하지 않는다는 점이다. 따라서 우리는 다수를 단순히 따르는 것에 그치지 않고, 다수처럼 생각하기 시작한 것이다. 우리는 눈치채지 못하지만, 다수의 의견이 우리에게 미치는 치명적인 영향력이다.

우리는 한 가지 실험을 통해 이 현상을 증명했다. 철자로 단어 만들기 검사였다.[15] 네 명을 한 집단으로 구성한 후, 참가자들에게 빠르게 철자 몇 개를 보여주고, 눈에 들어온 철자 세 개로 단어를 만들어달라고 요청했다. 철자는 1초가 안 되는 시간에 빠르게 지나갔다. 예컨대, 'rTAPe'라는 글자가 스쳤다 사라졌다고 생각해보라. 'TAP'라는 철자가 대문자이자 우리가 글을 읽는 방향인 왼쪽에서 오른쪽으로 나열된 만큼 모두들 이 세 글자를 인식한다. 다섯 차례 각각 다른 철자의 조합이 지나가는 동안, 실험 참가자들은 각자 자신이 처음 인식한 단어를 적어 내려갔다. 예상했듯이 참가자들은 대문자로, 왼쪽에서 오른쪽으로 읽히는 철자를 적었다. 아주 짧은 시간에 글자가 지나가기 때문에 참가자들이 볼 수 있는 글자는 이게 다였다.

그 뒤 우리는 참가자들에게 가짜로 조작된 실험 결과를 공개했다. 참가자들이 각자 적은 정답을 수거한 후, 같은 집단의 구성원들이 어떤 글자를 인지했는지 알려주었다. 'rTAPe'를 예로 들자면, 참가자에게 같은 집단 사람들이 'PAT, PAT, PAT, TAP'으로 적었다고 알려주었다. 이제 참가자들은 자신을 제외한 다른 세 명은 대문자를 역방향으로 인식했다고 믿게 되었다. 다른 다섯 개의 철자에 대해서도 비슷한 피드백을 주었다. 가령, 'wDOGa'라는 철자

126

슬라이드가 지나갔을 때, 그룹에 속한 네 명이 각각 'GOD, GOD, GOD, DOG'라고 인식했다고 알려주는 식이었다. 실험 참가자들은 각자 자신만 'DOG'로 글자를 인식했다고 생각했다. 본인만 빼고 다른 사람들은 모두 'GOD'로 읽었다고 믿었다. 이제 본격적인 실험이 진행될 차례였다.

각 참가자들은 10개의 철자 조합을 보고 생각할 수 있는 모든 단어를 적기로 했다. 슬라이드 하나당 15초가 주어졌다. 이들은 무엇을 적었을까? 첫 번째 실험 후 같은 그룹에 속한 구성원이 어떤 단어를 적었는지 전해 듣지 못한 통제 조건 속 참가자들과는 다른 단어를 만들었을까? 그렇다. 새로운 철자를 바탕으로 단어를 조합하는 실험에서 이들은 다수의 관점을 받아들였고, 다수의 전략을 취했다. 아마 자신이 무엇을 하고 있는지조차 몰랐겠지만, 이들은 분명 다수의 전략을 채택해 철자를 조합했다. 바로 역방향 순서로 단어를 만들어낸 것이다.

앞서 진행된 실험 내내 다수는 역방향으로 철자를 읽어 단어를 찾아냈다는 것이 밝혀졌다. 이제 참가자들은 새로운 철자를 보며 단어를 조합해야 했다. 예를 하나 들어보겠다. 당신에게 'nRAPo'라는 글자를 제시했다고 가정해보자. 이 철자로 가능한 많은 단어를 만들어보길 바란다. 어떤 단어를 떠올렸는지 생각해보라. 우리가 글을 읽는 방식대로 왼쪽에서 오른쪽, 순차적 방향으로 철자를 조합해 'NAP', 'RAP', 'NO'를 떠올릴 수 있을 것이다. 혹은 역순으로

'OR', 'PAN', 'OAR'이란 단어를 만들었을 수도 있다. 철자를 무작위로 섞어 'NOR', 'RAN', 'APRON'을 떠올렸을 수도 있다.

실험 결과, 참가자들은 다수의 전략을 따라 단어를 완성했다. 앞서 실험 결과 피드백을 듣지 않았던 대조군과 비교했을 때 이들은 역방향의 글자를 더욱 많이 찾아낸 것으로 드러났다. 그러나 단어 개수는 대조군에 비해 적었다. 역순으로 철자를 조합하는 데 더욱 신경을 쓴 나머지 순차적 배열로는 단어를 떠올리지 못했다. 다수가 채택한 전략에 노출된 참가자들은 문제를 그 전략으로만 해결하려고 했다. 이들의 주의력은 좁아졌고, 순차적 배열처럼 스스로 충분히 떠올렸을 법한 해결책이나 다른 전략을 활용하는 능력이 줄어들었다.

주의력이 문제가 될 수 있다

다수로 인해 우리는 의사결정과 문제 해결에서 다수의 관점이라는 편협한 시각에 갇히게 된다는 것을 살펴봤다. 일반적으로 좁은 주의력은 우리가 정보를 구하고 다양한 대안을 고려하는 데 걸림돌이 되기 때문에 나쁜 결정으로 이어진다. 또한 문제 해결을 위한 전략마저 한정적으로 생각하게 만들기 때문에 나쁜 해결책을 선택하게 만든다. 대부분의 경우, 이런 식으로 사고를 제한하다 보면 해로운 결과가 발생한다. 상황의 복잡성을 고려하지 않거나, 다수의 관점 이외의 다양한 가능성에 대해서는 진지하게 생각해보지 않게 되는 것이다. 주변을 둘러볼 생각조차 하지 않는다.

다수의 판단이 아무런 의심 없이 받아들여지는 상황 속에서 사람들이 해결책을 '쳐다보지'조차 않는 경향이 있음을 입증한 연구가 하나 있다.[16] 그 연구 결과는 유나이티드 항공기의 운항 승무원들이 착륙장치에만 신경 쓰느라 연료 문제는 무시했던 탓에 벌어진 사건과 유사한 점이 있다. 커다란 그림 속에 숨은, 행잉맨 모양의 막대인간(머리만 동그랗게 그리고 다른 신체부위는 직선으로 표현한 그림-옮긴이)을 찾아내는 실험이었다. 참가자에게 사람이 숨겨져 있는 여섯 개의 복잡한 이미지를 제시했다. 사람 모양은 옆으로 누워 있거나 거꾸로 눕혀져 있기도 했다. 여섯 개의 이미지 가운데 사람 그림이 포함되어 있는 이미지를 찾는 것이 과제였다. 사실, 세 개에는 사람이 숨겨져 있었지만 나머지 세 개에는 없었다. 제시된 이미지 가운데 하나는 숨은 사람을 찾기가 무척 쉬웠다.

여섯 명이 한 그룹으로 과제를 함께했고, 각 그룹의 구성원 가운데 네 명은 (다수는) 실험 공모자였다. 실험 공모자 네 명은 동일하게 두 개의 이미지를 선택했다. 사람이 쉽게 눈에 띄는 이미지 하나와 또 다른 하나, 이렇게 두 개였다. 한 실험 조건에서는 공모자들이 두 번째로 선택한 이미지가 사람 그림이 숨어 있는 정답이었다. 다른 조건에서는 공모자들이 두 번째로 선택한 이미지는 사람 그림이 없는 오답이었다. 실험 결과, 다수의 옳고 그름은 사람들에게 별 영향을 미치지 않는 것으로 드러났다. 사람들은 정답 여부와 관계없이 다수를 그대로 따랐다. 참가자들은 옳고 그름과 상관없이 다수가 고른 이미지 두 개를 선택했다.

여기서 눈여겨봐야 할 것은 참가자들이 다수가 고르지 않은 다른 네 개의 이미지에서 사람 그림을 찾아내지 못했다는 점이다. 이 네 개 중 두 개에는 사람 형상이 숨어 있었다. 그러나 참가자들은 정답을 발견하지 못했다. 다수의 의견을 접한 사람들은 다수가 고른 이미지에만 집중하는 모습을 보였고, 다른 데는 시선조차 제대로 주지 않았다. 이들은 정답을 찾아갈 능력을 잃었다. 이들은 단순히 다수의 의견과 전략을 따랐을뿐더러 다수의 관심이 쏠린 방향으로만 집중했다.

합의가 만드는 생각의 틀

단 한 가지 시각으로만 문제를 해결하거나 어떤 선택을 할 때는 그 시각이 옳기만을 바라는 수밖에 없다. 한 가지 접근법을 택하는 것이 능률적일 때도 있지만, 만약 그 접근법이 잘못된 것이라면 당신은 금세 벼랑 끝으로 몰리는 신세가 되고 만다. 한 가지 접근법으로 좋은 의사결정을 내리는 경우는 무척 드물다. 보편적으로 광범위하게 정보를 검색하고 다양한 대안을 고려할 때 우리는 훨씬 더 좋은 의사결정을 내릴 수 있고 올바르게 문제를 해결할 수 있다. 좁은 주의력은 그것이 정확한 대상을 향해 있을 때만, 다른 것은 아무것도 고려하지 않아도 되는 상황에서만 이점이 있다.

　　이보다 더 큰 문제는, 문제를 해결하는 과정에서 다수의 생각을 따르고 다수의 전략을 채택하다 보면 다양한 정보나 이후 발생 가능한 문제에는 관심을 기울이지 못한다는 것이다. 또한 문제를 해결하기 위해 다중 전략을 활용할 가능성 또한 낮아진다. 아마도 유나이티드 항공 173편에서 비극이 벌어진 이유 중 하나[17]도 이 때문일 것이다. 좁은 주의력은 단순히 비효율성이나 위기일발의 상황으로 그친 것이 아니라 실제로 하늘에서 비행기가 추락하는 끔찍한 현실로 이어졌다. 이번 장의 주제를 바탕으로 유나이티드 항공사의 사례를 다시금 살펴보도록 하자.

　　서문에서 나왔다시피, 유나이티드 항공 173편이 덴버에서 포틀랜드로 향하던 중 승무원들은 소음과 진동을 느꼈다. 착륙장치가 내려올 때 나오는 불빛이 들어오지 않았다. 기장과 운항 승무원들은 착륙장치 문제를 해결하는 데만 집중했다. 이들이 눈치채지 못했던 것은, 아니 더욱 정확히 말해 이들이 나서서 밝히지 못했던 것은 비행기 연료가 바닥나고 있다는 사실이었다. 여객기는 공항에서 동남동 방향으로 고작

10킬로미터 떨어진 포틀랜드 교외 지역에 추락했다.[18]

만약 한 명이라면 착륙장치에 너무 집중한 나머지 연료 계기판을 신경 쓸 겨를이 없었다고 생각할 수 있지만, 어째서 세 명이나 있었는데 이런 일이 벌어졌는지 의아해한 사람들이 많았다. 기장과 부조종사, 항공기관사를 포함해 모두 경력 있는 운항 승무원들이었는데도 어떻게 이런 사고가 발생한 걸까? 일반적으로 사람이 많을수록 문제를 잘 해결할 수 있다고 생각하지만, 만약 이 다수가 하나의 합의를 이룬 상황이라면 사람이 많은 것은 오히려 문제 해결에 방해가 될 수 있다. 또한 합의는 집단 내 누군가 새로운 문제를 발견하거나 현재 문제를 해결할 또 다른 방법을 찾았다 해도 직접 나서서 말하기 어렵게 만든다.

유나이티드 항공 173편의 경우, 기장은 사람들에게 착륙장치라는 단 하나의 문제에만 집중하라고 지시하지 않았다. 그는 짐존스처럼 운항 승무원이 무엇에 집중하고 있는지 감시하지도 않았다. 이 사건에서 상황을 장악한 힘은 합의였다. 45분 동안 이들은 (착륙장치라는) 한 가지 문제에만 폐쇄적으로 집중했고, 새로 등장한 문제(연료 부족)에는 거의 관심을 기울이지 않았다. 사실상, 이들은 철자를 역방향으로만 조합하고 있었던 것이다.

사람들은 비극적인 사건이 어떤 '교훈'을 남겼는지 되짚었다. 미국 연방교통안전위원회는 기장과 운항 승무원 모두를 비난했

합의는 때로 이성을 파괴한다

다. 요약하자면, NTSB는 기장이 착륙장치 이상에만 집착하느라[19] 다른 승무원들의 이야기를 듣지 않았고, 운항 승무원은 상황의 심각성에 대해 제대로 소통하지 않았다고 꼬집었다. 합의가 이들을 가로막은 것이다.

유나이티드 항공 173편의 사고를 통해 침묵을 통한 복종이 수면 위로 드러났다. 우리가 문제나 결함을 발견했을 때 말하지 않는, 또 다른 형태의 복종이었다. 운항 승무원들은 침묵을 지켰다. 이들은 연료 상태를 인지하고 있었다. 심지어 포틀랜드 관제탑에서도 연료 상황을 확인했다. 운항 승무원들 사이에서는 연료에 대해 이야기가 오갔을 수는 있겠지만 '소신대로 발언'하지 않았다. 승무원들의 집단적 소심함collective timidity으로 인해 '선한 사람들이 행동하지 않을 때' 벌어지는 일이 조종석에서 변형되어 발현[20]된 것이다.

NTSB는 승무원들이 기장의 '사고방식'을 그대로 따랐던 것일지도 모른다고 밝혔다.[21] 조사관들은 승무원들의 행동이 순응 혹은 지시를 따르고자 하는 자발적 의지처럼 단순하게 해석하기는 어렵다고 지적했다. 그러나 승무원들이 기장의 사고방식을 따랐을뿐더러 승무원들의 만장일치가 상황을 악화시켰다는 점은 꿰뚫어 보지 못했다. 다양한 연구를 통해 드러났듯이, 만약 이 중 누군가 자신의 신념대로 의견을 펼쳤다면 합의는 깨졌을 것이고, 합의의 영향력은 크게 약화되었을 것이다. 그렇게 되면 운항 승무원들이 스스로 사고했을 확률이 높아졌을 터였다.

NTSB의 해결 방안[22]은, 수많은 경영대학원과 기업에서 채택한 교육과 훈련이었다. 기장에게는 '참가적 경영participative management'이, 운항 승무원에게는 '적극성 훈련assertiveness training'이 시행되었다. 다시 말해, 기장은 부하직원이 전달하는 정보나 질문을 완벽히 차단하는 왕처럼 군림할 수 없다는 것이 핵심이었다. 운항 승무원들의 경우, 자신의 의견을 솔직하게 말해야 한다는 의미였다. 이런 교육은 어느 조직에서나 '필요한' 솔루션이다. 분명 도움이 되기도 한다. 그러나 일반적으로, 편견과 싸울 때는 이런 교육과 훈련이 그다지 효과적이지 않다.[23]

또한, 나는 이런 훈련으로 사람들이 자신의 소신껏 발언하게 만들기는 어렵다는 입장이다. 권력과 위계질서라는 현실이 존재하기 때문이다. 현실적으로도 이상적으로도, 사람들이 자진해서 권력과 지위를 내려놓기를 기대하기란 어렵고, 개인이 신념을 밝히는 데는 대가가 따른다. 소수 입장에 속해 있거나 스스로 전문성이 부족하다고 느낄 때는 자신 있게 발언하기가 어려워진다. 누군가 반대하는 목소리를 낼 때야 용기를 낼 수 있다. 합의의 진정한 위험성은 누구도 맞서지 않을 때 드러난다.

이제 우리는 편협한 관점이 좋은 의사결정을 가로막는다는 것을 안다. 독창적인 사고 역시 불가능하게 한다. 우리는 합의로 인한 편협한 사고방식을 입증하고자, 사람들이 다수의 의견에 노출되었을 때 사고의 독창성이 어떻게 달라지는지를 연구했다.[24] 참가자들이 파란색 슬라이드의 색깔을 판단하는 실험이었다. 우리는 참가자들에게 대다수 사람들이(80퍼센트) 해당 슬라이드를 초록색이라고 답했다고 알려주었다. 통제 집단에게는 다른 사람들의 답변을 알려주지 않았다. 이후 이들은 단어 연상 과제에 임했다. 참가자들은 '파랑'과 관련한 단어 일곱 개와 '초록'과 관련된 단어 일곱 개를 적으면 되었다. 연구 결과, 파란색 슬라이드를 초록색이라고 주장한 다수의 의견에 노출된 참가자들은 통제 집단에 비해 평범하고 덜 창의적인 단어를 제시한 것으로 드러났다.

합의와 주의력의 다른 면

합의와 좁은 주의력에 단점만 있는 것은 아니라는 점을 짚고 넘어가고자 한다. 일반적으로 좁은 관점은 의사결정과 문제 해결에 악의적인 영향을 미치지만, 유리하게 작용할 때도 분명 있다. 옳은 방향으로 향해 있을 때는 좁은 주의력이 도움이 되기도 한다. 작업 능률을 높여주는 것만은 틀림없다. 그러나 이러한 장점에도 불구하고, 좁은 주의력이 사고의 폭을 좁히고, 발생 가능한 문제를 예측하는 능력을 저하시킨다는 점은 분명하다.

합의가 자극하는 사고체계에는 어떤 이점이 있는지 살펴보는 연구[25]를 기획했으나, 우리는 편협한 시각이 유리하게 작용하는 실험을 찾을 수가 없었다. 그러다 마침내 하나를 찾았다. 스트룹 Stroop 테스트(색과 의미가 일치하지 않는 검사-옮긴이)[26]라는 검사였다. 다른 정보는 무시하고 한 가지 정보에만 편협하게 집중할 때 높은 점수를 받는 특이한 테스트였다. 색을 표현하는 단어가 다른 색깔로 적혀 제시된다. 글자가 의미하는 색깔이 아니라 글자의 색깔이 무엇인지 가능한 빠르고 정확하게 대답해야 한다.

이 실험을 이해하려면 약간의 상상력을 발휘해야 한다. 이 네 가지 단어가 있다고 상상해보자.

노랑, 하양, 파랑, 빨강

이제 '노랑'이라는 단어가 빨간색으로 적혀 있고, '하양'은 초록색, '파랑'은 검은색, '빨강'은 파란색 잉크로 적혀 있다고 생각해보자. 위의 단어들을 종이에 직접 쓰면 이해하기가 수월할 것이다.

우리는 '빨강, 초록, 검정, 파랑'으로 답해야 한다. 각 글자가 쓰인 잉크 색으로 말이다. 빨리 하려고 하면 어느새 글자 색('빨강')이 아닌 글자('노랑')를 읽게 될 것이다. 간섭효과를 실험하는 고전적인 테스트다. 색의 이름을 적은 글자가 글자 색을 인식하는 데 방해가 된다.

스트룹 테스트는 자극 단어라는 하나의 정보에만 집중하는 것이 유리한, 보기 드문 테스트 유형이다. 옳은 대상(글자 색)에 집중하고, 다른 정보(글자)는 무시할 줄 알아야 한다. 제한된 정보가 문제 해결에 도움이 되는, 몇 안 되는 검사 가운데 하나다. 많은 사람들이 스트룹 테스트를 힘들어한다. 단어를 그대로 읽지 않으려고 머뭇거리다 대답 속도가 현저히 늦어지고, 굉장히 많은 오류를 범한다. 가능한 빨리, 가능한 정확하게 답해야 한다는 조건이 있는 이유도 이 때문이다.

우리가 진행한 연구에서는 다수가 집중력을 쏟는 방향을 각각 달리 설정했다.[27] 한 조건에서는 다수가 글자에 집중했다. 또 다른 조건에서는 다수가 글자 색에 집중했다. 두 조건 모두, 참가자들은 다수가 집중하는 대상을 따라서 주의를 쏟는 모습을 보였다. 글자 색에 집중한 다수와 한 집단이었던 참가자들은 스트룹 테스트에서 다른 집단에 비해 월등히 나은 성적을 보였다. 대답 속도도 빨랐고, 정확도도 훨씬 높았다. 글자(잘못된 정보)에 집중하는 다수와 한 그룹이었던 참가자들의 성적은 훨씬 낮았다. 두 집단 모두 다수의 관점을 따른 것이라 볼 수 있다.

한 집단의 경우 주의 대상이 옳았고(글자 색), 다른 집단은 잘못된 대상(글자)에 주의를 집중시켰다. 스트룹 테스트에서도 주의력은 좋은 성과를 가져올 때도 있었고, 불이익을 가져올 때도 있었다. 다른 상황에서도 마찬가지겠지만, 스트룹 테스트에서는 대상만 정확하다면 좁은 주의력이 무척 효율적으로 작용한다. 문제는 좁은 주의력이 크게 도움이 되는 상황이 적고, 다수가 주의를 기울이는 대상이 항상 옳다고 확신할 수 없다는 것이다. 한편, 우리가 진행한 연구를 바탕으로 볼 때, 몇몇 정보를 무시해야 하는 성격의 업무에는 원칙적으로 좁은 주의력이 도움이 된다고 볼 수 있다.

요약하자면, 다수의 판단은, 특히나 합의가 형성되었을 때라면 그들의 관점으로만 문제를 바라보는 폐쇄적인 주의력을 장려한다. 이러한 주의력은 우리가 구하는 정보와 대안의 범위를 좁히고, 문제 해결 전략을 제한한다. 하나의 필터처럼 작용해 우리가 다수처럼 생각하도록 유도하는 것이다. 좁은 집중력이 우리에게 도움이 될 때도 있고, 그렇지 않을 때도 있지만, 일반적으로는 의사결정과 문제 해결의 질을 저해한다고 이해하는 편이 옳다.

5장

반대는 다양한 생각과
사고를 만든다

THE POWER OF DISSENT IN LIFE AND BUSINESS

지금까지 우리는 다수와 소수가 각각 사람을 설득하는 방식에 대해 살펴봤다. 그 방식은 단순히 설득하는 사람이 '다수'에 속했는가, '소수'에 속했는가에 따라 달라졌다. 다수와 소수가 사람들의 동의를 구하는 방식이 달랐고, (예를 들어 공공의 여론 변화와 개인의 의견 변화처럼) 서로 다른 차원에서 설득을 이끌어냈다.

그리고 다수와 소수의 의견이 설득이나 동의를 이끌어낸 것 이상의 영향력이 있음을 확인했다. 우리가 그들에게 동의하거나 이들의 영향력에 지배당하는 것과 무관하게, 다수와 소수는 우리가 사고하는 방식을 바꿔놓는다. 한편, 우리를 설득하는 의견이 다수냐 소수냐에 따라 우리의 생각에 미치는 영향력은 완벽히 달라진다.

다수는, 특히나 아무런 반대 세력이 없는 경우, 우리가 이들의 영향력 안에 있기 전보다 훨씬 더 우리의 생각을 편협하고 편향되게 만든다. 생각의 편향성은 한 가지 방향으로 집중되어 있다. 다시 말해, 우리가 다수의 관점으로만 생각하는 것이다. 다수의 의견을 뒷받침하는 정보를 선택적으로 고르고, 문제 해결 과정에서는 다수의 전략을 채택한다. 다수의 입장에 동의하지 않더라도 그들의 시각으로 상황을 바라본다. 그 결과, 의사결정과 문제 해결의 질이 나빠지는 경험을 하게 된다.

이번 장에서는 '소수'의 관점, 즉 반대 의견 역시 우리의 사고방식을 바꿀 수 있다는 것을 살펴볼 예정이다. 이번에는 좋은 소식을 들려줄 수 있게 되었다. 반대 의견을 경험할 때 우리는 혼자 생각할 때보다 더욱 다양하게 사고를 확장할 수 있다. 반대 의견의 옳고 그름과는 상관없다. 은유적으로 표현하자면, 다양한 길을 탐색하게 되는 것이다. 우리는 어떤 문제를 두고 다양한 측면을 고려해 정보를 구한다. 다양한 대안을 고민한다. 결과적으로 우리는 더 나은 의사결정을 내리고, 새로운 해결책을 찾을 수 있게 된다.

반대 의견에는 장점이 많다. 우리는 이미 그 장점 가운데 하나로 반대 의견이 무조건적으로 다수를 따르게 만드는 힘에 균열을 가할 수 있다는 것을 목격했다. 이번 장에서는 이보다 훨씬 큰 반대 의견의 이점을 살펴볼 예정이다. 반대 의견은 편향에서 벗어나 더욱 다양하게 훨씬 더 열린 사고를 가능케 해준다. 연구원들에게 돈과 지식이 무한정으로 있다면 사람들에게 위와 같은 사고법을 훈련시켜 정확한 판단을 하고 올바른 의사결정을 내릴 수 있도록 할 것이다.

한편, 훈련은 비효율적이고 단기간의 효과만 있는 반면, 이제 우리가 보게 될 강력한 메커니즘은 연구원들의 바람을 이뤄줄 것이다. 반대 의견은 단순히 합의의 위험성에 대한 해결책이 아니라, 어떠한 주제를 다양한 관점에서 생각하고, 새로운 해결책을 찾으며, 더욱 독창적인 사고마저 가능케 한다는 점에서 큰 의미를 지닌다.

반대의 가치는 반대자의 용기 있는 행동이나 반대 입장의 타당성에 있지 않다. 우리는 반대 의견의 가치를 쉽게 깨닫지 못한다. 혹은 갈릴레오의 경우처럼 먼 훗날 반대 의견이 옳았음을 깨닫게 될 때야 비로소 그 가치를 인정하게 된다. 나는 반대 의견이 우리를 설득하지 못해도, 심지어 반대 의견이 틀렸을 경우마저도 가치가 있다는 점을 강조하고 싶다. 우리의 생각을 변화시킨다는 것이 바로 그 가치다. 생각을 자극하는 그 어떤 깨달음이나 훈련보다, 반대 의견이 우리의 입장을 재고하고 다른 대안에 대해 고민하게 만드는 데 훨씬 강력한 힘을 발휘한다.

스스로 생각하는 힘을 길러준다

2장에서 반대 의견이 우리를 동조하게 만드는 다수의 힘에 맞설 해결책이라는 것을 확인했다. 반대자가 틀렸거나 우리와 뜻을 같이하는 협력자가 아니라도 말이다. 다수의 힘이란 만장일치에서 나오는 만큼, 단 하나의 반대만으로도 합의의 힘을 무너뜨리기에 충분하다. 반대 의견은 만장일치에 균열을 일으키고, 따라서 우리의 독립성을 높이는 결과를 낳는다.

앞서 본 초기 연구를 통해 다수가 틀렸음에도, 직접 목격한 사실과 다르더라도, 많은 사람들이 다수의 의견에 동의한다는 것을 확인했다. 연구자들은 왜 이런 현상이 발생하는지 원인을 찾으려고 노력했고, 해결책을 고민했다. 어떻게 해야 사람들이 다수에 저항하고 스스로 생각하게 할 수 있을까? 해결책은 초기 연구에서도 이미 제시되었다.[1] '반대 의견'이라 이름 붙이지 않았지만, 연구자들은 어떤 종류의 도전이든 우리를 맹목적으로 따르게 하는 다수의 힘을 무너뜨릴 수 있다고 봤다.

진실은 우리가 기대하는 만큼 중요하지 않다. 우리는 다수가 옳든 틀리든, 우선 따르고 본다. 반대자가 아무런 신뢰성이 없더라도, 심지어 틀렸더라도 반대 의견은 이렇듯 강력한 다수의 기반을 흔든다. 애시의 선분 실험에서 반대자가 정말 시력이 나쁜 사람이었다면 어땠을까?

당시 위스콘신대학교에 있던 베른 앨런Vern Allen과 존 레빈John Levine이 한 가지 재밌는 연구를 했다. 두꺼운 안경을 쓴 실험 공모자를 섭외해 선분 길이와 다른 여러 아이템으로 시각 자극 실험을 진행했다. 실험 공모자는 참가자들 앞에서 실험 진행자에게 원거리 시력이 필요한 실험인지 물었고, 자신의 시력에 대해 상의했으며, 심지어 비공식적으로 행해진 시력 테스트에서마저 틀린 답을 내놓았다. 참가자들은 이 사람을 보며 아마도 선분 길이를 평가하는 데 별로 도움이 되지 않겠다고 생각했을 것이다. 누가 봐도 그는 눈이 나빴다.

참가자들은 그를 두고 시력이 나쁜 사람이라 여겼을지 몰라도 그의 사회적 역할은 대단했다. 그가 연구 내내 반대자이자 협력

자로 활약한 덕분에 참가자들 사이에 동조 성향이 눈에 띄게 낮아
졌다. 실험 공모자가 없었던 그룹에 비해 3분의 1 수준에 불과했
다.[2] 이 연구에서 주목해야 할 부분은 다수의 힘의 근간은 바로 만
장일치라는 것이 드러났다는 점이다. 만장일치가 무너지자, 사람
들은 잘못된 답을 고르는 다수를 좇지 않았다. 반대자가 틀린 의견
을 낼 때도, 그의 판단을 믿기 어려운 상황임에도 우리는 자신의 목
소리를 내는 단 한 명의 힘을 확인할 수 있었다. 어떤 형태이든 반
대 의견은 합의를 무너뜨리고, 우리의 독립성과 스스로 생각할 힘
을 길러준다. 자신의 '진정한 생각을 깨닫고' 그 생각을 기꺼이 밝
힐 수 있게 된다.

이제는 반대 의견의 두 번째이자 아마도 가장 중요하다고
볼 수 있는 이점에 대해 살펴볼 차례다.

확산적 사고를 자극한다

이번 장의 핵심이자 반대 의견의 두 번째 이점은 바로 확산적 사고
를 자극한다는 것이다. 반대 의견에 노출될 때 우리는 더욱 호기심
넘치는 자세와 열린 생각을 갖게 되고, 다양한 관점을 고려할 확률
도 훨씬 높아진다. 사고의 독창성 또한 높아진다. 이러한 주장을 뒷
받침하는 연구 결과를 보기에 앞서, 먼저 개인적 경험을 들어 설명

하고자 한다. 내 이야기가 상당히 낯익게 느껴질 수도 있다. 지금부터 하게 될 이야기는 아마도 이 책에서 가장 개인적인 이야기가 될 것 같다. 반대 의견의 힘은 지난 몇십 년간 나를 사로잡았던 주제이자, 내 사고방식의 기준이 되었고, 개인적 가치의 근간이 되었다.

반대 의견의 잠재적 이점에 대해 본격적으로 연구하기 시작한 것은 어렸을 때의 경험도, 교수 회의나 뉴스같이 특정한 계기 때문도 아니었다. 나는 그렇게 영특한 사람이 못되었다. 만장일치를 요하는 배심원제에 관해 조사하던 중에 우연히 찾아온 생각이었다. 많은 사람들이 생각하는 것과는 반대로, 미국에서 배심원들이 반드시 만장일치 판결을 내야 하는 것은 아니다.[3] 오리건수와 루이지애나주에서는 배심원단이 만장일치를 하지 않아도 유죄를 확정 지을 수 있다. 10 대 2 혹은 11 대 1로 유죄판결을 받은 여러 피고인들은 이후 정당한 법절차와 법의 평등한 보장 아래 항소를 진행하기도 했다. 그러나 만약 미주리주에서 진행된 재판이었다면, 배심원들은 만장일치로 의견을 모아야 했을 것이다. 1972년 미국 대법원은 피고인들의 항소 제기를 거부하고, 이런 결정이 헌법에 규정된 권리를 침해하지 않았다고 판결했다. 피고인들의 유죄 선고는 그대로 유지되었다.

버지니아대학교에서 교수로 재직하던 중[4] 나는 배심원제에 관해 연구했다. 당시 학계 분위기에 따라 연구 방향을 잡았다. 내가 했던 연구의 상당량이 1부에 소개되었다. 나와 학생들은 배심원들 가운데 누가 '승리'하는지를 연구했다. 다시 말하자면, 다수결 원칙일 때보다 만장일치가 필요한 상황에서 배심원의 투표와 평결이 어떻게 달라지는지 살펴봤다. 실험 연구와 더불어 버지니아대학교 로스쿨의 협조를 받아 실제 법정 상황까지 포괄적으로 연구했다. 우리는 논의 과정을 면밀히 따라가기 위해 누가 어떤 발언을 했고, 그 발언은 누구를 향한 것이었으며, 발언의 성격은 어땠는지 등을 살폈다. 그리고 모든 장면을 녹화했다. 발언은 평균적으로 4초에 한 번씩 나왔다. 네 명의 뛰어난 대학생들[5]과 함께 수백 시간 동안 녹화된 테이프를 보고 또 봤다.

우리는 실험과 법정 상황을 분석한 내용을 발표했지만, 이후에도 이 테이프를 반복적으로 살펴보다 새로운 발견을 하게 되었다.[6] 배심원들의 만장일치 판결이 요구되는 경우, 반대자들은 더욱 강력하게 오랜 시간을 들여 자신의 의견을 내세웠다. 반대자의 강력한 항의가 토론과 의사결정 과정의 질을 높인다는 것이 상당히 인상 깊었다. 참가자들은 증거를 더욱 심도 있게 분석했고 다양한 방식으로 그 증거를 설명했다. 이들은 판결을 서두르기보다 여러 대안을 고민했다. 똑같은 사실을 눈앞에 두고도 반대자가 있는 경우, 더욱 다양한 가능성에 대해 생각하는 모습을 보였다.

'알약과 술병이 자살의 증거가 되는가?'
'실수로 인한 약물 과다복용의 증거가 아닐까?'

'살인의 가능성은 없을까?'

일관성 있는 반대자가 있는 경우에는 이와 같은 질문들이 오갔다. 확산적 사고를 하고 있는 모습이었다. 이 발견은 내게 깊은 울림을 주었고,[7] 이후 수십 년간 이어질 연구 프로그램의 계기가 되었다. 내 초기 연구는 인과관계를 밝히는 데 집중되어 있었다. 반대 의견이 확산적 사고를 자극하는 것일까, 아니면 이 두 가지가 다른 이유로 동시에 나타난 것일까? 반대가 없다면 사고의 방향이 달라질까? 이후 나는 의사결정의 질과 문제 해결의 창의성에 집중했다. 다양한 연구를 통해 일관되게 드러난 사실은, 반대 의견이 확산적 사고를 자극한다는 점이었다. 반대 의견은 생각의 깊이를 넓히고, 분석적으로 만들 뿐 아니라, 호기심을 갖고 상황에 접근하는 사고를 만들어주었다.

이번 장은 여러모로 앞서 4장에서 다룬 이야기를 완벽히 반대로 설명하는 내용이 될 것이다. 합의에 의한 사고와 반대 의견에 의한 사고를 비교하는 내용인 만큼 4장에 소개된 연구 결과를 반복적으로 다룰 예정인데, 이곳에 소개하는 모든 실험에는 통제 집단이 포함되어 있다. 4장에서 우리는 합의가 이뤄진 집단과 통제 집단을 비교해, 사람들이 모든 것을 합의의 관점에서 해석하는 현상을 수차례 목격했다. 이 장에서는 반대 의견과 통제 집단을 비교하며 4장과는 완벽히 다른 결과가 도출되는 과정을 보여줄 것이다.

반대 의견은 우리의 마음을 열고 생각의 범위를 확장시킨다는 점을
확인할 수 있을 것이다.

정보를 탐색하는 이유

일반적으로 우리는 자신의 신념과 반대되는 정보에 그다지 유연하
게 반응하지 않는다. 자신이 옳다는 확신이 들 때는 더욱 그런 경향
이 심해진다. 자신의 신념을 뒷받침하는 정보를 편애하기 마련이
다.[8] 그러나 자신의 의견이 다수의 합의와 일치하지 않을 때는, 우
리가 일반적으로 하는 행동양식과 정반대로 행동한다. 자신의 의견
을 뒷받침해줄 정보를 찾는 대신 외려 합의를 확증하는 정보를 구
한다. 자신이 갖고 있는 의견과 다수의 의견을 모두 고려하지 않는
다. 우리 자신이 아닌 합의의 관점으로, 합의의 의견을 뒷받침하는
정보를 우선적으로 찾는다.

한편, 반대 의견이 있을 때는 우리 자신이나 반대자의 의견
단 한쪽에 치우쳐 정보를 편협하게 구하지 않는다. 오히려 우리는
정보를 다양하고 광범위하게 찾는다. 어떠한 주제를 두고 양측 모
두의 정보를 듣고, 우리 자신의 입장은 물론 반대 의견의 긍정적인
면과 부정적인 면을 모두 고려한다.

4장에서 다룬 실험에서 대학생들은 자신이 강력히 거부하는
건의안에 대한 설문 결과를 전달받았다.[9] 이후 이들은 기숙사 제도
변화를 찬성하거나 반대하는 정보를 각자 선택해 읽어보는 시간을

가졌다. 실험 결과, 참가 학생들이 고른 정보는 자신과 반대 의견을 선택한 학생들, 다시 말해 끔찍한 제안을 호의적으로 받아들이는 학생 비율에 큰 영향을 받은 것으로 드러났다. 절대 다수가 제안을 긍정적으로 받아들였다고 전해들은 학생들은 다수의 입장을 설명하고 확인케 해주는 정보를 읽고 싶어 했다. 소수의 학생만이 제안을 우호적으로 여겼던 상황에서는, 즉 소수의 반대 의견이 나타난 상황에서는 실험 참가 학생들의 정보 선택 양상이 크게 달라졌다.

끔찍한 제안을 긍정적으로 받아들인 학생의 수가 소수일 때는, 참가 학생들은 비교적 다양한 정보를 원했다. 이들은 분량이 더욱 긴 글을 골랐을뿐더러 더욱 많은 글을 읽었고, 정보 탐색의 양역시 앞의 상황보다 훨씬 많았다. 특히나 이들은 찬반 양쪽의 입장모두를 알고 싶어 했다. 자신이 읽을 정보를 선택하는 과정에서 편향성이 드러나는 정황은 없었다. 이들은 제안에 우호적인 글과 반대하는 글을 거의 같은 분량으로 선택했다. 학생들은 소수의 사람들이 새로운 개편안을 반대하는 이유가 무엇인지 알고 싶어 하는 것만큼, 개편안에 찬성하는 이유에 대해서도 관심을 보였다. 이들은 자신의 입장과 같은 측의 정보를 읽는 것뿐 아니라 자신과 반대되는 입장에 대한 글도 읽었다. 이러한 경향은 개편안이 자신에게 영향을 미치는지 여부와 관계없이, 다시 말해 참가 학생들이 학교에 소속되어 있을 동안 개편안이 시행된다고 전달된 상황에서도 일관되게 나타났다.

넓게 보고 새로운 해결책을 찾는다

반대 의견이 정보를 구하는 과정에서 확산적 사고를 자극한다는 연구 결과는 다른 여러 연구에서도 반복적으로 드러난다. 그 중 한 연구는 정보 기억력에 관한 것이다.[10] 반대 의견을 마주한 사람들은 정보의 세부사항을 떠올리는 능력이 더욱 뛰어났다. 실험은 아래와 같이 진행되었다.

네 명이 한 그룹을 이뤄 14개의 단어가 녹음된 테이프를 들었다. 이들은 단어를 듣고 가장 먼저 떠오르는 상위개념을 말해야 했다. 14개의 단어 중 네 개는 과일에 속했고, 조류, 가구, 도구, 의류, 교통수단에 속한 단어가 각각 두 개씩 분포되어 있었다. 실험 참가자들이 단독으로 테이프를 들었을 때는 과일을 가장 먼저 말했다. 14개의 단어 중에 가장 많은 단어 수가 속한 카테고리이기도 했고, 가장 처음과 마지막으로 나온 단어이기도 했다. 이렇게 14개의 단어가 총 세 세트 준비되어 있었다.

한 실험 조건에서는 참가자들에게 같은 그룹에 속한 네 명 중 한 명이 가장 먼저 조류라는 카테고리를 말했다고 알려주었다. 이 한 사람을 제외하고는 나머지 세 사람은 모두 과일을 말했다는 정보가 주어진 것이었다. 아주 간단한 트릭이었다. 이 한 명의 반대자가 단어 한 세트에서만 홀로 다른 카테고리를 말한 것으로 설정한 경우도 있고, 세 세트 모두 그런 것으로 설정한 경우도 있었다. 누군가 다른 카테고리를 먼저 꼽았다는 이야기를 들은 참가자들에게 앞서 들었던 세 세트의 단어 42개를 한꺼번에 무작위로 들려주었다. 녹음테이프를 들은 후 이들은 자신이 기억하는 단어를 적어야 했다. 이후 이들에게 다른 카테고리에 속한 30개의 새로운 단어를 들려주었고, 이들은 다시금 자신이 기억하는 단어를 모두 적었다.

그룹 내 누가, 가장 먼저 어떤 상위개념을 떠올렸는지를 듣지 못한 통제 그룹과 비교해볼 때, 반대 입장에 노출되었던 그룹이 더욱 많은 단어를 기억해냈다. 이들은 기존에 준비된 42개의 단어에서는 물론 완벽히 다른 카테고리에 속한 새로운 단어 30개에서도 훨씬 많은 단어를 기억했다. 정보에 대한 집중력이 더욱 높았던 것이다.

오래도록 지속되는 일관성은 반대 의견의 중요한 요소라는 점이 다시금 분명하게 드러났다. 반대자가 한 세트뿐 아니라 세 세트 내내 조류를 가장 먼저 언급했던 그룹의 참가자들에게서 기억력이 눈에 띄게 향상되는 현상을 발견할 수 있었다. 설득을 주제로 한 3장의 경우와 마찬가지로,[11] 반대 의견이 사람들에게 영향력을 미치기 위해서는 일관성이 필요하다. 다시 말해, 사람들의 호기심과 확산적 사고에 불을 지피기 위해서는 단순히 반대 의견을 표출하는 것뿐 아니라 여러 차례, 지속적으로, 끊임없이 표현하는 것이 훨씬 효과적이란 뜻이다.

반대 의견이 광범위한 정보를 한꺼번에 고려할 수 있는 능력을 키워준다[12]는 사실은 세 번째 연구를 통해 다시 한 번 드러났다. 세 번째 연구는 4장에서 잠시 언급했던, 숨은 형상을 찾아내는 실험이었다. 반대 의견은 참가자들이 자극에 더욱 섬세하게 반응하도록 유도하는 역할을 했고, 그 결과 참가자들은 새로운 해결책을 찾아낼 수 있었다. 이 실험에서 참가자들이 해결해야 하는 과제는 주어진 그림 가운데 행잉맨 이미지가 숨겨진 그림을 고르는 것이었다. 쉬운 버전의 《월리를 찾아라Where's Waldo》였다. 다수가 뚜렷하게 정답이 눈에 보이는 그림 하나를 포함해 다른 그림을 몇 개 선택하자, 참가자들은 다수의 선택이 옳고 그른지 생각해보지도 않고 무작정 따랐다는 사실을 기억할 것이다. 이들은 다른 가능성에 대해서는 쳐다보지도 않고, 옳은 답을 찾는 데 실패했다.

이와 대조적으로, 다수와는 다른 그림에서 행잉맨 이미지를 찾아낸 소수가 있을 때, 사람들은 소수를 맹목적으로 따르지 않고, 또 다른 그림에서 정답을 찾아내었다. 참가자들은 제시된 그림을 하나하나 꼼꼼하게 살폈다. 이들은 단순히 소수가 고른 것이 정답이 아니라고 추측하는 데 그치지 않았고, 앞서 오답을 선택한 다수를 따른 통제 집단에 비해 월등히 많은 정답을 찾아냈다. 반대 의견으로 인해 사람들은 반대자가 제시한 정답을 찾아냈을뿐더러 숨겨진 정답을 감지해내는 능력도 높아졌다.

다양한 전략을 활용하게 만든다

반대 의견은 우리에게 더욱 방대한 정보를 검색하게 만든다. 더불어 정보를 기억하는 우리의 능력을 향상시키며, 한 가지 정황을 다양한 측면에서 고려하도록 만든다. 그러나 반대 의견의 가장 큰 영향력은 따로 있다. 바로 우리의 사고를 확장시킨다는 점이다. 또한 반대 의견은 문제를 해결하는 과정에서 다양한 전략을 활용하고, 다양한 방법으로 해결책에 접근하도록 우리를 자극해 결과적으로 훨씬 나은 해결 방법을 찾도록 해준다. 앞에서 논의했던 것처럼, 다양한 관점으로 문제에 접근할 때 우리는 더 나은 해결책을 찾고, 우리 자신의 오류 또한 깨달을 확률이 높아진다. 반대 의견으로 우리는 광범위한 전략을 우리에게 유익한 쪽으로 활용할 수 있게 된다.

조금 더 자세히 설명하기 위해 앞서 등장했던 연구[13]를 다시 한 번 살펴보고자 한다. 실험 참가자 네 명이 한 그룹이 되어 'rTAPe' 등의 글자를 읽었던 실험 말이다. 참가자들은 나열된 철자 가운데 가장 먼저 눈에 들어온 단어 조합을 말했고, 위의 단어를 예로 들자면 'TAP'처럼 보통 대문자로 쓰여 왼쪽에서 오른쪽으로 나열된 글자를 우선적으로 알아보았다. 그러나 참가자들이 본인을 제외한 그룹원의 답변을 전해들은 후 상황이 달라졌다. 다수(세 명) 혹은 소수(한 명)가 대문자의 역방향 순인 PAT라는 단어를 가장 먼저 떠올렸다는 정보가 전달된 후였다.

4장에서 역방향으로 글자를 조합한 것이 다수일 때 참가자들은 다수의 방법을 좇아 역방향 순으로 단어를 만드는 단 한 가지 전략을 취했다. 그러나 이때 역방향으로 글자를 만든 것이 소수, 단

한 명일 때 그룹의 분위기가 달라졌다. 이 경우 참가자들은 생각의 경계를 허물고, 가능한 모든 전략을 활용했다. 이들은 반대자가 취한 역방향 전략을 그대로 따르지 않았고, 순방향, 역방향, 무작위 이렇게 세 가지 전략을 모두 활용해 단어를 조합했다. 이들은 'par'과 'ear'만 찾아낸 것이 아니라 'rap'과 'art'라는 단어도 만들었다. 훨씬 높은 수준의 성과를 보였다. 모든 전략을 적극적으로 취함으로써 이들은 다른 집단보다 훨씬 많은 단어를 조합했다.

반대의 힘을 보여주는
두 가지 사례

이 책의 가장 중요한 교훈은 반대 의견이 확산적 사고를 자극한다는 것이다. 다시 말해 우리 자신만의 생각에 갇힐 때보다 더욱 다양한 정보를 구하고, 복합적인 선택지를 고려하며, 더욱 많은 전략을 활용하고, 더욱 열린 사고를 하게 된다는 의미다. 그 결과, 반대 의견이 집단 내 성과를 높이고, 집단이 더욱 훌륭한 의사결정을 가능케 하는 데 도움을 준다. 이에 대한 연구는 3부에서 더욱 자세히 다룰 예정이나 여기서 잠시 영화 〈12명의 성난 사람들〉를 다시 들여다보고자 한다.

　　3장에서 우리는 영화 속에서 반대 의견이 승리하는 과정에 대해 함께 살펴봤다. 배심원단 가운데 홀로 '무죄'를 주장했던 헨리 폰다는 다른 11명의 배심원을 설득하는데, 이때 그가 교묘하게 다른 사람에게서 동의를 이끌어내는 기술을 영화는 세심히 담아냈다. 뿐만 아니라, 반대 의견이 확산적 사고를 자극하고, 의사결정의 질을 높인다는 장점에 대해서도 보여주었다.

영화에서 '유죄'를 주장한 11명의 배심원들은 굳이 토론해야 할 필요조차 느끼지 못하는 듯 보였다. 너무도 명백한 1급 살인죄였다. 이들은 지체 없이 판결을 밀어붙이고, 반대자에게서 항복을 얻어내고, '유죄' 평결을 선고하는 모습을 기대했을 것이다. 그러나 폰다의 반대 의견 덕분에 이런 일은 벌어지지 않았다.

간단히 말해, 증거가 너무도 명백해 보였다. 증인이 두 명이나 있었으니 말이다. 증인 가운데 한 명은 범죄가 벌어진 현장 아래층에 사는 한 노인이었다. 그는 싸우는 소리를 들었고, 특히 '아이'(피고인)가 "죽일 거예요"라고 말하는 목소리를 들었다고 증언했다. 그러고 난 후, 노인은 누군가의 몸이 바닥으로 떨어지는 소리를 들었다. 노인은 문으로 달려갔고, 피고인이 층계를 내려오는 모습을 본 후 경찰을 불렀다고 진술했다. 현장에 도착한 경찰은 가슴에 칼이 꽂힌 청년의 아버지를 발견했다. 여기까지가 "팩트"라고 리 J. 콥 Lee J. Cobb 은 말한다. 더 이상 토론하고 말 것도 없었다. 그러나 폰다가 끈질기고 집요하게 반대하며 "하지만 이들이 틀렸을 수도 있잖소?"라고 계속 되묻자, 배심원들은 확산적 사고를 하는 모습을 보여주기 시작한다.

이들은 아파트의 설계도를 요청했고, 방 치수를 살펴본 후 노인의 증언을 재현했다. 증인의 말에 따라 상황을 되짚어보던 배심원들은 이내, 몸이 바닥에 떨어지는 소리와 노인이 문으로 뛰쳐나가 계단을 내려오는 피고인을 보는 것 사이에 시간 차가 존재한다는 것을 깨달았다. 또한 이들은 당시 기차가 지나가며 시끄러운 소리를 냈다는 말을 고려했고, 그 결과 몸이 바닥에 부딪히는 소리를 정확하게 들을 확률이 무척 낮다는 결론에 이르렀다. 증인의 증언에 의심이 커지는 순간이었다. 폰다의 반대 의견으로 인해 배심원들은 더욱 많은 정보(아파트 설계도)를 살폈고, 증언의 정확성을 분석하기 위해 다양한 전략(증언 재현)을 활용했으며, 중요한 의미를 지닌 사실(기차의 소음)을 떠올렸고, 증인의 착오나 증언에 깔린 동기 등 다양한 가능성을 고려하기 시작했다.

현실에서 벌어지는 일은 보통 복잡한 인과관계가 있는 만큼 영화처럼 반대 의견의 힘을 보여주는 사례를 찾기 힘들다. 그러나 에드워드 스노든의 사건은 반대 의견의 영향력 몇 가지를 잘 드러낸 사례라고 볼 수 있다. 미국 국가안보국의 사찰에 관련한 문서를 유출하며 그는 소수의 목소리를 냈다. 권력에 도전했을뿐더러 정보기관의 감시 체계를 신뢰하는 대중에게도 도전장을 내밀었다. 스노든의 반대 의견은 문서 유출로 표출된 것이 아니었다. 문서 유출은 하나의 수단에 불과했다. 그의 반대 의견은 개인정보 수집을 가볍게 여긴 정부를 신뢰하는 다수, 정부에 길들여진 다수를 향한 저항이었다. 그의 반대 의견은 정부의 관행을 폭로했을뿐더러 개인의 사생활 침해라는 이슈를 수면 위로 끌어 올렸다. 정부기관의 감시는 헌법으로 보장된 국민의 권리를 위반한다는 것이 그의 생각이었다. 2장에서 우리는 그가 어떻게 사람들을 설득하고, 사람들의 마음을 움직였는지에 대해 살펴봤다. 이번에는 그가 제시한 반대 의견이 어떻게 확산적 사고를 유도했는지에 관해 중점적으로 다룰 예정이다.

에드워드 스노든은 단 한 명의 소수였다. 2013년 5월, NSA의 감시 시스템에 대한 기밀문서를 세상에 폭로했을 때[14] 그는 세계적으로 비판을 받았다. 언론과 정부는 그를 강하게 압박했다. 스노든을 반역자로 보는 정치인들과 자칭 전문가란 사람들도 마찬가지였다. 이들에게 스노든은 기밀문서를 유출하고 국가 안보를 위협하는 인물일 뿐이었다.

이런 종류의 사건이 벌어졌을 때 반대 의견의 영향력을 확인할 수 있는 방법은 투표나 여론조사, 혹은 이 경우, 감시 체계에 실제적 변화가 일어나고 있는지를 따지는 수밖에 없다. 스노든의 사건에서 그가 NSA 감시 시스템에 대한 사람들의 생각을 바꾸는 데 성공했다는 몇몇 증거들[15]이 분명히 있었지만, 그러기까지는 제법 시간이 걸렸다. 중요한 것은,

스노든의 사건이 이 장에서 설명하고 있는 반대 의견의 영향력을 더욱 확장해서 보여준 사례라는 점이다. 스노든은 감시와 사찰뿐 아니라 다른 여러 이슈에 대해 사람들의 생각 변화를 촉발시키는 도화선이 되었다. 그 예로 2014년 1월 오바마 대통령의 신년 국정연설을 들 수 있다.

앞서 강력하게 감시 프로그램을 옹호하던 오바마 대통령은[16] 연설을 통해 자신이 보다 광범위하게 상황을 고려하기 시작했다는 것을 드러냈다. 가장 강력한 대변인이었던 그가 조금 더 다양하고 신중하게 상황을 살펴보기 시작했다. 스노든 사건 이후 7개월간 오바마 대통령은 여러 위원회와 동맹국, 기업 리더들, 회의론자까지 수많은 사람들과 논의하며 다양한 정보를 접했다. 연설에서 그는 유려한 언변으로 자신과 대치하는 여러 의견에 대해 언급했다. 그는 개인의 사생활을 보장하면서 중요한 정보를 수집하는 것이 어렵다는 것을 잘 알고 있었다. 그는 기업이 겪는 어려움과 외교상의 문제, 미국 국민의 불신에 대해 이해하고 있었다. 다양한 이해관계와 입장을 고려한 그의 언변에 적과 아군 모두 한마음으로 오바마 대통령을 극찬했다. 이 책의 주제대로 해석해보자면, 미국의 감시 시스템을 변호하기 위해 수렴적 사고를 했던 오바마 대통령이 다양한 입장을 고려하는, 확산적 사고의 모습을 보인 것이었다. 그는 스노든 사건을 단순히 기밀문서를 불법적으로 유출한 문제로 보지 않았다. 그는 이 사건이 감시와 사생활 침해라는 광범위한 이슈이자, 비즈니스와 외교정책, 국민들의 신임에까지 영향을 미친다는 것을 이해하고 있었다.

스노든 사건 이후 확산적 사고가 발현되고 있다는 또 다른 증거가 있었다. 사람들은 새로운 정보를 구할 때도, 어떤 문제에 접근할 때도 사생활 권리를 기준으로 삼기 시작했다. 이전에는 드론에 대해 택배를 배송하거나, 소방관이나 부동산 업자에게 유용한 도구라는 정도로만 생각했다. 그러나 이제 사람들은 드론이 영공을 침해하고 개인의 평안을 방해할 가능성이 있다고 여기게 된 것이다. 예전 같으면 도매상이 우리의 개인정보를 추적하고 활용할 권리를 갖게 된다는 것에는 제대로 생각해보지도 않고 웹사이트에 나오는 조항에 '동의'를 클릭했다. 이제는 개인 데이터 활용과 보관에 대해 더욱 꼼꼼히 살피게 되었다. 많은 미국인들이 건국의 아버지들founding fathers(미국 헌법 제정자들-옮긴이)부터 베트남전쟁 당시 정부의 감시와 정보기관의 지나친 개입을 경계했던 처치 위원회Church Committee(1975년 상원의원 프랭크 처치Frank Church가 CIA, NSA, FBI 등 정보기관의 불법적인 정보 수집활동을 조사하기 위해 세운 위원회-옮긴이)[17]까지 역사를 되살펴보기 시작했다.

스노든 사건 이후 나는 샌프란시스코의 미션 디스트릭트

에 있는 작은 상영관에서 다큐멘터리 영화 〈위 약관에 동의합니다
Terms and Conditions May Apply〉**18**를 봤고, 커피숍 몇 곳에서 구글의 엔터
프라이즈 유닛 설립자를 포함해 다양한 사람들과 만나 열띤 토론
을 펼쳤다. 우리는 드론에 대해 찬반논쟁을 벌였고, '빅 브라더**Big
Brother**' 감시와 인터넷 시대의 사생활 권리에 대해 논의했다. 내가
확실하게 말할 수 있는 것은, 에드워드 스노든의 반대 의견이 내 생
각을 일깨우지 않았다면 관련 문제에 대해 깊이 생각해보거나 이런
토론을 벌일 일도 없었을 것이고, 작은 상영관에서 영화를 관람하
는 일 역시 없었을 것이라는 사실이다. 에드워드 스노든으로 인해
우리의 사고는 더욱 넓어지고, 날카로워졌다.

　　단 한 가지 사건으로 어떠한 변화가 찾아왔다고 속단할 수
는 없다. 2013년 이후 사람들이 사생활 권리와 국가 안보에 대해
다양한 정보를 탐색하는 데는 분명 다양한 이유가 있을 것이다. 그
러나 그 이유 중 하나가 에드워드 스노든의 반대 의견과 그가 보여
준 행동이라는 것은 확실해 보인다. 연구 결과가 보여주듯, 반대 의
견으로 인해 우리는 여러 입장을 대변하는 정보를 탐색하게 되는
데, 정보 탐색에서 이어지는 새로운 사고방식은 다른 상황으로도
널리 확장될 수 있다.

전략과 창의성의 유연한 전환

열린 사고만으로는 우리의 생각을 넓고 깊이 있게 만들기에 부족할 때가 있다. 우리는 다양한 입장과 선택지를 통합적으로 고려할 줄 알아야 한다. 주의력을 유연하게 전환할 줄 알아야 한다. 그것이 가능해질 때 우리는 창의적인 해결책에 가까이 다가갈 수 있고, 사고의 유연성을 높일 수 있다. 반대 의견은 다양한 경로에 눈을 뜨게 해줄뿐더러 필요하다면 현 경로를 벗어나 새로운 길을 선택할 수 있도록 해준다. 반대 의견이 지닌 또 하나의 장점이다.

4장에서 소개된 스트룹 테스트는, (확산적이 아닌) 수렴적 사고가 성과를 높이는 보기 드문 테스트다. 물론 여기에는 주의를 기울여야 할 대상에 정확히 집중하고 있다는 전제가 있다. 만약 당신이 정말 좋은 아이디어를 실행하고 있고, 제대로 된 방향으로 가고 있다면, 눈가리개로 주변 시야를 차단하고 앞으로 전력 질주하는 효과를 내는 수렴적 사고는 커다란 이점으로 작용할 수 있다.

스트룹 테스트를 활용한 연구에서[19] 우리는 다수가 주의를 집중하는 방향으로 수렴적 사고가 발현된다는 것을 확인했다. 참가자가 옳은 대상에 주의를 쏟고 있다면, 즉 글자의 의미가 아닌 글자색에 집중하고 있다면, 스트룹 테스트에서만은 월등히 나은 성과를 보였다. 이들은 글자 색에만 집중하고, 글자라는 불필요한 정보는 차단할 수 있는 사람들이었다. 한편 잘못된 집중력을 보일 때는,

다시 말해 글자 색이 아닌 글자에 집중할 때는 성과가 훨씬 낮았다. 앞의 참가자들과 마찬가지로 수렴적 사고를 행했으나, 글자라는 잘못된 대상에 주의력을 집중시켰고, 그 결과 글자 색을 정확하게 분별하는 과제 수행 능력이 떨어졌다.

이전 졸업생들과 나는 스트룹 테스트에 약간 변형을 주어 주의력을 유연하게 전환하는 능력에 대한 연구[20]를 진행했다. 실험 참가자들이 글자 색에서 글자로 주의력을 전환할 수 있을까? 우리는 연구를 통해 이 유연성을 자극하는 것이 바로 반대자였음을 깨달았다. 지금껏 연구 결과를 토대로, 독자들은 아마 반대자가 참가자들의 확산적 사고를 자극해 글자와 글자 색 둘 다에 집중하게 만들었을 거라고 예상할 것이다. 그러나 스트룹은 상당히 까다로운 테스트다. 누구나 글자의 의미와 글자 색, 이 두 가지 정보 모두에서 색깔을 인지할 수밖에 없다. 한편, 독자들이 예상하지 못했던 것은 바로 반대 의견이 두 개의 주제를 모두 고려하도록 사고를 확장한 것 이상의 성과를 냈다는 점이다. 반대 의견은 두 가지 집중력 가운데 가장 필요한 하나만 활용할 수 있도록 유연성을 자극했다.

이 연구는 앞서 소개한 스트룹 테스트 연구와 유사하게 진행되었다. 우리는 글자와 글자 색 이 두 가지 정보 중 하나에만 집중하는 반대자, 즉 소수의 영향력에 대해 연구했다. 이해하기 쉽게 자세히 설명해보겠다.

예컨대, 파란색으로 '파랑'이라고 적힌 단어와 초록색으로

'노랑'이라고 적힌 단어를 함께 보여주면 참가자들은 일반적으로 글자 색과 글자가 같은 '파랑'을 가장 먼저 인지하고 대답한다. 우리는 반대자 혼자 계속 다른 단어를 말하도록 설정했다. 이 반대자는 두 가지 정보 가운데 하나에만, 즉 글자 색('초록') 혹은 글자('노랑')에만 집중했다. 이 답변만으로도 반대자가 소수에 속한다는 것을 드러내고, 그가 무엇에 주의력을 쏟고 있는지 인식시킬 수 있다. 우리는 참가자들이 과제 수행에 필요한 주의력을 적절하게 가려내어 전환할 수 있을지 알아보고 싶었다. 주의력의 유연성을 실험하는 과정은 아래와 같이 진행되었다.

참가자들은 기존의 스트룹 테스트에서는 글자 색을 답하면 되었지만, 이번 실험에서는 글자 색과 글자를 읽는 과제를 오가며 수행해야 했다. '높은 유연성' 그룹은 세 단어마다 주의력을 전환하도록 설계했다. 세 번은 글자 색을 말하고, 이후 세 번은 글자를 읽어야 하는 쉽지 않은 과제였다. '낮은 유연성' 그룹 역시 글자 색에서 글자로 주의력을 전환해야 했지만, 전환 주기는 한 페이지 분량의 과제를 마친 후였다. 글자 색을 답해야 하는 페이지를 마친 후, 다음 페이지에서는 글자를 읽는 식이었다. '낮은 유연성' 그룹은 지속적으로 주의력을 전환할 필요가 없었다.

연구 결과, 반대자가 글자 색이든 글자를 읽는 것이든 무엇에 집중하는지는 크게 관련이 없었다. 즉 반대자의 의견은 아무런 영향을 끼치지 않았다. 다만, 이들이 소수의 목소리라는 것이 중요했다. 실험 참가자들은 반대자의 의견을 따르지 않았고, 두 가지 정보를 모두 고려하는 능력이 향상되었다. 확산적일뿐더러 훨씬 유연한 사고였다. 이 연구에서 가장 중요한 쟁점이었던 주의력 전환에 관해서도 참가자들은 반대자로 인해 글자 색을 말하는 것에서 글자를 읽는 것으로 상황에 알맞게 주의력을 전환시키는 능력이 높았다.

사고의 유연성은 '높은 유연성' 그룹이 단연 돋보였다. 참가자들이 짧은 시간 안에 주의력을 쏟아야 하는 대상을 계속 바꿔야 하는 상황에서 반대자의 가치가 빛을 발했다. 참가자들이 세 단어마다 주의력을 빠르게 전환한 데는 반대 의견의 역할이 컸다. 수행 처리 속도도 다른 어떤 그룹보다 빨랐다.[21] 이 실험에서 눈여겨볼 것은 우리가 반대자에게서 배우는 것이 반대자가 지닌 특정 의견이 아닌, 그보다 훨씬 중요한 가치라는 점이다. 반대자로 인해 더욱 다양한 관점을 고려하고, 필요에 따른 관점의 전환 역시 가능해진다는 것이다. 사고 과정이 더욱 유연해짐에 따라 자유로운 사고가 가능해지고, 이는 곧 창의성의 발현으로 이어진다.

유연한 생각과 다양한 관점을 오가는 능력은 특히나 복잡한 의사결정 과정에서 중요한 요소다. 여러 선택지를 순서에 따라 고려하는 것과 유연하게 오가는 것은 분명 다른 능력이다. 반대 의견마저도 수용하며 다양한 관점을 고려하는 것이 사고의 유연성에 있어 얼마나 중요한지를 깨닫게 하는 의료계의 실제 사례를 하나 소개하고자 한다.

훌륭한 의사는 한 가지 전략에서 다른 방법으로 유연하게 전환하는 능력을 갖추고 있다. 여러 분야의 전문가들에게 다양한 견해를 요청하고, 이 의견들을 유연하게 수렴하여 병을 진단한다. 샌프란시스코 베이 에어리어에서 가장 뛰어난 이비인후과 의사 중 한 명인 제이콥 존슨Jacob Johnson은 귀, 코, 목에 관련해 방대한 지식을 갖추고 있다. 그런 그도 의학적으로 매우 복잡한 상황에 맞닥뜨렸을 때는 여러 호흡기 내과 전문의와 수면 전문가, 심지어 치과 의사뿐 아니라 관련 지식을 갖고 있는 의학 외 분야의 전문가들에게 조언을 구한다. 여러 정보와 의견을 토대로 치료법을 찾기 위해 조사를 시작한다.

한번은, 그가 수면 무호흡을 포함해 복잡한 증상을 앓는 환자를 치료하게 되었다. 여러 전문가들에게서 컨설팅을 받은 후 그는 호흡기 내과 전문의와 수면 전문가를 거쳐 최신 의학기술을 섭렵한 의료진들까지 만난 후에야 수면 내시경으로 환자의 상태를 더욱 확실히 알 수 있을 거라는 결론을 내렸다. 환자에게 시술할 수면 내시경은 굉장히 정밀한 기술을 요하는 종류로, 환자가 잠이 들 때 왜, 어떻게 기도가 좁아지는지 알려줄 수 있었다. 그러나 시술을 맡은 전문의가 다른 지역으로 옮기게 되며 난관에 봉착했다. 닥터 존슨은 낙심하지 않았다. 그 자신도 전문 기술을 갖추고 있었고, 무엇보다 유연하게 사고하는 데 능숙해진 터라 전문 경력을 갖춘 의료

팀을 꾸려 자신이 직접 내시경을 진행했다. 내시경을 통해 발견한 사실과 각 분야의 전문가에게서 받은 의료 조언을 고루 수렴하여 판단한 결과, 복잡하게 얽혀 있던 증상을 밝혀 병을 진단했고, 환자는 몇 가지 치료법을 병행하면 될 뿐 다행히 수술은 피할 수 있었다.

창의력과 반대 의견
그리고 브레인스토밍에 관하여

창의성에 대한 정의를 보면, 일반적으로 한 가지 해결책에 대한 독창성과 타당성이라는 요소가 있어야 한다. 단순히 여러 독창적인 아이디어의 조합을 독창성이라고 볼 때도 있지만, 사실은 아이디어의 특이성이 핵심이다. 타당성이 중요한 이유는, 단순히 괴상하기만 한 아이디어는 창의적이라고 볼 수 없기 때문이다. 창의적인 아이디어는 어떤 문제에 대해 제시하는 바가 있어야 한다. 합의와 반대 의견은 독창성에 직접적으로 그리고 상이한 방향으로 영향을 끼친다. 4장에서 우리는 합의가 관습적 사고를 자극하고 독창성을 저해한다는 것을 확인했다. 이번에는 반대 의견이 사고의 독창성을 높인다는 것을 확인할 차례다.

지그문트 프로이트로 유명해진 고전 연구,[22] 바로 단어 연상 검사를 진행해보았다. 이 실험에서 우리는 본인의 생각과 다른 다

반대는 다양한 생각과 사고를 만든다

166

수 혹은 소수의 의견에 노출된 참가자들에게서 단어 연상의 독창성을 발견할 수 있는지 살펴보았다. 통제 그룹은 다수 혹은 소수의 의견에 노출되지 않았다. 실험이 어떻게 진행되는지 간략하게 되짚자면, 참가자들에게 단순히 몇 개의 파란색 슬라이드를 보여주며 무슨 색깔인지 물었다. 첫 번째 조건에서는 참가자들에게 다른 사람들이 어떤 답변을 했는지 알려주지 않았다. 두 번째 조건에서는 대다수의 참가자들이(80퍼센트) 파란색 슬라이드를 보고 초록색이라고 답했다. 세 번째 조건에서는 소수의 사람들만이(20퍼센트) 초록색이라고 답했다. 이 색깔 실험 이후, 우리는 단어 연상 검사를 진행했다. 참가자들은 '파란색'에 연관된 단어 일곱 개와 '초록색'에 연관된 단어 일곱 개를 답했다.

우리는 파란색을 보고 초록색이라 말했던, 틀린 다수를 경험한 참가자들의 독창성이 현저히 낮아지는 현상을 확인했다. 이들은 굉장히 평범한 단어밖에 떠올리지 못했고, 관습의 틀 안에서 사고했다. 한편, 파란색 슬라이드를 보고 초록색이라고 말한 잘못된 소수를 대면한 참가자들은 단어 연상에서 눈에 띄는 독창성을 보였다. 예시를 들어 설명해보겠다.

당신에게 '파란색'이라는 단어를 제시하며 무엇이 떠오르는지 물었다고 가정해보자. 어떤 단어가 떠올랐는가? 일반적으로 사람들은 '하늘'과 같이 비교적 평범한 연상을 우선적으로 떠올린 후 '청바지', '재즈' 등 창의적인 방향으로 나아간다. '초록색'의 경우,

반대의 놀라운 힘

마찬가지로 '잔디'로 시작해 '질투'(서양에서는 초록색을 질투의 색으로 칭한다-옮긴이), '백back'(지폐greenback라는 단어를 떠올려)처럼 보다 독창적인 단어를 연상하게 된다.

다행히도 '파랑'과 '초록'이라는 단어를 포함해 수많은 단어 연상에 대한 방대한 데이터가 있는 덕분에 참가자들의 독창성을 수치로 나타낼 수 있었다.[23] 우리는 참가자들이 연상한 단어를 토대로 통계적 가능성을 계산했다. 가령, '파란색'이라는 제시어를 보고 가장 먼저 '하늘'을 떠올릴 가능성은 매우 높다. 그러나 '청바지'라고 말할 가능성은 낮다. 이번 실험에서 틀린 의견임에도 소수의 의견을 들은 사람들이 훨씬 독창적인 연상어를 답했다. 다른 참가자들의 의견을 듣지 못한 통제 그룹보다도 독창적인 결과물을 냈고, 다수의 의견을 들은 그룹에 비해서는 월등했다.

그러나 독창성은 창의적 사고의 단면일 뿐이다. 더욱 중요한 것은 바로 확산적 사고로, 이는 반대 의견에 의해 고취되는 사고력이다. 일반적으로 창의성 테스트는 사실 확산적 사고를 검사하는 것이라고 볼 수 있다. 자세히 설명하자면, 누군가 당신에게 벽돌의 용도에 대해 물었을 때, 당신은 다음과 같이 답변할 수 있다.

'도로를 만든다.'
'집을 짓는다.'
'공장을 짓는다.'

'야외 화장실을 짓는다.'

하지만 다음처럼 답변할 수도 있다.

'집을 짓는다.'
'문을 괼 때 쓴다.'
'던져서 무기로 사용한다.'
'받침대로 쓴다.'

이 역시도 벽돌의 용도가 될 수 있으니까. 첫 번째 네 개의 답변은 벽돌로 만드는 것들이라는 하나의 사고 범주 내에서 나왔다. 두 번째 답변의 경우 건물뿐 아니라 무기, 문버팀쇠, 받침대처럼 활용 범위를 포함하고 있다. 이렇듯 폭넓은 활용 범위를 떠올리는 것이 훨씬 확산적인 사고를 한다는 의미다. 뿐만 아니라 첫 번째 답변보다 창의적이기도 하다. 실제 창의성 테스트에 나온 문제였다.

반대 의견이 독창성과 확산적 사고를 높인다는 연구 결과는 창의적 아이디어 발상법으로 널리 알려진 원칙들에 대해, 가령 브레인스토밍과 같은 개념에 대해 다시금 고려하게 만든다. 컨설턴트 및 연구자들은 아이디어를 두고 의견 충돌을 일으키거나 논쟁을 벌이거나, 서로의 아이디어를 비판하는 것을 부정적인 시각으로 바라보고, 우리의 일반적 통념도 그렇다.

1950년대 알렉스 오스본^{Alex Osborn}이 창안한 이래로[24] 지금까지 브레인스토밍의 원칙으로 알려진 것들이 몇 가지 있다. 브레인스토밍이 아이디어 발상에 정말 효과가 있는지 찬반 논쟁[25]이 있었지만, 실상 이 원칙들을 검증해보려는 시도는 거의 없었다. 브레인스토밍 원칙은 (1) 아이디어의 양을 중요시하고 (2) 다른 사람의 아이디어에 의견을 결합해나가며 (3) 자유분방한 분위기에서 진행하고, 무엇보다 가장 중요한 원칙은 (4) 다른 사람의 아이디어를 비판하지 않는다는 것이다. 아이디어를 비판적인 시선으로 보지 않는다는 원칙을 포함해 대부분의 원칙들이 직관적으로 보기에는 제법 그럴싸하다. 아이디어를 낸 사람에게 비난이 쏟아질 경우, 사람들은 자신의 의견을 말하지 않을 것이라는 생각 때문이다. 그러나 우리가 미국과 프랑스에서 진행한 연구 결과는 이 원칙을 정면으로 반박한다.

2000년, 우리는 중요한 네 번째 법칙을 연구하기 위해 비판과 논쟁이 아이디어 발상을 저해한다는 통념을 시험해보기로 했다. 사실 우리는 서로의 아이디어를 비판할 수 있는 환경에서 오히려 아이디어의 수가 늘어날 거라고 생각했다. 그래서 우리는 미국과 프랑스, 양국에서 연구를 진행하는, 쉽지 않은 길을 택했다.[26]

연구는 비교적 단순했다. 소그룹 단위로 교통 체증을 해결할 방법을 브레인스토밍하는 것이었다. 연구를 진행하는 샌프란시스코와 파리 모두 교통 문제를 안고 있었다. 우리는 실험 참가자들에게 가능한 많은 해결책을 찾아달라고 요청했다.

두 실험 집단에게는 위에 언급된 네 가지 원칙을 전달했다. 통제 집단에는 아무런 원칙도 언급하지 않았다. 두 실험 집단은 단 한 가지만 달랐다. 한 곳에는 (기본 원칙에 따라) 서로의 의견을 비판하지 말라고 했고, 다른 한 곳에는 자유롭게 논쟁하거나 비판적 의견까지도 주고받을 수 있다고 전했다. 오스본이 말한 자유로운 분위기, 다른 사람의 아이디어에 의견을 결합하기, 아이디어의 양적 측면을 중요시하기, 세 가지의 브레인스토밍 원칙은 동일하게 적용한 것이었다.

대부분의 연구자들은 논쟁과 비판을 장려한 그룹이 다른 그룹에 비해 아이디어의 수가 적을 것이라 예상했다. 아무런 원칙도 주어지지 않은 통제 그룹과 비교할 때, 위의 그룹은 많은 아이디어가 나오지 못할 거라는 생각이었다. 또한 '비판하지 않기'라는 기존 원칙을 따른 그룹에서 가장 많은 아이디어가 나올 거라 예상했다. 논쟁하고 서로 비판할 수 있는 통제 집단보다 더욱 많은 아이디어가 나오는 것이 당연해 보였다. 그러나 결과는 달랐다. 논쟁과 비판을 허용한 집단이 통제 집단에 비해 적기는커녕 훨씬 많은 아이디어를 냈다. 또한 '비판하지 말아달라'고 요청한 집단들보다 논쟁과 비판이 권고된 집단들에서 오히려 훨씬 많은 아이디어가 나오는 경향이 있었다. 미국과 프랑스 양국에서 동일한 결과가 나왔다.

브레인스토밍에 관심이 깊은 독자들이 흥미를 가질 만한 중요한 연구[27]가 하나 있다. 한편, 브레인스토밍의 신성시되는 원칙, 바로 다른 사람의 아이디어를 비판하지 말라는 원칙은 이제 미지수가 되었다. '비판하지 말라'는 원칙은 본능적으로 타당해 보인다는 이유로 검증을 받지 않았고, 우리의 연구 결과는 많은 사람들에게 충격으로 다가갔다. 집단 내 창의성 발현을 위해서는 구성원들의 화합이 중요하다는 일반적인 개념에도 상충하는 결과였다. 연구 결과는 서로의 아이디어를 '비판하지 말라'는 원칙이 비판이 권장되고 허용되는 상황보다 아이디어 발상에 훨씬 나쁜 영향을 끼친다고 말하고 있었다. 이제 대중 언론에서도 브레인스토밍의 성과를 높이기[28] 위해서는 비판을 활용해야 한다고 말하고 있다.

비판은 반대 의견과 다르지만, 창의적 아이디어의 발상을 위해 추구해야 할 가치라는 점에서는 공통분모를 가지고 있다. 진정한 의미의 브레인스토밍을 위해서라면 상대방을 불쾌하게 하거나 비판하지 않기 위해 고심하며 우리 자신을 억누를 것이 아니라, 자유롭게 발언할 수 있어야 한다는 것이 핵심이다. 자유로운 발언에는 비판도 포함된다. 상대방의 생각을 반드시 비판해야 한다는 뜻이 아니라, 비판해도 괜찮다는 일종의 허락인 셈이다. 작위적이지 않은 반대 의견이 허용될 때, 진정성 있는 반대 의견이 적극 수용될 때에야 비로소 반대 의견이 그 가치를 다할 수 있다는 가르침과도 일맥상통하다. 7장에서 깊이 다룰 예정이지만, 반대 의견의 이점이 적극 발휘되는가를 결정짓는 열쇠가 바로 진정성이다.

반대 의견이 틀릴 때조차, 반대자에게 호감이 없을 때조차, 우리를 설득시키지 못했을 때마저도 반대 의견이 큰 가치를 지니고 있다는 것이 다양한 연구 결과에서 꾸준히 제시되고 있다. 반대 의견은 합의의 힘과 다수의 의견을 무너뜨리고, 우리가 독립적으로 사고할 수 있도록 해준다. 또한 유연하고, 독창적이며, 확산적인 사고를 자극한다. 다양한 의견이 상충할 때 여러 가지 중요한 이점이 생긴다. 브레인스토밍의 성과가 높아지는 것도 그 중 하나다.

반대 의견이 우리의 사고를 확장시키는 이유 중 하나는 바로, 우리 자신의 생각에 의문을 갖도록 만들기 때문일 것이다. 나와 다른 관점, 다른 사고방식을 마주할 때 우리는 자신의 입장을 변호하거나 변경하기보다, 자신의 의견을 구축할 때 하는 사고 과정을 따르게 된다. 다양한 가능성을 떠올리고, 각각의 가능성을 고려하기 시작한다. 집단에서 의사결정을 할 때 특히나 중요한 사고 과정이다. 바로 다음 장에서 다룰 이야기다.

3부

집단사고의 함정에서
벗어나는 법

IN DEFENSE OF TROUBLEMAKERS

지금껏 우리는 의견이 다수의 것인지 소수의 것인지, 이 단순한 차이에 따라 사람들에게 각기 다른 영향력을 미친다는 사실에 대해 살펴봤다. 다수의 의견일 때 우리는 그 관점을 따른다. 정보 검색과 문제에 접근하는 방식을 스스로 제한한다. 한편, 반대 의견은 우리의 사고를 해방시키는 데 가장 강력한 영향을 미치는 요소 중 하나다. 소수 의견에 부딪혔을 때 우리는 소수, 혹은 자신의 입장뿐 아니라 다양한 정보를 탐색하고, 다양한 관점으로 문제를 바라본다. 그 결과 더 나은 판단을 하고, 새로운 해결책을 찾는 능력 또한 높아진다. 뿐만 아니라 더욱 독창적으로 사고할 수 있게 된다.

　　3부에서는 집단과 조직의 의사결정 과정에서 합의와 반대 의견이 어떻게 발현되고, 어떤 영향력을 미치는지 살펴볼 것이다. 4장과 5장에서 실험을 통해 이 두 가지 개념이 각각 특정한 사고

양식을 촉발한다는 것을 이미 확인했다. 이번에는 여러 실제 사례를 만나볼 예정이다.

6장에서는 너무 이르게 형성된 합의가 토론과 의사결정의 질을 저해하는 이유가 무엇인지 알아볼 예정이다. 비단 구성원들이 처음부터 합의를 달성했을 때만 문제가 되는 것이 아니다. 오랜 시간 연구를 통해 입증된 몇 가지 현상으로 인해, 집단은 스스로 합의를 형성한다. 집단이 합의를 형성하는 데는 어떠한 요인이 동력이 될 때도 있지만, 대부분의 경우 집단 내부의 담론이 원인일 때가 많다. 누가 어떤 발언을 하는지는 단순한 우연이 아니다. 여기에는 몇 가지 패턴이 숨어 있다. 이런 현상으로 인해 집단 내부에 가장 처음 언급되었던 다수의 의견 쪽으로 합의가 형성된다. 뿐만 아니라 개인일 때보다 더욱 극단적인 판단과 결정을 내리기도 한다.

7장은 성급한 합의를 막기 위한 '해결책'으로 알려진 두 가지 개념, 바로 다양성과 악마의 변호인 제도, 그리고 이 훼손된 의사결정 과정에 대해 설명한다. 이 두 가지 '해결책'이 합의를 달성해야 한다는 압력을 완화시키고, 확산적 사고를 자극한다고 믿는 사람들도 있다. 그러나 대부분의 미봉책들이 그러하듯, 다양성과 악마의 변호인은 실제로 큰 실효를 거두지 못한다.

다양성은 '양면성'을 지니고 있어, 위험 요소가 되기도 하고 이점으로 작용하기도 한다. 한 가지 문제는, 성과를 높이는 것은 '의견의 다양성'임에도 대부분의 사람들은 성별, 인종 등 '인구학적 분류'로 다양성에 접근한다는 것이다. 또한, 그저 단순한 의견의 다양성이 아닌, 다양한 의견이 논쟁을 벌일 때 의사결정은 좀 더 나은 방향으로 이어질 수 있다. 악마의 변호인은 '작위적 반대 의견'을 표방해 만든 수많은 제도 중 하나다. 사람들이 다양한 가능성을 고려하고, 자신의 의견에 대해 긍정적인 면과 부정적인 면을 모두 분석하도록 반대 의견을 하나의 장치로 설정한 것이다. 그러나 연구에 따르면, 기대했던 효과는 없는 것으로 드러났다. 이러한 장치들이 진정성 있는 반대 의견이 지닌 긍정적 효과를 흉내 낼 수 없다는 것을 곧 확인할 예정이다. 확산적 사고는 진정성 있는 반대자, 실제로 반대 의견을 표현할 의지가 있는 반대자로 인해서만 자극되는 사고체계다.

6장

집단 결정, 오류를 범하기 쉬우나 누구도 의심하지 않는다

THE POWER OF DISSENT IN LIFE AND BUSINESS

집단에는 합의를 달성해야 한다는 '압박'이[1] 존재할 때가 많다. '집 단사고groupthink'를 설명하기 위해 당시 예일대학교에 재직 중이던 어빙 재니스Irving Janis 교수는 '압박'이란 용어를 사용했다. 그는 몇 몇 주요 정치적 사건을 언급하며 끔찍한 결정 뒤에는 그룹 내 압박 이 존재했다고 설명했다. 역사상 최악의 결정으로 꼽히는 사건 중 하나는[2] 바로 1961년, 미국의 지원으로 쿠바에서 벌어진 피그스만 Bay of Pigs 침공 사건이다. 이 정치적 결정은 집단 오류의 사례로 연 구 대상이 되었고, 특히나 합의와 반대 의견이라는 주제가 오갈 때 면 여전히 빠지지 않고 등장하고 있다. 피그스만 침공 사건은 집단 사고와 재니스가 주장하는 나쁜 의사결정의 전형이다.

'합의를 위한 압박'은 '집단사고'를 정의하는 가장 기본적인 개념이다. 이 용어는 다양한 상황에서 널리 차용되고 있다. '군중심 리'나 생각의 '통일'을 의미하기도 한다. 잘못된 결정을 내리는 이유 를 이해하는 데 필요한 핵심 개념이자, 재니스의 유명한 집단 의사 결정 모델을 설명하는 용어다. 그의 설명에 따르면, 집단사고는 "합 의를 지나치게 추구하는 나머지…… 다른 대안들에 대해서 현실적 으로 평가하지 못하는 경향을 보이는…… 사고체계다."[3]

집단사고는 재니스가 저서인 《집단사고의 희생자들Victims of Group think》[4]를 통해 널리 알린 개념이다. 이 책에서 재니스는 집단 의사결정 모델을 설명하며, 잘못된 외교 정책이 탄생되는 과정을 예로 들었다. 그는 다양한 사례 연구를 통해 끔찍한 실패로 꼽히는 주요 정치적 의사결정을 깊이 있게 파고들었고, 이 결정들 사이에 존재하는 패턴과 공통성을 파헤쳤다. 가설을 세운 후 이 가설을 검증하는 실험과 달리, 그는 의사결정의 실패 사례에서 유사점을 발견해 하나의 가설을 세웠다. 이 과정에서 그는 핵심 개념인 집단사고의 전제 조건, 증상, 결과를 수렴해 하나의 모델을 완성했다.

합의를 위한 억압을 바탕으로 한 집단사고의 전제 조건으로는 집단 내 응집력, 권위적인 리더, 높은 중압감, 리더가 우선시하는 의견보다 나은 해결책이 있다는 낙관성의 부재가 있다. 집단사고는 다른 집단에 대한 상동적 태도(상대에 대한 지식 없이 하나의 특징으로만 평가하는 태도로, 편견으로 이어질 수 있다-옮긴이), 자신의 집단에는 취약성이 없다는 착각, 자기 검열, 만장일치에 대한 환상, 반대자들에게 직접적으로 전해지는 압박이라는 다양한 증상으로 나타난다. 가장 중요한 요소는 바로 대안과 목적에 대한 불완전한 조사, 부족한 정보 탐색, 편향적 정보 수용, 선호하는 선택의 위험성 분석 실패다. 앞서 우리가 '수렴적 사고'라고 불렀던 개념의 결과이기도 하다. 피그스만 침공 사건은 집단사고의 함정을 잘 설명해주는 예시로 꼽히고 있다.

1959년, 피델 카스트로**Fidel Castro**가 풀헨시오 바티스타 **Fulgencio Batista** 장군을 몰아내고 정권을 장악한 후, 쿠바와의 관계가 지나치게 악화된 나머지 미국에서는 1960년대 초

카스트로의 정권을 무너뜨릴 생각까지 할 정도였다. 쿠바를 탈출한 쿠바 난민들은 미국의 의도에 따라 기꺼이 싸울 준비가 되어 있었다. 1960년, 드와이트 아이젠하워**Dwight D. Eisenhower** 대통령은 쿠바 난민들을 훈련시키는 계획을 승인했고, 이후 당선된 존 F. 케네디**John F. Kennedy** 대통령이 이 계획을 이어받았다. 1961년 CIA가 훈련시킨 난민들을 쿠바에 침투시키자는 결정이 내려졌다.[5] 그리고 1961년 4월 17일 쿠바 침공이 벌어졌다.

침공은 하나의 희극적 역사 사건으로 끝날 수도 있었지만, 결과는 참담했다. 침공군은 즉각 맹공격을 받았다.[6] 쿠바 전투기가 침공군에게 폭격을 가했고, 호위함 두 척을 침몰시켰으며, 망명자들을 지원하기 위해 준비하고 있던 항공 전력 절반 이상을 파괴했다. 쿠바 망명자 군대는 침공 즉시 포위되어 포로로 억류되었다. 피그스만 침공의 여파로 미국은 국제적으로 난처한 입장에 처했고,[7] 쿠바와 소련은 더욱 돈독한 관계가 되었으며, 미국과 쿠바의 카스트로 정부는 전보다 더욱 껄끄러워졌다. 50년도 넘게 긴장감이 지속되었고, 이제야 양국의 관계를 정상화하기 위해 첫 발걸음을 떼고 있다.

들리는 소문에 따르면 당시 케네디는 이렇게 말했다고 한다. "그 작전을 진행하다니, 왜 그렇게 어리석었을까?"[8]

케네디나 국무부 장관, 국방부 장관, 합동참모 본부장, CIA 국장, 저명하고 신임 높은 하버드 석학 몇 명이 포함된 의사결정 그룹의 무지함 때문에 벌어진 일은 아니었다. 이들은 모두 최고의 두뇌를 자랑하는 사람들이었다. 여기서도 보이다시피 어리석은 사람만이 어리석은 결정을 하는 것은 아니다.

집단사고 모델의 전제 조건 중 하나가 바로 높은 응집력을 갖추었지만, 외부와 단절된 집단이다. 피그스만 침공을 결정한 각료급 의사결정 그룹이 바로 위에 소개된 특징을 갖춘 그룹이었다. 응집력이 매우 높았고―한뜻으로 뭉쳐 단일대오를 결성하고 있었다―자신들만의 고립된 그룹을 형성했다. 또 다른 전제 조건인 '권위적인 리더'는 실상 처음부터 자신이 바라는 결정이 무엇인지 집단 구성원들에게 알렸다. 피그스만 침공 사건의 경우 케네디 대통령이 침공에 호의적인 입장이었고, 그 자리에 참석한 사람들 누구나 그 사실을 알고 있었다. 후속 연구에 따르면, 응집성을 집단사고의 조건으로 보기에는 부적절하나,[9] 권위적인 리더가 집단사고 모델에 중요한 역할을 한다는 것은 충분히 입증되었다. 토론 처음부터 자신이 원하는 것을 알리는 리더는 앞서 소개된 집단사고 증상을 심화시키는 것으로 드러났다.

집단사고 모델에서 나쁜 의사결정에 이르는 증상 가운데 조심해야 할 것은 바로 합리화와 자만심이다. 피그스만 침공을 결정한 집단 구성원들은 자신의 집단이 도덕적이기 때문에 취약성이 없다는 착각에 빠졌고, 다른 집단 혹은 적에 대한 편견에 사로잡혔다. 이러한 환상은 게리슨 케일러Garrison Keillor(미국의 풍자 작가-옮긴이) 가 만든 가상의 마을, 워비곤 호수Lake Wobegon의 실사판이나 다름없었다. 이 마을의 사람들은 '여성들은 강하고,[10] 남성들은 잘생겼으며, 아이들은 모두 평균 이상이다.'

자신들은 상대편에 비해 강하고 똑똑하다는 믿음 때문에 케네디 팀은 카스트로 정권을 전복시키고자 하는 쿠바 난민들의 의지를 지나치게 과대평가했고, 쿠바의 전력을 지나치게 과소평가했다. 피그스만을 침공하겠다는 결정은 편향된 정보 탐색, 침공 외의 대안에 대한 검토 부족, 침공으로 인해 발생할 수 있는 위험 분석 실패가 불러온 참사였다. 사실, 대통령과 참모진들은 승리를 자신한 나머지[11] 제대로 된 사전 대책조차 세우지 않았다. 토양의 특성을 고려해봤을 때, 수 마일의 습지대를 퇴로로 삼은 것은 조금도 합리적이지 않았다.

합리화와 자만심이라는 증상도 문제였지만, 이 책에서는 집단사고의 다른 증상들에 대해 이야기하고자 한다. 이 증상들을 짧게 요약하자면 바로 반대 의견이다. 집단사고의 한 가지 증상은 반대자들에게 직접적으로 전해지는 압박이다. 또 하나는 자기 검열이다. 이 두 가지 모두 자칭 마인드 가드mind guards(정보를 제한하고, 반대 의견을 전략적으로 통제하여 토론을 특정 방향으로 이끄는 사람-옮긴이)로 인해 심화된다.

바비 케네디**Bobby Kennedy**(법무부 장관이자 존 F. 케네디의 동생-
옮긴이)가 바로 이 마인드 가드 중 한 사람이었다. 그는 작전
에 의구심을 보이는 듯한 사람에게는 압박을 가했다. 아서
슐레진저**Arthur Schlesinger**(미국의 대표적 역사학자-옮긴이)가 침
공 계획에 반대한다는 것을 눈치챈 바비 케네디는 성대한
생일 파티 자리에서 슐레진저를 따로 불러내어 침공 작전에
왜 우호적인 태도를 보이지 않는지 물었다. 슐레진저의 말
을 들은 후 바비 케네디는 이렇게 말했다. "당신 생각이 어
쩌면 맞을 수도 있고, 틀릴 수도 있지만,[12] 대통령께서는 이
미 마음을 굳히셨소. 이제 마음을 정리하시는 게 좋겠소. 지
금은 어찌 되었든 모두 한마음으로 대통령을 도와드려야 할
때니까." 이후 슐레진저는 스스로를 검열했던 자신의 모습을
후회했다. "캐비닛 룸**cabinet room**에서 그렇게 중요한 토론이[13]
오가는 동안 침묵을 지켰던 스스로를 가슴 깊이 책망했다."

피그스만 침공이라는 어리석은 의사결정은 '비판적 사고 대
신 집단의 사기 향상을[14] 중요시하는 집단 규범의 발달'에서 비롯
된 것이었다. 이 같은 역학은 분명 대통령 참모진 사이에서 합의를
형성하는 역할은 했지만, 전체 그림을 설명하지는 못했다. '합의를
위한 압박'이라는 짧은 정의로도 이 비극적 사건의 전체 그림을 설
명하기에는 부족함이 있다.

재니스의 집단사고 모형은 기술적**descriptive**이다. 집단 토론 과정에서 드러나는 전제 조건과 증상, 집단이 나쁜 의사결정을 하게 되는 요인은 모두 그의 가설을 바탕으로 하고 있다. 예측 모형으로도 볼 수 있다. 재니스는 이 전제 조건과 증상이 나쁜 의사결정을 '초래하는' 원인이라는 것을 이론으로 정립했다. 문제는 지금껏 이 모형에 대한 연구가 거의 이루어지지 않았고, 하나뿐인 후속 연구마저 엇갈린 결과를 내놓았다는 것이다. 그러나 앞서 언급했듯이, 후속 연구에서도 처음부터 자신의 입장을 알리는 권위적인 리더가[15] 나쁜 의사결정에 지대한 역할을 한다는 데는 동의하고 있다.

재니스가 인과관계를 명확히 정립하지는 못했지만, 나쁜 의사결정을 내리는 집단에 내제된 가장 큰 문제가 무엇인지 정확히 꿰뚫어 본 것만은 확실하다. 비판적 사고보다는 그룹 내 사기에 중점을 둔 것이 문제였다. 의구심이 들더라도, 집단에 동의하고 지지하며[16] 충성심을 보이는 것은 집단 규범으로 해석될 수 있다. 다시 말해, 합의를 조장하고 반대 의견을 묵살하는 규범이 가장 큰 문제였다.

2부를 읽은 후라면, 합의를 이끌어내기 위해 압력을 행사하고 반대 의견을 억제하는 현상은 수렴적 사고, 즉 다양한 관점에서 상황을 고려하기보다는 단 하나의 관점에서 문제를 바라보며 정보와 선택의 범위를 좁히는 요인임을 이미 알고 있을 것이다. 피그스만 침공 사건을 일으킨 팀과 유사한 집단에서 명확히 드러나는 현상이다. 피그스만 침공 사건에 관련된 집단이 나쁜 의사결정에 이르게 된 원인은 편향적 정보 검색, 대체 방안에 대한 고려 부재, 집단이 선호하는 선택에 따른 위험성 분석 실패, 합리적인 사전 대책 부재, 즉 정확히는 확산적 사고의 특징으로 앞서 살펴봤던 사고 유형이 부재했기 때문이다.

　결국, 합의를 높이 사고 반대 의견을 거부하는 집단의 특성이 문제다. 사람들에게서 동의를 구하고, 반대 의견은 억압하고, 자기 자신을 검열하는 우리의 욕구는 집단의 응집력이나 권위주의적 리더, 단순히 합의를 선호하는 분위기나 개개인의 동기로 인해 생기는 것이 아니다. 우리의 일상생활에 만연해 있는 평범한 집단 과정group processes의 특성으로, 역사의 한 획을 그은 외교적 결정도 이 집단 과정의 결과로 이해할 수 있다. 집단 과정은 집단의 편협한 주의력과 성급한 합의, 과장된 의견으로 귀결될 수밖에 없다. 집단이 처음에 정한 의견을 선호하고, 아무런 의심 없이 결론을 도출하는 것은 일반적인 현상이다. 수렴적 사고를 할 때 발생하는 현상과 유사하다. 이제 우리는 집단에서 수렴적 사고가 더욱 극심해지는 과정을 살펴볼 예정이다.

집단이 합의에 이르는 과정

집단 과정은 우리에게 필요한 관점의 다양성을 억누른다. 우리는 집단 내 타인과 교류하는 과정에서 공통의 견해를 공유한다. 처음 사람들 사이에 존재했던 차이점은 점점 사라진다. 우리가 다수의 의견에 동조하거나 동의하는 것과는 다른 현상이다. 집단 상호작용의 결과, 집단 내 정보의 범위가 제한되는 것이다. 사람들의 동의를 얻고자 하는 욕구에 집단 과정의 특성이 더해져 나쁜 결정이 탄생한다. 집단에 권위적 리더가 있어야만, 응집성이나 높은 스트레스가 반드시 있어야만 나쁜 의사결정을 내리는 것이 아니다. 본질적으로 집단이란 합의의 방향으로 나아가고자 하는 성향이 있다.

집단 내 구성원들이 서로를 더욱 닮아가고, 더욱 한목소리로 같은 의견을 외치며, 잘못된 결정을 내리게 되는 몇 가지 원인이 있다. 어떤 집단이든 의견의 동질성을 기반으로 시작하고, 그렇지 않으면 의견의 동질성을 형성해나간다. 이후 집단 내 합의로 인해 자신들의 입장이 타당하다는 신념이 확고해진다. 동질성은 보통 극화 polarization 현상과 정보 공유 및 의사소통으로 강화된다.

극화

극화는 사회 심리학 분야에서 가장 강력한 현상이자 가장 많이 연구된 현상 중 하나다. 기본 개념은 이렇다. 사람들이 특정 의견을 공유하고 토론할 때, 이들은 특정 방향으로 극단적으로 치우치게 된다. 그 방향 혹은 '극단'이란 '유죄', '무죄' 평결이 될 수도 있고, 합병을 찬성하거나 반대하는 것이 될 수도 있으며, 미국인을 좋아하거나 싫어하는 것이 될 수도 있다. 혹은 피그스만을 침공하자는 결정일 수도 있다.

수백 건의 연구를 통해 기본적으로[17] 어떤 의사결정 방향으로 치우친 집단 구성원들은 논의를 나눈 후, 더욱 자신들의 의견에 확신을 갖고 극단적으로 향하게 된다는 사실이 증명되었다. 편향된 사람들이 형성한 집단은 더욱 편향된 방향으로 치우친다. 어떠한 위험을 감수할 의향이 있는 사람들로 구성된 집단은 더욱 위험한 쪽으로 향하는 것이다. 조심성이 높은 사람이 모인 집단은 더욱 신중해진다.

극화는 어떠한 쟁점에 대해 근본적으로 뜻이 같은 사람들과 교류할 때 자연스럽게 발생하는, 굉장히 예측 가능한 현상으로 다양한 연구를 통해 입증되었다. 우리가 보통 자신과 마음이 맞는 사람들과 어울리게 되는 이상, 극화 현상은 빈번하게 일어난다. 정도나 세부 사항에서는 차이가 있을지라도 방향이 같은 만큼 점점 극단으로 나아가게 된다.

이 현상은 위험부담에 대한 연구를 통해 최초로 발견되었다.[18] 집단으로 모이면 구성원 개개인일 때보다 훨씬 모험적인 결정을 내리는 경우가 많은데, 이를 '모험 이행risky shift'이라고 한다. 처음에는 연구자들이 이 현상을 오직 위험을 감수하는 상황으로 제한하여 생각했지만, 단순히 위험 상황에서뿐 아니라 상당히 일반적인 상황에서도 발생하는 현상이라는 것이 드러났다. 이 집단 현상은 다양한 상황 속에서 지속적으로 나타났다. 연구자들이 모험 이행을 이해하게 되는 과정이 상당히 흥미로운데, 그 이유는 연구 결과와 상반되는 상황을 실험해보는 것이 중요하다는 교훈을 주기 때문이다. 다시 말해, 연구자들은 모험 이행이 아닌 보수 이행에 대해 살폈다.

한동안, 집단은 일반적으로 개인에 비해 더욱 모험적인 경향이 있다고 알려져왔다. 그러다 몇몇 집단의 경우 위험을 감수하려는 성향을 보이지 않는다는 것이 드러나며 연구는 새로운 국면을 맞이했다. 실상, 몇몇 집단은 더욱 신중한 모습을 보였다. 연구자들은 이 집단들을 이상 현상으로 생각하지 않고, 이미 존재하는 데이터를 상세히 분석했다. 이후 이들은 새로운 연구를 계획했고, 훨씬 대중적인 현상 하나를 발견하게 되었다. 데이터를 분석하는 과정에서 하나의 패턴을 발견한 것이다. 사람들이 위험을 감수하려는 의지가 있는 상황에서는 논의 후 더욱 모험적인 성향을 보였다. 초기부터 신중하게 접근하려는 입장이었을 때는 집단 토론 이후 더욱 조심스러운 모습을 보였다. 양쪽 모두 집단 토론 후 더욱 극단적으로 향했고,[19] 그 방향은 처음 구성원들의 마음이 기운 쪽이었다.

당시 연구자들이 발견한 현상에 대해 조금 더 자세히 설명하고자 한 연구를 예로 들겠다. 실험 참가자들에게 최근에 대학을 졸업한 학생이 시시한 현재의 직장에 계속 머물러야 할지, 아니면 훨씬 일이 재밌고 연봉도 높지만 망할지도 모르는 새로운 회사로 옮겨야 할지에 관해 물었다. 이 경우 참가자들은 모험해야 한다는 쪽으로 의견이 기울었고, 집단 토론 이후 위험을 감수해야 한다는 입장은 더욱 확고해졌다.

이와 대조적으로, 또 다른 상황을 설정하고 질문을 던졌다. 휴가를 떠나기 직전인 한 남자가 공항에서 복통을 느꼈다. 그가 휴가 계획을 취소하고 병원에 갈지, 복통이 심각해질 수 있는 위험을 감수하고 비행기에 올라야 할지 고민한다는 설정이었다. 참가자들은 이 문제에 관해 조심스러운 입장을 취했다. 집단 구성원들은 더욱 신중하게 의사결정을 내렸다. 수차례의 실험이 진행되는 동안, 집단 구성원이 겨우 세 명일 때도 있었고,[20] 집단 토론이 고작 몇 분 만에 끝나는 경우도 있었다. 그러나 문제 상황에 대한 종류와 인원 구성, 논의 시간과 관계없이 집단이 극단으로 치우치려는 현상은 분명이 확인되었다. 이후 다시 언급하겠지만, 이런 현상은 비단 위험 부담에 대한 문제에만 국한되지 않는다.

1960년대 프랑스에서 진행된 연구[21]를 통해 하나의 보편적 현상이 발견되었다. 실험 참가자는 친드골pro-de Gaulle (프랑스 초대 대통령인 샤를 드골Charles de Gaulle 은 자주적이고 강한 프랑스를 제창했고, 민족주의와 보수주의적 성향의 정치사상이 결합된 드골주의를 만들었다-옮긴이) 혹은 반미anti-American라는 공통의 성향을 지닌 프랑스 고등학생들로 구성되었다. 내가 이 연구를 또렷하게 기억하는 이유는 이 연구 논문이 발표되던 해, 해당 연구를 진행했던 연구자 두 명과 함께 파리에서 일하고 있었기 때문이다. 당시 프랑스인은 미국인에게 우호적이지 않았다. 이 실험을 통해 참가자들이 토론을 가진 후, 두 종류의 성향 모두가 더욱 극단적으로 치우쳤다는 것이 드러났다. 비슷한 성향을 지닌 고등학생들은 드골주의에 더욱 찬성했고, 미국인들을 전보다 더욱 싫어하게 되었다. 이 연구를 통해 모험 이행보다 훨씬 종합적인 개념을 뜻하는 '집단 극화group polarization'란 용어가 탄생했다.

의견이 같은 집단이 더욱 극단적으로 나아가는 현상을 입증할뿐더러[22] 이 현상을 또 다른 분야로 확장시킨 연구도 있었다. 예컨대, 집단 토론 이후 인종차별주의 성향을 갖고 있는 개인이 모인 집단은 차별주의적인 태도가 더 심해지는 양상을 보였고, 상대적으로 인종차별을 배척하는 개인이 모인 집단은 전보다 차별적인 모습을 보이지 않았다.

위의 연구를 통해 밝혀진 사실은 2차 세계대전 당시 쿠르트 레빈Kurt Lewin의 중요한 연구를 이해하는 기틀이 된다.

전쟁 동안 소나 양, 돼지 등 단백질을 공급해줄 식재료가 부족해지자 국민의 식습관을 바꿔야 할 상황이 되었다. 정부는 동물의 혀, 간, 췌장, 뇌 등 내장을 먹도록 장려했고,[23] 국민 식습관 변화를 위해 아이오와대학교의 사회 심리학자 쿠르트 레빈이 프로젝트에 참여하게 되었다.

레빈은 사람들이 단백질 가득한 식재료를 한 번쯤 시도라도 하게 만들기 위해 다양한 방법을 채택했다. 그는 강의법을 각각 달리하여 사람들에게 동물 내장에 대해 가르치고, 요리법을 알려주고, 승전을 위한 노력의 일환으로 식습관에 변화가 필요하다는 인식을 심어주기도 했다. 그는 강의뿐 아니라 소규모 집단을 꾸려 동물 내장을 먹을 의사가 있는지에 관해 토론을 진행하기도 했다. 수업을 받은 사람도, 토론에 참여한 사람도 거의 모두 동물 내장 고기를 먹어볼 의사가 있다고 답했다. 한편, 실제로 내장 고기를 소비하는 데까지 이어진 사람들은 소규모 집단 토론에 참여한 사람들이었다. 강의와 비교해봤을 때[24] 토론이 행동 변화를 이끌어내는 데 훨씬 효과적이었다. 토론 참가자들은 다양한 강의에 참석한 사람들보다 다섯 배나 자주 내장류의 고기를 섭취했다.

집단 토론 참여 후 편식이 심한 자녀를 둔 어머니들마저도 낯선 식재료에 우호적인 모습을 보일뿐더러 실제 구매하고 섭취까지 했다. 여기서 주목해야 할 것은, 강의는 어떤 행위를 하는 쪽으로 마음을 기울게 할 수 있지만, 이 사람들의 의지를 더욱 극단적으로 키우고 실제로 행동하게 만드는 것은 집단 토론이라는 점이다. 이미 어떤 방향으로 마음이 치우친 사람들이 비슷한 의견을 가진 사람들과 토론을 나눈 후에는 의견이 더욱 확고해지고, 자신의 의견을 지키겠다는 결심을 하게 되어 실제 행동 변화로 이어진다. 레빈의 연구에서 집단 토론에 참여한 사람들은 정부의 요청에 따라 실제로 낯선 내장 고기를 요리하고 섭취하는 모습을 보였다.

집단 극화 현상을 설명하는 두 가지 핵심 이론이 있다.[25] 하나는 '설득 주장persuasive arguments' 이론이다. 간단히 설명하자면, 집단 토론에서 오가는 담화는 집단 구성원 대다수가 갖고 있는 의견의 방향으로 흘러간다는 이론이다. 정도는 다르지만 위험을 감수하자는 마음이 있는 구성원들이라면 위험에 호의적인 담화만 오간다. 이때 우리가 이미 알고 있는 의견이 오갈 때도 있지만, 미처 생각지 않았던 의견을 접하게 되기도 한다. 그 결과, 집단의 의견에 더욱 동화되고, 더욱 극단적으로 치우치며, 더욱 확신을 갖게 된다.

또 다른 이론은 바로 '사회 비교social comparison' 이론이다.[26] 이 이론의 전제는, 사람들은 자신이 속한 집단 구성원들에게 호감을 얻고 싶기 때문에 구성원들이 중요하게 여기는 의견에 마음을 연다는 것이다. 우리는 다른 사람과 자신을 비교한다. 대체로 우리 자신이 평균이라고 생각한다. 그 결과 우리는 이미 형성된 방향으로 나아가고, 그 과정에서 남들보다 약간 더 인정받고 싶어 하는 욕구를 발산한다. 예를 들어 우리가 모험을 택하는 쪽으로 기울었다면, 집단 구성원들보다 조금 더 위험을 감수하는 입장을 취하고 싶어진다. 사람들의 감탄을 자아내기 위해 서로의 등을 뜀틀 삼아 점점 높이 뛰어오르는 형국이다.

두 이론에 대한 논쟁으로[27] 수많은 연구가 탄생했고, 메타 분석을 통해 두 이론 모두 집단 극화 현상의 핵심 요소라는 것이 정설로 굳어졌다. 중요한 것은, 성향이 비슷한 사람들이 토론을 나눈 후 더욱 극단적인 입장을 취하게 되는 양상은 굉장히 강력하고 반복적인 현상이라는 점이다.

의사소통과 정보 공유

피그스만 침공의 경우 집단 극화 현상이 있었다고 판단된다. 침공 쪽으로 마음이 기운 사람들이 모여 자신들의 의견에 더욱 확신에 차 극단적으로 치닫게 되었고, 결국 그 의견을 실행에 옮기기로 마음먹었다. 극화 현상이 발생했던 또 다른 이유는 이들이 논의하고 의사결정을 하는 과정에서 공유한 정보, 아니 어쩌면 오히려 공유하지 못한 정보 때문이다.

다양한 연구로 입증된 그룹 내 현상이 있는데, 바로 구성원들이 공통으로 갖고 있는 정보에 대해서 서로 공유한다는 것이다. 자신에게만 해당되는 정보는 서로 공유하지 않으려는 특성을 보인다. 예를 들어 집단 내 단 한 사람, 혹은 아주 소수만이 갖는 정보는 표출되지 않을 확률이 높고, 따라서 그 정보가 의사결정의 일부로 수렴될 확률 역시 낮다.

일반적으로 생각하는 집단의 장점 가운데 하나는 개인에 비해 풍부한 자원, 폭넓은 정보, 경험, 지식일 것이다. 그러나 이 귀중

한 정보가 집단 안에서 공유되지 않는다면? 정보를 나누고 표현하지 못한다면 어떻게 될까? 일찍이 개롤드 스테이서^{Garold Stasser}와 윌리엄 타이터스^{William Titus}의 연구[28]를 통해 집단이 효과적으로 정보를 취합하지 못한다는 사실이 드러났다. 그 결과 집단은 편향된 정보만 보유하게 된다. 구성원들이 토론 이전에 이미 갖고 있던 정보와 자신들의 현재 입장을 뒷받침하는 정보만 오가는 것이다.

스테이서와 타이터스의 실험에서는 한 그룹을 세 명으로 구성해 가상의 총학생회장 후보 가운데 적임자가 누구인지 고르게 했다. A후보에게 호의적인 정보 일곱 가지, B후보에게 호의적인 정보 네 가지가 마련되어 있었기 때문에 집단 구성원들이 정보를 취합한다면 A후보가 뽑힐 확률이 높았다. 집단의 최종 결정이 A후보가 될 가능성은 구성원들 간의 정보 공유에 달려 있었다.

한 실험 조건에서는, 집단 구성원 세 명 모두에게 B후보에게 유리한 정보 네 가지를 전달하고, A후보에게 유리한 정보 일곱 가지는 차별적으로 배포했다. 일곱 가지 정보 가운데 한 가지는 구성원들에게 공통적으로 제시했다. 다른 여섯 가지는 구성원 한 명당 두 개씩 나누어 제공했다. 따라서 A후보에게 호의적인 정보를 각각 세 개씩 갖고 있었지만, 하나를 제외하고는 서로 상이한 정보였다. 그러나 A후보에게 유리한 정보 일곱 가지가 집단에 주어진 것은 맞으므로, 만약 구성원들이 정보를 한데 취합해 공유한다면 A후보를 총학생회장으로 선출하는 것이 맞았다. 하지만 그런 일은 벌어지지 않았다. 구성원들은 갖고 있는 정보를 모두 공유하지 않았고, 결국 잘못된 의사결정을 내렸다. 잘못된 의사결정을 하게 된 원인을 분석해보니 이들은 공통으로 주어진 정보, 즉 B후보에게 우호적인 네 가지 정보만을 공유한 것으로 드러났다.

　　구성원들이 공통으로 갖고 있던 정보를 공유한 데에는 몇 가지 이유가 있을 것이다.[29] 어쩌면 이들은 각각 B에 대한 좋은 정보는 네 가지, A에 대한 좋은 정보는 세 가지를 갖고 있던 탓에 처음부터 B에게 호감이 있었고, 자신의 최초 입장을 뒷받침하려는 의도였을 수도 있다. 통계에 근거한 인위적 결과라고 볼 수 있다. 어쨌든 분명한 사실 한 가지는 이들이 대화의 주제로 삼은 것이 공통으로 갖고 있던 정보라는 점이다. 이들은 모두가 갖고 있는 정보에 대해서만 전달하고 대화의 주제로 삼았다. 다른 상황과 마찬가지로 여기서도 유일한unique 정보는 논하지 않았다. 한 연구를 통해 집단 구성원들 사이에서 공통의 정보가[30] 논의되는 비율은 유일한 정보에 비해 무려 세 배나 높다는 것이 밝혀졌다.

　　이런 행동양식은 레지던트, 인턴, 의대 본과 3학년 학생, 이렇게 세 명으로 구성된 의료팀을 연구하는 과정에서도 발견되었다.[31] 의료팀은 응급실에서 인터뷰한 환자들의 증상에 대해 의논했다. 실험 속 환자의 인터뷰는 편집을 거친 후라 몇 가지 증상은 세 명 모두에게 전달되었고, 다른 몇 가지는 세 명 중 한 명에게만 노출되었다. 다시금, 세 사람이 정보를 종합했다면 충분히 최고의 치료방안을 세울 수 있는 상황이었다.

　병의 진단에 이르기까지 세 의료진이 나눈 대화를 분석한 결과, 이들은 주로 공통으로 알고 있는 증상에 대해서만 상의한 것으로 드러났다. 이들이 논한 첫 번째 증상은 집단이 공통적으로 알고 있는 것이었다. 두 번째로 논한 증상은 집단의 70퍼센트가 알고 있는 것이었다. 여기서 중요한 문제는 유일한 정보, 다시 말해 셋 중 한 명에게만 드러난 증상을 토론의 주제로 다루는 경우가 적었다는 것이다. 후속 연구에 따르면 이 유일한 정보는[32] 역시 토론 과정에서 반복적으로 언급될 가능성이 낮다는 점이 밝혀졌다.

　의사가 고도의 전문직종이란 점을 고려해본다면 위의 현상이 의료계에 미칠 영향을 짐작할 수 있을 것이다. 의사들 모두가 공통적인 지식을 지니면서 각자 자신만의 특화된 전문지식을 갖추고 있다. 자신이 갖고 있는 유일한 정보를 다른 의료진과 나누고 논의하는 의사야말로, 특별한 의사이자 감히 '유일한unique' 의사라고 말할 수 있다.

　'공통적으로 알고 있는' 지식이 우리의 사고 범위를 좁히고, 유일한 지식이 문제를 새롭게 정의함에 따라 새로운 해결책 또한 제시할 수 있다는 것을 보여주는 실제 사례가 있다. 지속적인 폐렴 증상을 보이는 환자 한 명은 호흡기 전문의 여럿에게 진료를 받은 후 CT 촬영과 항생제를 투여받았고, 의사들은 환자에게 완치까지 시간이 조금 걸릴 거라고 말했다. 4개월이 지나 더 많은 CT 검사와 몇 차례의 항생제 투여에도 폐렴이 지속되자, 호흡기 내과 전문의들이 상의하기 시작했다. 이들은 공통적으로 폐렴에 따른 진료를 적절하게 진행하고 있다는 의견을 내놓았다. 그 중 한 명은 "모든 과정이 제대로 된 방향으로 가고 있으므로" 크게 염려하지 않는다고까지 이야기했다. 넉 달간의 치료에도 완치되지 않는 이유가 무엇인지 물었을 때 그는 자신의 말을 반복했다. "저는 크게 염려하지 않습니다." 그의 말을 해석하자면, 의심하지 말라는 뜻이었다.

다행히도 환자의 1차 진료 의사는 환자에게 과거 위산 역류와 제법 크기가 큰 식도 열공 탈장이 있었다는 유일한 정보를 알고 있었다. 물론, 이 정보는 호흡기 내과 의사들에게도 전달된 사항이었다. 4개월의 치료에도 왜 완치되지 않느냐는 질문을 진지하게 받아들인 것은 1차 진료 의사뿐이었다. 도대체 왜 폐렴이 4개월이나 지속되는 걸까? 그는 자신이 갖고 있는 유일한 정보를 다양한 분야의 전문가들과 나눴다. 공통으로 이미 알고 있던 정보와 자신이 갖고 있던 유일한 정보를 연계해, 1차 진료 의사는 위산이 폐로 침입해 폐렴 증상이 나타났다는 것을 발견했다. 이 진단으로 기존 치료법에서 상당히 동떨어진[33] 외과적 수술이라는 해답을 찾았다.

공통의 정보를 우선적으로 논의하는 경향은 집단이 너무도 성급하게 합의로 향하는 이유 가운데 하나이자, 케네디 대통령과 참모진이 피그스만에서 쿠바를 침공하겠다는 끔찍한 결정을 내린 이유이기도 하다. 사람들의 말에 따르면, 이 작전의 성공에 의구심을 품게 하는 정보나 다른 대안을 고려해보도록 만드는 정보는 집단 내에서 거론되지 않았다.

반대 의견의 영향력은 분명하다. 반대 의견은 본질적으로 소수 의견일 수밖에 없고, 반대하는 사람이 가진 정보는 상대적으로 유일하다는 특성을 지닌다. 유일하다는 것은 집단 내에서 표출될 확률이 낮고, 반복적으로 언급될 확률이 낮으며, 결과에 영향을 미치는 정보풀에 수렴될 가능성 또한 낮다는 의미다. 슐레진저가 피그스만 침공 결정에 대한 자신의 유일한 정보 혹은 의견을 다른 사람과 공유하지 않았다[34]는 것을 다시금 상기해볼 필요가 있다. 그는 내내 의문을 품었고, 이후 자신의 의견을 말하지 못했던 것 때문에 자책했다.

좋은 의사결정이라는 관점에서 볼 때 집단 내 공통의 정보만을 취합해 나누는 경향은, 곧 중요한 정보를 놓칠 확률이 높다는 것을 뜻한다. 이러한 현상을 설명하는 수많은 연구들이 있는데, 일명 '숨겨진 프로필hidden profile' 연구라고 부른다. 만약 정보 일부가 숨겨졌다면, 즉 모든 사람이 알고 있는 정보가 아니라면, 대화나 논의의 주제로 오르지 못한다. '숨겨진 프로필'을 주제로 한 65개의 연구를 메타 분석한 결과,[35] 구성원들이 모든 정보를 공유한 집단에 비해 그렇지 않은 집단이 문제의 해답을 찾을 확률이 8분의 1이나 낮았다.

이 연구의 핵심은 정보가 구성원들 사이에서 어떻게 공유되는가이다. 최상의 시나리오는 구성원 한 명이 알고 있는 어떤 정보를 집단 구성원 전부가 알게 되고, 그 정보를 모두 합한 지식을 바탕으로 집단이 사고하는 것이다. 본질적으로 개인보다 훨씬 다양한 정보와 능력, 관점을 갖고 있다는 것이 집단의 장점이다. 따라서 집단 내 같은 정보만을 공유한 사람이 많을 때 집단의 장점이 발휘될 수 없다. 여기서 우리는 다시 한 번 다수의, 특히 합의의 위험성을 맞닥뜨리게 된다. 다수가 갖고 있는 정보란 지나치게 부각되고, 반복되는 경향이 있고, 이런 특성은 의사결정에 지대한 영향을 미친다. 단 하나의 유일한 정보가 판도를 바꾸고, 최종 결정을 달리 이끌 수 있다. 법적, 정치적 문제부터 누군가를 고용하는 문제까지 분야와 업계를 막론하고 장기적으로 영향을 미칠 수 있는 사안이다.

지금껏 다양한 형태로 표출되는 합의의 영향력을 살펴봤다. 비슷한 의견을 지닌 사람들이 나눈 토론은 더욱 극단적인 방향으로 흘러간다. 집단 구성원들이 동일한 정보를 갖고 있을 때, 이들은 공통의 정보에 대해서만 공유하고, 결과적으로 그 정보만 지나치게 강조되는 현상이 나타난다. 현실 속 의사결정 과정에서 우리는 수차례나 합의에 이르고자 하는 사람들의 욕구가 가장 큰 문제라는 것을 확인했다. 피그스만 침공 사건이 아주 좋은 사례다. 당시 토론은 편협하고, 합의를 중요시하는 분위기 속에서 진행되었다. 이 토론에는 바로 저항, 즉 유일한 정보를 제공하고 다른 선택지를 고려하게 만드는 요소가 부재했다.

집단 결정의 실패에서
배울 수 있는 것들

피그스만 침공 작전은 나쁜 의사결정에 이르게 하는 모든 요소를 갖추고 있었지만, 의사결정자들은 실패의 경험을 통해 무언가를 배웠던 것만은 분명하다. 이후 발생한 위기 상황에서 이들은 자신들이 배운 교훈을[36] 활용했다. 바로 쿠바 미사일 위기Cuban Missile Crisis 였다. 케네디는 집단 극화와 정보 공유 패턴, 집단사고에 대해 특히나 잘 인지하고 있는 모습을 보였다. '권위적인 리더'가 갖고 있는 문제점이 무엇인지 깨달은 그는 토론 과정에 참여하지 않기로 스스로 결정했다. 케네디와 그의 정부는 집단이 좋은 의사결정으로 이르는 과정을 보여주는 하나의 훌륭한 사례를 만들었다.

쿠바의 피델 카스트로와 소련의 니키타 흐루쇼프Nikita Khrushchev(구소련의 지도자-옮긴이)는 1962년 7월, 쿠바에 소련의 핵미사일을 배치하는 데 동의했다. 미국 정보기관은 소련의 미사일 기지가 건설되고 있다는 증거를 확보하고 정부에 알렸다. 하지만 정보기관의 경고는 별다른 주목을 받지 못했다. 그러다 미사일 기지 건설 모습을 담은 사진 여러 장이 전달되었다. 케네디 대통령은 참모진을 소집했는데, 대부분이 피그스만 침공 사건 때 의사결정을 함께한 사람들이었다. 같은 구성원을 참모진으로 두고, 같은 적수를 (카스트로와 쿠바) 맞닥뜨린 지금, 또다시 침공이 벌어질까? 물론 고려되지 않았던 것은 아니다. 그렇다면, 이번에는 의사결정 과정에서 무엇이 달라졌을까? 아주 많은 변화가 있었던 것으로 드러났다.

여러 인물들이, 특히나 합동참모본부는 침공해야 한다는 쪽이었다. 적어도 공군을 출동시켜 공습을 고려해야 한다고 조언했다. 그러나 이번에는 단 하나의 계획만 논하지 않았고, 다양한 선택지를 고려하는 접근법을 따랐다. 예컨대, 침공 대신 쿠바 해안을 봉쇄해 소련이 미사일을 철수하도록 만들자는 안건이 제기되었다.[37]

이후 전해진 이야기에 따르면 의사결정 과정에서 찾아온 또다른 변화[38]는 케네디 대통령이 동생 바비에게 침공과 해안 봉쇄, 이 두 가지 대안을 두고 진지하게 논의하라는 지시를 내렸다는 점이다. 의사결정 과정은 통솔하는 의장 없이, 철저하게 솔직한 의견을 표현할 수 있도록 진행되었다. 참모진은 두 그룹으로 나뉘어, 각자 두 개의 대안 중 하나를 골라 입장문을 작성했다. 이후 서로 각자 적은 입장서를 교환했다. 이들은 반대 의견을 펼쳤고, 두 대안을 비판하는 토론을 진행했다. 이런 과정을 거친 후에야 대통령에게 양측의 입장서가 전달되었다.

마틴 한센Martin Hansen은 〈하버드 비즈니스 리뷰Harvard Business Review〉에서[39] 이러한 변화는 지난 교훈을 통해 얻어진 것이라고 적었다. 케네디는 참모진에게 '회의적인 제너럴리스트skeptical generalist'가 될 것을 주문했다. 또한 그 스스로도 '권위적인 리더'의 모습을 버렸다. 참모진들은 때때로 대통령 없이, 자기들끼리 만나 논의도 했다. 케네디는 논의 과정에서 제외되었고, 의견 충돌도 기꺼이 장려했다. 집단 역시 새로운 원칙들을 적극 수용했다. 이들은 피그스만 참사를 통해 무언가를 배웠다는 것을 분명하게 보여주었다.

이번 사태에서는 전보다 다양한 선택지와 그에 따른 위험성을 고려했고, 각각의 옵션에 따른 논의가 충분히 오갔다. 그에 따라 케네디는 신중한 접근법을 택하기로 결정했다. 그는 봉쇄가 아닌 쿠바를 격리시키겠다는 결정을 내렸다. 케네디는 흐루쇼프에게 메시지를 전달했고, 전 국민에게 자신이 내린 결정을 알렸다. 그는 소련이 다른 어떤 국가를 향해 미사일을 배치한다면 반드시 보복하겠다는 의사를 분명히 밝혔다. 다행히도 그가 약속을 지키는 인물이라는 신뢰감이 전 세계에 형성되어 있었다.

흐루쇼프는 미국의 격리 결정에 대항하여 1962년 10월 24일과 25일, 양일간 쿠바 쪽으로 선단을 보냈다. 그 중 몇 척은 소련으로 되돌아갔고, 나머지는 해상에서 가로막혔다. 알려진 바로는 케네디는 전쟁도 불사하겠다는 입장이었지만, 끈기를 갖고 외교적인 문제로 접근하려 했다. 이후 흐루쇼프는 끔찍한 핵전쟁의 가능성을 인정하는 메시지를 보내며 진정한 외교 능력을 보여주었다. 흐루쇼프는 양국 모두 "밧줄 끝을 잡아당기고 있는 힘을 빼야 한다"[40]고 말하며 "매듭을 풀 대책을 함께 강구합시다. 우리는 그리할 준비가 되었습니다"라고 덧붙였다.

쿠바 미사일 사태 당시 의사결정 프로세스는 누가 봐도 굉장히 성공적이었다. 코앞까지 다가온 전쟁을 피했다. 물론 가장 큰 역할을 한 것은 케네디와 흐루쇼프였지만, 피그스만 침공 사건 때와는 상당히 다르게 진행된 의사결정 과정 역시 한몫했다. 케네디는 권위적인 리더의 위험성에 대해 깨우쳤고, 다양한 의견을 장려했고, 각 대안에 대해 장단점을 모두 고려하며 심도 있는 열린 토론이 가능한 메커니즘을 구축했다.

뿐만 아니라, 집단을 소집단으로 나누어 유일한 정보가 공유되도록 했다. 덕분에 정보가 '숨겨진' 프로필로 남지 않을 수 있었다. 또한 의견 차이를 독려하여 집단이 극단적인 방향으로 치우치는 것을 방지했다. 한 가지 의견에 자유롭게 찬성의사를 표할뿐더러 반대 의견도 마음껏 표출할 수 있는 환경이 만들어졌다. 케네디는 진정성 있는 반대 의견을 표현할 수 있는 문화를 조성했던 것이다. 케네디는 '강인함과 절제,[41] 대담함과 현명함을 모두 갖춘' 태도로 극찬을 받았다. 케네디와 그의 정부가 전성기를 구가하던 때였다.

다른 곳에서도 밝혔지만, 기업이 진정성 있는 반대 의견을 기꺼이 수용한다면, 좋은 의사결정[42] 그리고 혁신 이 두 가지를 모두 달성하는 기업 문화를 구축할 수 있다. 통제와 합의를 추구했던 피그스만 침공 때와는 달리 쿠바 미사일 위기에서 케네디는 이러한 문화를 장려했다.

앞서 나온 사례들은 반대 의견을 가치 있게 여기는 문화의 힘과 중요성을 잘 보여주고 있다. 이런 문화 속에서는 반대 의견이 자유롭게 표출될 가능성이 높아진다. 그렇지 못한 환경에서는 반대자가 자신의 의견을 말하기 힘들다. 만약 슐레진저가 피그스만 사태를 지켜보며 자신 안에 품어왔던 의구심을 털어놨다면 다른 결과로 이어졌을지도 모른다. 훨씬 나은 결과가 도출되었을 것이라는 이후 연구를 통해 우리도 그렇게 짐작할 뿐이다. 다만, 우리는 케네디 정권이 마주했던 가장 중요한 두 가지 결정을 통해 미래의 리더들이 무언가를 배우길 기대할 뿐이다.

7장

더 나은 결정을 위한 방법은
따로 있다

THE POWER OF DISSENT IN LIFE AND BUSINESS

원칙적으로는 집단이 개인보다 더욱 많은 정보와 경험, 관점 등 훨씬 다양한 자원을 갖고 있어야 마땅하다. 그러나 집단이 자원을 모두 활용하지 못할 때, 집단 내 정보가 공유되지 못할 때, 다양한 의견이 표출되지 못할 때에는 집단을 구성하는 개개인의 역량을 모두 합친 것보다 못하다. 다수의 쪽으로, 그리고 구성원들이 공통적으로 알고 믿는 방향으로 집단의 합의가 형성되고는 한다. 그리고 그로 인해 성급한 판단을 내리게 된다. 합의는 개인이 '다수'의 시각으로 정보와 의견을 바라보게 만든다. 이 과정에서 우리는 또 다른 대안을 고려하거나, 집단이 우선시하는 선택을 재평가할 기회를 잃는다. 그 결과 나쁜, 혹은 앞서 봤듯이 치명적인 의사결정이 도출되는 것은 당연하다.

　　많은 연구자와 컨설턴트가 '영리한 결정'을 내리는 방법에 대해 말한다. 이들은 공통적으로 "위험성과 이점을 고루 검토"[1]하고, "건설적인 비판을 나누어야" 한다고 강조했다. 많은 이들이 정직과 토론의 가치에 대해 말했다. 이들은 여러 문제들 가운데서도 특히나 편견에 대해 지적했고, 확산적 사고의 가치를 중요시했다. 한편, 좋은 의사결정을 내리기 위해 다른 사람에게 조언을 구하고, 질 높은 트레이닝을 더욱 많이 받고, 좋은 의도를 지니는 것도 중요하지만, 여러 연구자와 실무자, 그리고 우리와 같은 일반인들이 하나같이 중요하게 꼽는 것은 바로 다양성, 혹은 반대 의견을 주장하는 단 한 명의 주동자 없이도 반대 의견이 뿌리내릴 수 있는 환경이다.

다양성의 이면

다양성이라고 말할 때 우리는 보통 인구학적 다양성, 즉 인종, 성별, 성적 지향 등 법적인 분류를 떠올리는 경우가 많다. 이때 나이와 재직 기간이 더해질 때도 있다. 많은 이들이 다양성을 인구학적 동질성demographic homogeneity 으로 발생할 수 있는 문제에 대한 해결책으로 여긴다. 케네디 정권 당시 대통령 집무실이나, 미국 다수의 기업 중역 회의실에서 백인 중년 남성들이 모여 의사결정자로 활약하는 이미지를 떠올린다. 사람들은 이러한 동질성이 의사결정의 질을 저해하는 데 반해 다양성은 의사결정의 질을 높일 수 있다고 주장한다. 한편, 연구에 따르면 훌륭한 집단 의사결정에는 이보다 훨씬 복잡한 역학이 존재한다는 것이 밝혀졌다.

똑같은 팩트로 다른 결론이 나온다

1995년, 세기의 재판이 열렸다.[2] 유명인사이자 과거 미식축구 팀인 버펄로 빌스Buffalo Bills에서 러닝백을 맡았던 O. J.심슨Simpson이 전 아내인 니콜 브라운 심슨Nicole Brown Sipson과 그녀의 친구 론 골드먼Ron Goldman을 살해한 혐의로 기소되었다. 그는 형사재판에서 무죄를 선고받았다. 그러나 1년 후 열린 민사재판에서 두 사람의 부당한 죽음에 대해 유죄

판결을 받았다.

니콜 브라운 심슨과 론 골드먼은 1994년 6월 13일에 사망했다. 두 사람은 처참한 모습으로 살해되었다. 심슨은 결혼 생활 중 가정 폭력을 행사한 기록이 있었다. 두 명의 희생자와 심슨, 세 사람은 모두 뛰어난 외모를 자랑했다. 재판이 진행되는 동안 매스컴을 통해 인종차별적 논란이 계속되었다.[3] 심슨은 아프리카계 미국인이었고, 니콜 브라운 심슨과 론 골드먼은 백인이었다. 심슨은 이혼한 아내의 목을 수차례 찔러 경정맥과 좌우 경동맥 절단으로 죽음에 이르게 한 혐의로 기소되었다.

살인 사건은 로스앤젤레스의 산타모니카 인근 브렌트우드에서 벌어졌다. 심슨과 니콜 모두 이 지역에서 살고 있었으나 심슨의 집은 호화로운 맨션이었던 반면, 니콜의 집은 훨씬 단출했다. 브렌트우드는 부유한 지역으로 대부분 백인들이 거주하는 곳이었다. 그러나 재판 진행 장소가 흑인 거주자가 많고, 상대적으로 덜 부유한 동네인 로스앤젤레스 다운타운으로 옮겨졌다. 배심원단에 변화가 생긴다는 의미였다. 법정 증언 이후 9개월에 걸친 재판과 4만 5,000페이지가 넘는 입증 기록 끝에 1995년 10월 3일,[4] 배심원단은 네 시간가량의 숙의를 마치고 무죄를 선고했다. 이 같은 판결에 크게 기뻐하는 사람도 있는 반면 깊이 절망한 사람도 있었다.

당시에 그리고 지금까지도 심슨이 무죄 선고를 받은 것은 재판이 산타모니카가 아닌 로스앤젤레스 다운타운에서 열린 덕분이라고 생각하는 사람들이 많다. 인종편견이 판결의 핵심으로 작용한 것이라는 추측이다.

대부분의 사람들이 판결에 인종이 중대한 부분 영향을 끼쳤다고 분석했는데, 이 같은 분석은 흑인에 대한 노골적인 편견이라기보다, 배심원단이 사건 증거를 인종차별이라는 프레임을 씌워 해석했다는 의미였다. 1년 반이 지나, 같은 증거를 두고 벌어진 민사재판에서 배심원단은 앞선 형사재판과는 다른 판결을 내렸다.

민사재판은 사건이 벌어졌던 산타모니카에서 열렸다. 석 달간의 재판과 17시간 동안의 긴 배심원의 숙의 후 1997년 4월 4일 판결이 내려졌다. 유죄였다. 배심원단은 보상적 손해배상으로 골드먼 부모에게 850만 달러를, 징벌적 손해배상으로 브라운과 골드먼 가족에게 각각 2,500만 달러를 지급해야 한다고 판결했다. 그러나 심슨은 배상금을 단 한 푼도 낼 수 없다고 주장했고, 지금까지도 거의 지불하지 않은 상태다. 플로리다로 이주한 심슨은 한 달에 2만 달러의 연금을 받지만 법적[5]으로는 연금을 압류할 수 없게 되어 있다.

O. J. 심슨 사건에서 형사와 민사 재판은 입증 책임 등 여

러 부분에서 차이점이 있다.[6] 그러나 재판 장소가 중요했다는 분석
이 지배적이었다. 한 곳은 아프리카계 미국인 배심원이 많았고, 다
른 한 곳은 백인 배심원이 우세했다. 형사재판에서 12명 가운데 아
홉 명이 흑인이었고, 히스패닉, 백인, 아메리카 원주민과 백인 혼혈
인이 한 명씩 있었다. 민사재판의 배심원단은 백인 아홉 명, 동양인
한 명, 히스패닉 한 명, 아시아계 아프리카인 한 명으로 구성되었다.
첫 번째 재판에서 흑인 배심원 대부분은 심슨에게 무죄를 선고했
고, 두 번째 재판에서 백인 배심원 대부분은 유죄를 선고했다. 서로
다른 판결이 나온 데에는 인종이 큰 비중을 차지했고, 백인과 흑인
모두 본인의 인종에 따라 편견을 갖고 사건을 판단했다고 생각하는
사람들이 많았다.

　둘 중 옳은 판단을 내린 배심원단은 어느 쪽이었을까? 양쪽
모두 좋은 의사결정 프로세스를 따랐다고 보기 어렵다.

　사람들이 자신과 비슷한 사람에게, 같은 부류에 속한 사람에
게 관대한 입장을 취할 수밖에 없다고 추측하는 데는 타당한 이유
가 있다. 임의적인 분류라 하더라도 같은 팀명을 공유하는 것만으
로도 학계에서 내집단 편애in-group favoritism라고 부르는 현상[7]이 충
분히 나타날 수 있다. 정체성을 규정하는 요소를 공유하는 사람들
에게 우호적인 태도를 보이는 현상을 뜻한다. 별다른 의미 없이 단
순히 같은 집단에 속하는 것만으로도 타 집단보다 내가 속한 집단
의 구성원들에게 더욱 애착을 갖는다. 예컨대, 연구실에 온 실험 참

214

가자들을[8] 무작위로 '블루팀', '그린팀'으로 나눌 때도 참가자들은
자신이 속한 가상의 집단 구성원들을 편애하는 모습을 보였다.

O. J. 심슨 재판에서 배심원들은 어쩌면 단순히 인종에 따라
투표했을 수도 있지만, 그보다는 같은 인종으로서 동질감을 느꼈을
확률이 높다. 배심원들은 같은 인종으로서 느꼈던 공통의 경험을
바탕으로 증거를 각기 다르게 해석했다. 경찰이 증거를 조작했다는
정황에 대해서도 양측은 상이한 주장을 펼쳤다.

대다수 사람들은 양쪽 재판에서 어떤 인종이 다수를 차지했
느냐가 심슨에게 유리하게 혹은 불리하게 작용했다고 판단했다. 때
문에 배심원들은 그들이 보여준 편견으로 인해 비난받았다. 문제의
해결책이 다양성이라고 믿었던 많은 사람은 만약 배심원단이 더욱
다양하게 구성되었더라면, 인종적 균형이 고려되었더라면 판결은
덜 편향적이었을 것이고, 인종차별에 대항할 장치가 마련됨에 따라
의사결정 프로세스 역시 훨씬 나아졌을 거라고 판단했다.

다수를 차지한 인종에 따라 의사결정 프로세스가 편향적인
방향으로 흘러간다는 통념은 논쟁의 대상이나, 사람들은 실제로 편
견이 존재한다고 믿고 있고, 이런 통념이 의사결정에 영향을 미치
는 것만은 분명해 보인다. 마이애미 사람들은 아직도 1980년,[9] 보
험 회사 직원인 흑인 아서 맥더피Arthur McDuffie를 죽인 백인 경찰관
네 명이 무죄판결을 받았던 일을 기억한다. 맥더피는 신호위반으로
경찰들에게 쫓겼다. 여러 신문에서 "무려 12명의 경찰이 그를 구타

해[10] 의식불명 상태에 이르게 했다. 그는 병원에서 숨졌다"고 보도했다. 이 소식에 많은 사람이 분노했고, 모두 백인으로 구성된 배심원단이 경찰들에게 무죄 선고를 내리자 흑인들이 반발했다. 당시 소식에 따르면, 재판 이후 사흘간 계속된 폭동으로 18명이 사망하고, 350명이 부상당했으며 피해액은 100만 달러 이상으로 집계되었다.[11]

최근에는 2014년 8월 9일, 젊은 흑인 청년 마이클 브라운 **Michael Brown**이 백인 경찰 대런 윌슨**Darren Wilson**의 총에 맞아 사망한 사건으로 미주리주의 퍼거슨에서 사흘간 폭동이 벌어졌다. 사건 발생 당시, 초기 보고가 각기 달랐지만 몇몇 증인에 따르면 브라운은 비무장 상태에서 두 팔을 올린 채 경찰에게 투항한 상태였다고 한다. 몇 주 동안이나 시위뿐 아니라 폭동과[12] 공공기물을 파괴하는 행위가 계속되었다. 즉각 대배심이 소집되었고, 2014년 11월 24일 판결이 내려졌다. 판결 내용은 "기소해야 할 이유가 불충분하므로 사건을 종결한다"[13]는 것이었고, 대배심은 대런 윌슨을 기소하지 않기로 결정했다. 이 판결로 사람들의 시위와 불만은 계속되었다.

여기서 중요한 것은 판결의 옳고 그름이나 배심원단이 인종차별적이었는지보다는, 이 판결에서 분명 인종편견적 인식이 있었고, 이러한 인식이 사회에 지대한 영향을 미쳤다는 점이다. 이러한 편견적 인식은 사람을 구분 짓는 인구학적 범주와 투표가 함께 벌어질 때 심화되는 경향이 있다. 마이애미에서 벌어진 사건처럼 전부 백인으로 구성된 배심원이 흑인 남성을 살해한 피고인을 무죄로 판결한 것이나, 대부분 흑인으로 구성된 배심원이 O. J. 심슨을 무죄로 판결한 반면, 대부분 백인으로 구성된 배심원이 심슨을 유죄로 판결한 것처럼 말이다. 만약 집단이나 배심원에 다양성이 존재하도록 구성한다면 무엇이 달라질까?

집단 내 다양성이 보장될 경우 올바른 결정을 내렸다는 인식이 높아질 수는 있지만, 실제로 의사결정 과정이 개선될 수 있을까? 다양성이 편견을 바로잡을 수 있을까? 다양성을 찬성하는 사람들은 다양성이 각기 다른 관점을 보장하고, 편견을 바로잡을 메커니즘이 될 것이라 생각할 때가 많다. 그러나 인구학적 다양성이 의견의 다양성을 보장한다고 말하기는 어렵다. 남성과 여성, 다양한 인종과 민족, 서로 다른 교육 수준과 사회 경제적 수준 등등…… 아무리 다양하게 집단을 꾸린다 해도 의견이나 관점의 포괄성을 보장하기 어렵다.

이 점을 설명하기 위해 나는 학생들에게 조지 W. 부시George W. Bush와 버락 오바마 내각의 사진을 자주 보여준다. 두 정권 모두 인구학적 다양성을 갖추고 있다. 남성과 여성, 폭넓은 민족과 인종, 심지어 키도, 체중도 제각각이고, 연령대도 제법 차이가 난다. 여담으로 하나 덧붙이자면, 복장에서만은 두 내각 모두 비슷했다. 넥타이는 약간 다르게 맨다 해도, 남성들은 파란빛이 도는 정장을 입어야 했다. 다만, 각 정권 각료들의 정치적 성향이 같았고, 정부 정책에 대한 입장을 함께했다는 것만은 확실하다. 자신이 모시는 대통령에 대한 충성심을 갖고, 같은 비전을 공유했기 때문에 그 자리에 오른 사람들이었다.

한편, 인구학적 분류에 따른 동질성이 반드시 관점의 동질성과 같다고 볼 수는 없다. 모든 백인이 심슨을 유죄로 생각한 것도 아니고, 모든 아프리카계 미국인이 그를 무죄로 여긴 것도 아니었다. 또한 모든 아프리카계 미국인이 대런 윌슨을 기소해야 한다고 생각했던 것도 아니다. 그러나 대부분 사람들은 인종이 성향 혹은 입장과 연관성이 있다고 생각한다. 경찰이 (혈흔이 묻은 장갑 등) 증거를 조작했을 거라고 믿는 쪽도(심슨 사건 당시 주요 증거로 채택된 장갑이 심슨의 손에 맞지 않았다-옮긴이), 흑인의 (O. J. 심슨의) 유죄 사건을 두고 '합리적 의심'을 가지는 쪽도 백인보다는 흑인일 가능성이 높다는 추측이 전혀 근거 없는 것은 아니다. 많은 사람이 두 재판의 배심원단이 인종과 사회 경제적 수준 면에서 균형적으로 구성되었다면, 그래서 다양성이 보장되었다면 토론은 더욱 활성화되고, 의사결정 과정 역시 더 나아졌을 것이라고 믿고 있다. 그랬다면 분명 배심원단이 공정한 평결을 내렸다는 인식은 높아졌을 테지만, 사회적 범주의 다양성이 실제로 의사결정의 질적 향상으로 이어지느냐에 대해서는 확실히 입증하기 어렵다.

범주의 다양성과 의견의 다양성이 서로 다른 이상, 인구학적 다양성과 팀 성과의 질 혹은 의사결정의 질 간의 인과관계를 뚜

렷하게 밝혀낸 연구가 없다는 것이 놀랄 만한 일은 아니다.[14] 다양한 범주의 구성원이 함께하고 있지만 다양한 시각을 갖고 있지 않은 팀이 많다. 다양한 관점을 지닌 팀이라도, 구성원이 자신의 입장을 밝히지 않기도 한다. 인구학적 범주의 다양성이 집단 의사결정의 질적 향상에 영향을 주지 않는다는 연구도 많다. 어떤 경우에는 다양성이 집단에 부정적인 영향을 끼치기도 한다.

몇몇 연구에서는 인구학적 다양성이[15] 집단의 사기를 저하하고 유대감을 낮출 수도 있다고 밝혔는데, 이는 대부분의 기업이 피하고 싶은 현상이다. 또한 업무 만족도나 근속기간까지 낮추는 요인이 될 수 있다. 상호 유사성이 호감, 높은 사기, 친선관계에 강력한 예측변수라는 증거[16]가 많은 반면, 인구학적 다양성은 몇 가지 문제를 시사한다. 인구학적 다양성은 '우리/그들'이라는 분류를 만들어낸다. 또한 의사소통을 어렵게까지는 아니더라도, 복잡하게는 만들 수도 있다.

여러 범주 가운데 특정 범주의 다양성을 확보하는 것이 어쩌면 도움이 된다고 생각할 수도 있다. 성별의 다양성이 연령의 다양성보다 팀 성과에 더욱 중요할까? 여러 연구와 이 연구들을 메타분석한 결과조차도[17] 실망스러운 전망을 내놓는다. 결론은, '한눈에 드러나는 특성에서의 다양성도,[18] 직무 관련한 자질에서의 다양성도 집단의 성과에 확실하게 영향을 미친다고 볼 수 없다'는 것이다. '확실하게'라는 말을 주의해야 한다. 특정 범주의 다양성과 성과 혹

은 좋은 의사결정을 이끄는 요소 간에 상관관계가 없다는 뜻이 아
니다. 실제로 이러한 상관관계를 증명한 연구도 있지만, 반대로 부
적 관계성negative relationship을 보이거나, 전혀 상관관계가 없음을 밝
혀낸 연구도 많다. 인구학적 다양성이 의사결정의 질과 팀 성과의
질에 강력한 영향을 끼친 사례도 있으나, 일반적으로는 그 관계성
이 떨어진다. 때문에, 인구학적 다양성이 의사결정의 질과 집단 내
부의 사기에 지속적이고도 긍정적인 효과가 있을 거라고 기대한다
면, 다양성이 지닌 '거짓된 약속'으로 봐야 한다.

　　의사결정에서 다양성이 이점을 가져올 수 있는지는 의사결
정 과정에서 각기 다른 관점이 보장되느냐에 달려 있다고 생각한
다. 컬럼비아 경영대학원 교수 캐서린 윌리엄스Katherine Williams와
스탠퍼드 경영대학원 교수 찰스 오라일리Charles O'Reilly는 각각 "다
양성 향상이 실제로 문제 해결 과정에서의 균형감을 더하고, 의미
있는 정보를 더하는가"라는 핵심적인 질문을 던졌다.[19] 이러한 이점
들은 단순히 다양한 범주의 인적 구성만으로 발생하지 않는다. 조
지 W. 부시도 버락 오바마도 '라이벌들의 팀team of rivals'(역사학자 도
리스 굿윈은 반대쪽 노선의 인물도 포함해 탕평책을 펼친 링컨 대통령의 내
각을 가리켜 이렇게 칭했다-옮긴이)[20]으로 내각을 구성하지 않았다.
두 대통령은 그들과 다른 관점을 지닌 인물을 참여시키지 않았다.
외려 이들은 인종적 구성 면에서는 다양성을 확보했으나, 기본적으
로 같은 이데올로기를 가진 사람들을 들였다.

관점의 다양성을 추구하다

몇몇 기업에서는 경험 혹은 의견의 다양성을 적극적으로 구하기도
한다. 내가 인터뷰를 진행했던 중역들 가운데 다양성을 강력하게
지지하는 사람들도 있었으나, 이들이 말하는 다양성이란 단순히 인
구학적 측면이 아니었다. 이들은 배경과 관점의 다양성을 바랐다.
더욱 중요한 것은, 이들은 각기 다른 견해가 표출되는 것을 그 무엇
보다 반겼다. 아래는 여러 중역들과 나눈 인터뷰이다.

> 찰스 슈왑 재단Charles Schwab Foundation의 회장 캐리 슈왑 포메
> 란츠Carrie Schwab-Pomerantz는 여성과 저소득층의 경제 활동 향
> 상에 열정적인 인물이다. 그는 내게 다양한 배경, 더욱 중요
> 하게는 서로 다른 능력과 아이디어를 가진 구성원들로 팀을
> 꾸리는 것이 중요하다는 점에 대해 설파했다. "자신과 똑같
> 은 사람을 찾아선 안 됩니다.[21] 어떤 부분에서만은 자신보다
> 나은 사람, 새로운 통찰력을 제시하고 내게서 부족한 점을
> 채워줄 사람을 찾아야 합니다." 당연하게도 그가 가장 좋아
> 하는 책 가운데 하나는 도리스 컨스 굿윈Doris Kearns Goodwin이
> 쓴 《권력의 조건Team of Rivals: The Political Genius of Abraham Lincoln》
> [22]이다. 자신의 권력이 약해지는 것을 두려워하지 않았던 에
> 이브러햄 링컨Abraham Lincoln 대통령은 본인의 정적이라도 최
> 고라면 기꺼이 내각에 임명했다.

창의성으로 널리 알려진 IDEO(가장 혁신적인 기업으로 꼽히는 세계적인 디자인 회사-옮긴이)와 같은 기업들은 다양성의 이점을 백분 활용했다. IDEO는 단순히 인구학적 다양성이 아닌 능력과 지식의 다양성을 좇았다. 샌프란시스코에 있는 사무실에 방문했을 당시, 파트너이자 최고 마케팅 책임자인 휘트니 모티머Whitney Mortimer는[23] 기업의 원칙과 전략에 대해 내게 설명해주었다. 인간 중심이라는 전략을 바탕으로 기업은 디자인이라는 서비스를 제공한다. 이들은 상품을 만들지 않는다. 다만 사람들이 제품을 잘 활용할 수 있도록 한다. 기업 특성상 다양성이 중요한데, IDEO에서 가장 필요한 다양성이란 능력과 지식, 배경의 다양성이다.

몇몇 기업은 소비자의 '입장에서 생각한다'는 전략의 일환으로 배경과 경험의 다양성을 활용한다. 예를 들어 IDEO에서는 직원이 병원에 직접 입원해 천장만 바라보는 생활을 하며 환자의 입장을 몸소 체험해보는 일이 벌어지기도 한다. 인튜이트Intuit(재무회계 소프트웨어 기업-옮긴이) 역시 비슷한 전략을 따르고 있다. 창립자인 스콧 쿡Scott Cook은 회계 소프트웨어를 직접 사용하며 사용자의 입장을 경험하는 것이 굉장히 중요하다고 밝혔다. 인튜이트의 마케팅 수석 부사장인 노라 덴젤Nora Denzel 역시 같은 의견[24]이었다. 두 사람 모두 사람들이 제품을 사용하는 모습을 관찰하는 것만으로도 큰 통찰력을 얻을 수 있다고 말했다. 인튜이트는 본사 근처에 있는 기차역 승강장에서 실제로 이 전략을 펼치기도 한다. 제품이나 서비스를 사용하는 사람들을 보며 그들의 입장에서 상황을 바라볼 때 새로운 문제를 발견하게 되는 경우가 있다. 또한 새로운 아이디어가 떠오르는 계기가 되기도 한다.

세계적인 컨설팅 그룹인 울프 올린스Wolff Olins 의 캐서린 를롱Catherine Lelong 은 25 기업이 배경의 다양성을 굉장히 중요하게 여긴다고 밝혔다. 기업은 특정 기술에서 전문지식을 갖춘 몇 명을 제외하고는 의도적으로 배경이 상당히 다른 구성원들로 팀을 꾸린다. 그는 하나의 사례를 들어 동질성이 생각의 고립으로 이어질 수 있다는 것을 지적했다. 팀 구성원이 전부 엔지니어라면 13번째 시도 끝에 탄생한 제품을 C13으로 이름 붙일 수도 있다. 그러나 엔지니어가 아닌 사람들은 이 이름이 그 누구의 구매 의욕도 자극할 수 없다는 것을 잘 안다.

그의 말이 맞는다. 예컨대 애플의 제품은 OS X 10.9, OS X 10.10, OS X 10.12라는 번호가 있었지만 매버릭스Mavericks, 요세미티Yosemite, 엘 카피탄El Capitan 이란 이름으로 출시되었다.

설사 계단조차 잘 올라가지 못한다 해도 요세미티 국립공원의 엘 카피탄 바위산에 오르고 싶을 수 있다. 그들이라고 해서 매버

릭^{maverick}(특이한, 개성이 강한-옮긴이)이 되고 싶지 않으리라는 법은 없다.

출신 배경과 관점의 다양성도 중요하지만, 만약 다양성으로 인한 의견 차이가 존재한다면 서로 소통하는 것이 무엇보다 중요하다고 말하는 중역들도 있었다. 다양성으로 각기 다른 견해가 보장된다 해도 그 다름이 가치 있게 활용되기 위해서는, 마땅히 표출되고, 토론 과정에서 기꺼이 수용돼야 한다. 그러나 이런 일이 가능하려면 진심으로 견해의 차이를 인정하는 리더가 반드시 필요하다.

프랭클린 리소스^{Franklin Resources}(글로벌 투자회사-옮긴이)의 회장이자 최고 운영 책임자인 제니 존슨^{Jenny Johnson}와 같은 기업 중역이 리더로서의 효율성을 인정받는 이유이기도 하다. 다양한 견해를 받아들이는 데 있어서만은 내가 아는 사람들 중 가장 열려 있는 모습을 보이는 제니 존스[26]는 침묵을 지키는 팀 구성원에게 그의 의견이 무엇인지 먼저 묻는다. 모든 견해를 모두 살피는 것이 '진북향^{true North}(올바른 방향을 뜻한다-옮긴이)'으로 향하는 그만의 방법이다. 그는 자신을 향한 도전에 방어적인 태도를 취하지 않는다. 외려 그는 신기하게도 목표에 더욱 집중하고 '상황을 제대로 이해하기 위해' 노력한다. 프랭클린 템플턴^{Franklin Templeton}의 모회사인 프랭클린 리소스를 창립하고 운영했던 조부와 부친의 가르침이기도 했다. 두 사람은 그에게 "고객이 최우선이다. 그 외의 일들은 알아서 해결될 것이다"라고 가르쳤다. 오랫동안 자선 기부 활동을 펼쳐온 기업의 행보와 더불어 가족에게서 전해져온 가르침이 회사 운영뿐 아니라 윤리와 이해의 문제에서도 다른 사람의 의견을 경청하는 그의 태도에 영향을 미쳤을 것이다.

앞서 나온 여러 사례에서 중요한 점은 리더들이 구성원의 배경이 다양할 때의 장점을 잘 알뿐더러 다양한 관점이 실제로 표출될 때 그 가치가 비로소 발휘된다는 것을 이해하고 있다는 것이다. 이 리더들은 그저 말뿐이 아니라 실제로도 서로 다른 견해가 마음껏 표현되길 바랐고, 기꺼이 그 상황을 반기는 모습을 보여주고 있다.

요약하자면, 연구를 통해 밝혀진 것처럼 인구학적 다양성은 좋은 집단 의사결정과 팀 성과를 올리는 것과 확실한 연관성이 없다. 다만 다양성에서 오는 차이가 표출된다면 좋은 의사결정을 내리거나 팀 성과를 올리는 데 더욱 많은 가능성을 보장한다. 특히나 우세한 합의에 이의를 제기하는 소수의 견해가 다양성의 차이로 수용된다면 집단에게는 강점으로 작용할 것이다.

지배적인 입장이나 사고방식에 도전하는 사람이 있을 때, 사람들은 더욱 독립적으로 행동하고, '자신의 진정한 의견을 깨달으며', 자신의 신념을 밝힐 가능성이 높아진다는 것이 입증되었다. 5장에서 살펴봤듯이, 반대자로 인해 사람들은 올바른 의사결정에 필요한 확산적 사고를 하게 된다.

다양한 사람들로 팀을 꾸리고 싶은 마음이 들 수 있다. 나이, 인종, 성별, 민족, 성적 지향, 어쩌면 학력, 신장과 체중, 성격까지 모두 다른 구성원을 바랄 수도 있다. 그렇게 하면 장점이 물론 많겠지만, 다양성만으로 성과나 의사결정의 질이 향상된다는 증거는 없다. 다양성의 가치는 각기 다른 견해가 지속적으로 표출될 때 발현되고, 그제야 비로소 의사결정 과정에서 더욱 심도 있는 사고가 가능해진다. 여러 형태의 다양성을 수용함으로써 나은 결정을 내릴 가능성이 높아지지만, 훌륭한 의사결정의 진정한 동력은 반대 의견임을 명심하라.

가장 좋은 의사결정을 위한 반대 의견

헨리 폰다가 없었다면 〈12명의 성난 사람들〉은 피고인이 유죄라고 성급한 결론을 내릴 11명의 성난 사람들로 그쳤을 것이고, 아마도 판결까지 몇 시간이 아닌 고작 몇 분이면 충분했을 것이다. 혼자 반대 의견을 주장하는 사람은 결국 다른 11명에게 항복했을 것이다.

우리는 토론 과정에서 수렴적 사고와 집단사고가 발현되는 현상을 지켜봐야 했을 것이다. 그러나 영화에서는 반대 의견의 힘, 지속적인 소수의 목소리를 내는 단 한 명의 힘을 보여주었다. 3장에서 우리는 반대자인 폰다가 다른 사람을 설득하는 과정을 살펴봤다. 한편 5장에서 다뤘듯이 반대 의견은 설득뿐 아니라 확산적 사고, 즉 훌륭한 의사결정에 필요한 사고를 자극하는 역할을 하기도 한다. 반대 의견이 없었다면, 배심원의 숙의 과정은 수렴적 사고를 바탕으로 성급하게 결론에 이르는 모습으로 끝났을 것이다. 수렴적 사고는 나쁜 의사결정으로 이어지기 마련이다.

　　반대 의견이 집단 의사결정의 질에 어떤 의미를 갖는지에 대해 비교적 자연스러운 환경에서 진행된 연구도 있다. 미시간주립대학교의 린 밴 다인Lynn Van Dyne과 카네기멜론대학교의 리처드 사베드라Richard Saavedra는 네 명 혹은 다섯 명이 그룹을 이뤄 10주 넘는 기간 동안 교류를 나누는 상황을 설정해 현장 연구를 진행했다.[27] 이 중 몇몇 그룹은 지속적인 소수 의견을 피력하도록 훈련을 받은 한 사람이 포함되어 있었다. 그러나 다른 그룹에는 이 같은 반대자가 없었다. 반대자가 포함된 그룹은 확산적 사고를 더 많이 한다는 것이 다시금 드러났다. 구성원들은 '굉장히 많은 대안을 찾아내'거나[28] '각 대안에 따른 장점과 단점을 많이 생각해냈다.' 또한 반대자가 있는 그룹이 제출한 보고서는 외부 전문가들에게 독창성과 우수성이 훨씬 높다는 평가를 꾸준하게 받았다.

가장 야심차게 진행된 자연적 연구 가운데 하나로 꼽히는 한 연구에서는[29] 미국 병원 내 전략적 의사결정에서 반대 의견의 가치가 무엇인지 관찰했다. 규모가 큰 현장 연구에서는 수많은 어려움이 있음에도, 연구자들은 세 개 주state에서 병원 전체 인력을 대상으로 설문조사를 진행했다. 연구자들은 병원 관계자들이 '서로 다른 의견을 마음껏 표현할 수 있을' 때, 의사결정의 질이 향상되는 증거를 찾아냈다. 향상된 의사결정은 병원의 재정적 측면에도 훨씬 나은 결과로 이어졌고, 병원 전반의 효율성도 높아지는 것으로 밝혀졌다.

캐슬린 아이젠하트Kathleen Eisenhardt와 그녀의 동료들이 상위 경영관리 팀을 대상으로 진행한 연구도 결과가 같았다. 의사결정을 내려야 하는 팀에서 '좋은 싸움'을 하는 것이 중요하다는 결론이 도출되었다. 최고의 팀이 활용하는 전략 중 하나는 '가능한 많은 정보를 수집'[30]하는 것이다. 최고의 팀은 "토론을 활성화하기 위해 다양한 대안을 떠올린다. 이들은 합의를 강요하지 않는 분위기 속에서 문제를 해결한다."

미국 대법원에서도 반대 의견의 가치가 드러났다. 법원 판결 과정에서 반대 의견은 통합적 복합성integrative complexity(사안을 다양한 관점에서 바라본 후 하나로 통합시키는 능력-옮긴이)을 높이는 요소로 밝혀졌다.[31] 통합적 복합성은 확산적 사고와 유사한 개념이다.[32] 하나의 사안을 다양한 관점에서 살피고, 각각의 기회비용을 고려할 줄 아는 능력이다. 대법원 의견서의 통합적 복합성에 대해 분석한 한 연구를[33] 통해 반대 의견이 있을 때 높은 수준의 통합적 복합성이 발현된다는 것이 드러났다. 만장일치로 작성된 대법원의 의견서는 통합적 복합성이 심각할 정도로 낮은 수준이었다. 반대 의견과 논쟁을 치른 다수가 작성한 의견서에는 통합적 복합성이 높았다. 후자의 경우 적어도 서류상으로는 판사들이 여러 가능성을 고려하고, 양측의 입장을 충분히 수렴하는 모습이 드러났다.

실험과 실제 사례 속 다양한 증거를 통해 반대 의견이 좋은 의사결정을 이끄는 사고를 자극한다는 것이 분명해졌음에도 왜 수많은 사람은 반대 의견을 수용하지 않고, 외려 반대 의견에 저항하려고 하는 것인지 생각해봐야 한다. 나는 충돌을 피하고 싶어 하는 마음 때문이라고 생각한다. 사람들은 좋은 팀이란 애정과 화합을 바탕으로 해야 한다고 믿는다, 아니 그렇게 교육받았다. 바로 성급한 판단을 부추기는 요소들이다. 우리는 항상 "친구를 사귀고, 사람들에게서 호감을 얻고 싶으면 마찰을 피하고 좋게 지내야 한다"[34]는 조언을 들었다. 반대 의견은 필연적으로 충돌로 이어진다. 충돌은 사람들을 언짢게 하고, 반대자를 향한 분노와 반감을 높인다. 무엇보다 사람들은 반대자가 확산적 사고를 높인다고 생각하지 않는다. 반대자가 자신들의 사고에 어떤 영향을 미치는지도 모르는 경우가 대부분이다.

많은 사람이, 아니 아마도 대부분의 사람들이 반대 의견이 옳을 때만 그 가치를 인정한다. 앞서 봤듯이 반대 의견이 옳은 때도 있고, 다수가 반대 의견에 설득될 수도 있다. 예일대학교의 저명한 교수 제프리 소넨펠드**Jeffrey Sonnenfeld**는 메드트로닉**Medtronic**(다국적 메디컬 기업-옮긴이)의 한 반대자가 이사회와 전 CEO인 빌 조지**Bill George**에게 "혈관성형술 관련 제품을 포기하지 말고,[35] 그 분야에 오히려 집중해야 한다"고 주장하며 이사회의 결정을 뒤집었고 "[그 결정은] 대단한 성과로 이어졌다"고 밝혔다. 많은 이들이 반대 의견이 옳을 가능성이 있어 보일 때는 반대자에게 귀를 기울이지만, 그것마저도 아주 잠시일 뿐이다.

반대 의견이 틀렸을 때마저도 다수에 속한 사람들에게 확산적 사고를 하는 계기를 제공한다는 이점에 대해서는 모르는 사람이 많다. 반대 의견의 옳고 그름과 관계없이, 그 존재만으로도 우리는 더욱 확산적으로 사고하게 된다.

많은 사람이 확산적 사고의 중요성은 잘 알지만, 확산적 사고의 동력이 되는 반대 의견은 여전히 거부한다. 사람들은 확산적 사고를 자극하는 반대 의견의 효과를 바라면서도, 반대 의견이 필연적으로 가져올 구성원들 간의 충돌과 반감은 피하고 싶어 한다. 확산적 사고를 이끌어내기 위한 방법 가운데 최고로 꼽히는 것이 바로 악마의 변호인, 즉 '작위적인 반대 의견'이다. 악마의 변호인이 널리 활용되는 데에는 반대 의견의 효과는 원하지만, 부작용은 피하고 싶은 바람이 기인한다. 문제는 이 제도가 충분하고도 면밀한 조사 없이 행해지고 있다는 점이다.

톰 켈리의《이노베이터의 10가지 얼굴 The Ten Faces of Innovation》[36]과 같이 최근에 출간된 많은 도서에서는 집단 내부의 충돌을 피하는 방법에 더해 한 걸음 더 나아갔다. 이런 책에서는 심지어 악마의 변호인이 지나치게 부정적이고, '아이디어를 억누르는' 전략이라고 말한다. 따라서 조직 내 창의성을 높이고, 올바른 의사결정을 내리기 위해서는 구성원들이 화합을 이루고, 각자 맡은 역할에 따라 연기해야 한다고 하나같이 주장한다. 그러나 우리에게 필요한 것은 저항과 토론, 다시 말해 진정한 반대 의견이 자극하는 사고방식이다. 이제부터 악마의 변호인을 바라보는 서로 다른 입장에 대해 알아보고, 널리 활용되고 있는 이 제도를 본격적으로 살펴보자.

악마의 변호인이 가진
부정적인 단면

악마의 변호인은 로마 교황청에서 성인으로 추대될 후보를 심사하는 과정에서 유래되었다. 당연히 바티칸은 이 중요한 심사에서 실수를 저지르고 싶지 않았다. 후보자가 성인답게 행동하지 못했다는 사실을 나중에서야 알게 되는 것만은 피하고 싶었다. 때문에 1587년, 바티칸은 후보자에게서 찾을 수 있는 부정적인 면을 면

먼히 파헤치는 장치를 마련했다.[37] 신의 변호인God's advocate은 성인 추대를 찬성하지만, 악마의 변호인은 반대를 하는 역할이다. 예를 들어 후보자가 보인 기적이 모두 거짓되었다고 주장하는 식이다.

악마의 변호인은 시성 과정에서 찬성 의견뿐 아니라 후보자가 성인으로 추대되어서는 안 되는 이유, 즉 반대 의견 역시 마땅히 고려되어야 한다는 의미로 마련된 장치다. 악마의 변호인은 교황을 포함해 대부분의 의사결정자들이 후보자에게 갖고 있는 우호적인 편견에 균형을 잡아주는 역할을 한다. 한편, 본래 악마의 변호인은 보통 수십 년 혹은 수백 년에 이르는 시성 과정의 일부[38]라는 것을 염두에 두어야 한다.

현대 사회에서 악마의 변호인이 지닌 전제는 과거와 마찬가지로 합의에 저항한다는 것이다. 어빙 재니스는 집단사고를 견제하는 방법으로 악마의 변호인을 꼽았다.[39] 이 제도가 확산적 사고, 즉 반대 의견으로 발현되어 훌륭한 의사결정에 직접적인 영향을 끼치는 사고방식을 장려하길 기대하는 마음이 담겨 있다. 아니면 적어도, 반대 의견처럼 악마의 변호인을 통해 집단이 '어떤 대안에 대한 위험성과 장점을 동등하게 평가'[40]할 수 있길 바라는 의도였다. 하지만 실상은 그렇지 못했다.

악마의 변호인은 어빙 재니스의 표현대로 집단사고 증상을 해결해줄 방법으로 꼽히며 연구자들의 사랑을 듬뿍 받았다. 이후 40년이 넘는 세월 동안, 집단이 좋은 의사결정을 하기 위해 필요한 방법 중 한 가지로 널리 채택되었다. 다수 주요 경영대학원의 경영자 교육 프로그램에서는 악마의 변호인을 중요한 경영 기술로 가르치고 있다. 효과적인 제도로 알려져 있지만, 사실 제대로 검증되지 않은 가설일 뿐이다.

몇몇 연구[41]에서는 이의제기가 전혀 없는 집단과의 비교를 통해 악마의 변호인이 지닌 가치를 뒷받침하고 있다. 다시 말해, 반대 입장이 전혀 없는 집단에 비교하자면 분명 악마의 변호인이 주는 이점이 있다. 제시된 의견에 반박할 뿐 아니라 그에 반대되는 대안을 제시하는, 악마의 변호인과 유사한 변증법적 토의dialectical inquiry라는 기법[42]도 마찬가지다. 대체로 두 방법이 효율성에서 차이를 보이지 않지만, 아무런 저항도 없는 것보다는 분명 낫다.

악마의 변호인이란 장치는 부정적인 의견, 다시 말해 악마의 변호인이 제시하는 의견을 고려할 때 그 효력이 발생한다. '상대편의 입장을 고려'하는 방법도 위와 같은 맥락으로, 판단 과정에서 편향을 줄여주는 효과가 있다는 것이 연구[43]를 통해 밝혀졌다.

악마의 변호인이 몇 가지 의미를 갖는 것은 분명해 보이나, 그 가치는 검증 과정을 거치지도 않았고, 진정한 반대 의견이 주는 효과와 비교 분석되지도 않았다. 다수의 연구자와 저자는 악마의 변호인이나《이노베이터의 10가지 얼굴》에 소개된 역할 연기처럼 반대 의견에 '멋진' 가면을 씌울 때 집단 구성원이 반대자의 의견을 고려할 확률이 더욱 높다고 판단하는 듯하다. 우리가 5장에서 다뤘듯이, 반대 의견에는 어떠한 입장의 긍정적인 면뿐 아니라 부정적인 면까지 고려하게 만드는 힘이 있다는 것을 간과한 것이다. 이뿐 아니라, 반대 의견을 표방한 여러 제도들과 진정한 반대 의견의 차이는 훨씬 크고 복잡하다.

　　우리가 처음으로 악마의 변호인 제도와 진정한 반대 의견을 비교하는 연구를 시행한 것은 1998년이었다. 아무리 좋은 의도로 고안된 장치라도, 가짜 제도와 두뇌 게임으로는 사람들로 하여금 자신의 입장을 되돌아보고 재검토하게 만들 수 없다는 내 개인의 불신이 연구의 시작이었다. 나는 지난 몇 년간 악마의 변호인에 회의적인 입장이었다. 내게는 부자연스러운 장치처럼 느껴졌다. 누구나 악마의 변호인 같은 두뇌 게임에 기꺼이 참여할 수는 있겠지만, 내가 믿고 지지하는 의견을 두고 좋은 점과 나쁜 점을 모두 숙고하는 과정과는 다른 이야기다.

　　몇 년간 진정성 있는 반대 의견의 힘을 연구하며, 실제로 사람들이 폭넓은 정보를 구하고, 더욱 다양한 대안을 고려하며, 복합적인 전략을 활용하고, 훨씬 독창적으로 사고하는 것을 목격했다. 연구에 참여한 사람들은 진실을 찾아가는 과정에서 본인의 생각과 의견을 의심했고, 이들의 모습은 저항과 용기가 얼마나 중요한 것인지 보여주었다. 나는 반대 의견이 가져올 효과를 얻기 위해 반대자를 역할로 꾸며낼 수는 없다는 생각으로 악마의 변호인 연구를 시작했다.

234

악마의 변호인이란 개념에 대해 수년간 의심을 표출했던 나는 학생들에게 집단사고와 그에 대한 해결책을 가르칠 때마다 악마의 변호인이 가진 효과에 대해 의구심 섞인 반응을 보였다. 수업 시간에는 내 진솔한 생각에 대해 털어놓았다. 모든 사람들이 이러한 기법이 효과가 있을 거라 여겼고, 적어도 아무런 반대 의견도 없는 것보다는 나을 거라고 생각했다. 내게 악마의 변호인은 두뇌 게임 그 이상도 아니었고, 25년 전 목격했던 '정중하고 학술적인' 대화 내용과 비슷한 상황만 연출할 뿐이었다.

다수결 원칙에 따른 배심원단을 연구할 당시, 나는 충분한 투표수가 확보되고 판결이 이미 정해진 상황에서 배심원단의 논의는 정중하고 학술적인 방향으로 흘러간다는 것을 발견했다. 반대 의견을 내놓은 대법관들의 바람이 무색하게 배심원단에서 격렬한 의견 충돌은 찾아볼 수 없었다.[44] 악마의 변호인은 정중하고 학술적인 대화를 가능케 하는 하나의 장치일까? 아니면, 진정 반대 의견이 지닌 효과를 발휘하면서 집단 내부의 조화라는 이점까지 갖추고 있는 걸까? 몇 년간 의구심을 갖고 있던 나는 이 주제에 관심을 갖고 있던 버클리 대학원생 세 명과 첫 연구를 시작했다.[45]

아주 단순한 연구였다. 실험에서는 네 명의 구성원이 한 집단을 이뤘다. 첫 번째 실험 조건에서는 반대 의견이 없었다. 두 번째 조건에서는 진정성 있는 반대 의견이 있었다. 세 번째에서는 악마의 변호인이라는 '반대 의견'이 있었다. 집단 내 토론과 의사소통의 일관성을 유지하기 위해 우리는 네 참가자들을 각각 테이블에 앉히고 파티션으로 가렸다. 이들은 컴퓨터로 의사소통을 나눴다. 이들은 서로의 존재를 알았으나 직접적인 언어적, 비언어적 소통은 할 수 없었다. 모든 커뮤니케이션은 컴퓨터로만 가능했고, 이 컴퓨터는 우리가 직접 통제할 수 있었다.

참가자들은 상해 사건을 '숙의했고', 의료비용과 휴업손해금이 이미 지급된 이후 피해자의 '신체적 정신적 피해'에 대한 보상 액수에 대해 정했다. 총 여덟 가지의 선택지 가운데 하나를 골라야 했고, 보상금액 구간은 7만 5,000달러씩 차이가 났다. 가장 적은 금액이 1달러에서 7만 5,000달러, 그 이후 7만 5,000달러에서 15만 달러로 증가해 여덟 번째 구간은 '52만 5,000달러 이상'이었다. 참가자들은 각자의 의견을 컴퓨터에 입력했다. 사전 테스트 결과를 바탕으로, 우리는 참가자들이 낮은 보상금을 고르리라 생각했다. 실제로 참가자들은 우리의 예상대로 행동했다. 모든 참가자들이 첫 번째 혹은 두 번째 구간을 선택하며 모두 15만 달러 이하의 금액으로 의견을 모았다.

참가자들은 다른 참가자들의 의견을 확인할 수 있었지만, 사실 이는 사전에 조작되었다. 각 참가자들은 첫 번째 투표에서 자신을 제외한 세 명 중 두 명이 자신과 같이 낮은 금액을 선택했다는 것을 확인했다. 단, 각 조건에 따라 마지막 세 번째 사람, 참가자 B 역시 같은 의견일 때도 있었고 (집단 내 반대 의견이 없는 상황), 세 명과는 달리 높은 보상금액을 선택한 경우도 (반대자의 출현) 있었다. 그러나 여기서 '반대 의견'은 '진정성' 있는, 다시 말해 참가자 B의 실제 의견일 경우도 있었고, 우리가 악마의 변호인 역할을 사전에 부탁한 경우도 있었다. 어찌 되었든 반대 의견이 존재한다는 상황은 동일했다.

숙의를 마친 후 각 참가자들은 사건에 대한 자신의 생각을 시간 순으로 정리해 적었다. 개인의 사고가 어떻게 변하는지 파악하기에 굉장히 유용한 방법[46]이었다. 생각의 양적 측면은 물론 이 생각이 '내부적'(참가자 개인의 내면에서 발현) 혹은 '외부적'(다른 사람의 의견 모방이나 사건의 특징)인 영향을 받았는지가 드러난다. 또한 사고의 방향도 파악할 수 있다. 참가자의 사고는 개인의 입장을 옹호하는 쪽으로 흘러갔는가, 사건의 모든 면을 두루 고려한 결과물인가?

일반적으로 진정성 있는 반대 의견을 경험한 참가자들은 다른 사람의 의견을 모방하거나 사건 정보에 영향을 받기보다는 자신의 내부적 생각을 가장 많이 드러냈다. 이들은 스스로 사고하고 있었다는 의미다. 더욱 중요한 대목은 사고 방향이었다. 진정성 있는 반대 의견과 맞닥뜨린 참가자들은 상해사고에 대한 찬반 모두의 입장을 고려하고 있었다. 한편, 악마의 변호인을 경험한 이들은 그렇지 않은 모습을 보였다. 이들은 진정성 있는 반대 의견을 경험한 참가자들에 비해 자신의 관점으로만 상황을 바라보고 있었다. 악마의 변호인은 양측 의견 모두를 고려하는 사고를 자극하는 대신, 참가자 개인의 원래 입장을 변호하는 쪽으로 사고하게 만들었다. 악마의 변호인 제도를 지지하는 사람들이 예상했거나 바랐던 결과는 아니었다.

악마의 변호인의 본래 취지는 사람들이 자신이 선호하는 의견의 긍정적인 측면 외에도 부정적인 측면도 고려하도록 만들자는 것이다. 그러나 오히려 그 반대 결과를 이끄는 것으로 나타났다. 악마의 변호인과 같은 집단이었던 참가자들은 자신들의 의견이 옳다는 것을 다른 사람에게 설득하려는 모습을 보였다. 이와 대조적으로, 진정성 있는 반대 의견은 한 가지 입장에 대한 찬반 모두를 균형적으로 바라보도록 유도했다.

버클리대학교에서 열린 '지식과 기업경영Knowledge and the Firm' 콘퍼런스에서 처음 이 연구 결과를 발표했을 때 하버드 경영대학원 교수 도로시 레너드Dorothy Leonard는 몇 년간 경영자 교육 프로그램에서 악마의 변호인 기법을 강조했다고 내게 고백했다. 그는 우리의 연구 결과를 받아들였고, 곧장 자신의 수업과 저서에 반영했다. 우리의 연구 결과를 통해 악마의 변호인이 의도와는 다르게 부정적인 영향을 끼친다는 것이 드러났고, 따라서 이 제도에 신중하게 접근해야 할 필요가 있음을 시사했다.[47] 다행스럽게도 현재 여러 경영대학원의 경영자 교육 프로그램에서는 반대 의견을 표방하는 역할연기 제도를 건전하고도 비판적인 시각으로 바라보는 움직임이 일고 있다.

두 번째 연구는 한 걸음 더 나아갔다.[48] 우리는 단순히 개인의 사고뿐 아니라 실제적 문제 해결 능력에서 진정성 있는 반대 의견과 악마의 변호인이 어떻게 다른지 비교해보기로 했다. 뿐만 아니라, 악마의 변호인 제도를 조금 더 심도 있게 파고들고 싶었다. 예를 들어 악마의 변호인 역할을 하는 사람의 본래 의견이 드러나는 것이 중요한 변수가 될까? 악마의 변호인이 본래 갖고 있던 의견과 악마의 변호인으로서 지지해야 할 의견이 일치하는 것이 중요할까? 우리는 악마의 변호인 역할을 맡은 사람의 실제 의견이 악마인 변호인으로서 지켜야 할 의견과 같을 때, 과연 진정성 있는 반대 의견과 같은 영향력을 지니게 될지 상당히 궁금해졌다. 아마 같은 효과를 낼 것이라 예상한 사람이 많을 것이다. 그러나 결과는 달랐다.

우리는 세 종류의 악마의 변호인과 진정성 있는 반대 의견을 비교하는 연구를 진행했다. 첫 번째는 악마의 변호인을 맡은 사람의 실제 의견을 아무도 모르는 상황이었다. 두 번째는 실험 진행자가 그의 실제 의견과 반대되는 의견으로 악마의 변호인 역할을 해달라고 요청했다. 다시 말해, 악마의 변호인을 맡은 사람은 실제로 다수의 생각과 비슷한 의견을 갖고 있었지만, 반대 의견을 지지하는 것처럼 역할 연기를 했다. 세 번째는 악마의 변호인에게 주어진 의견과 그의 실제 의견이 일치했다. 실제 자신의 의견임에도 악마의 대변인으로서 그 의견을 지지하는 것처럼 행동하기 시작했다.

세 번째 상황, 즉 악마의 변호인이 내세운 의견이 자신의 실제 입장과 일치하는 상황과, 진정성 있는 반대 의견을 지닌 한 사람으로서 자신의 의견을 피력한 상황을 대조한 것이 가장 흥미로웠다. 두 상황 모두 그는 처음부터 자신의 의견을 주장하고 있었고, 참가자들도 그 사실을 알고 있었다. 이미 준비된 대본이 있었기 때문에 주장은 두 상황 모두 완벽히 일치했다. 한 가지 차이점이라면 악마의 변호인 역할을 주문받았는가 하는 사실이었다.

네 명이 한 그룹으로 구성된 여러 집단이 총 여덟 차례에 걸쳐 기업 경영 문제를 토론했다. 모든 참가자들은 컴퓨터 스크린 상으로 서로의 의견을 확인할 수 있었다. '진정성 있는 반대 의견'이 포함된 상황과 세 종류의 악마의 변호인이 포함된 상황 모두 반대자는 실험 공모자로서 미리 주어진 대본을 화면 상에 입력했다. 어떤 상황에서도 대본은 같았다. 숙의 후 참가자들에게 해당 경영 관리 문제에 대해 가능한 많은 솔루션을 제공해달라 요청했다. 그리고 참가자들이 제출한 솔루션의 양적, 질적 데이터를 암호화했다.

결과는 여러 의미에서 충격적이었다. 거의 모든 사람들이 악마의 변호인 유형에 따라 상당한 차이가 있을 거라 예상했다. 대부분의 사람들이 악마의 변호인을 맡은 사람의 실제 의견을 구성원들이 아느냐 모르느냐, 그 사람의 실제 의견이 악마의 변호인 역할과 일치하느냐에 따라 결과가 달라지리라 믿었다.

결과는 아무런 차이도 없었다. 세 가지 유형의 악마의 변호인 상황 모두 참가자들이 제시한 솔루션의 질적, 양적인 측면에서 대단한 차이를 발견할 수 없었다. 참가자들이 양적으로 많은 솔루션을 도출한 상황은 진정성 있는 반대 의견이 있는 조건이 유일했다. 뿐만 아니라 솔루션의 질과 양을 모두 종합해 평가한 결과, 진정성 있는 반대 의견을 경험한 참가자들의 솔루션이 훨씬 창의적이었다. 악마의 변호인이 실제로 자신의 의견을 주장했고, 참가자들 모두 그 사실을 알고 있었음에도 단연 진정성 있는 반대 의견의 승리였다. 두 상황 모두 같은 의견을 지지했고, 자신의 의견을 뒷받침하기 위해 같은 주장을 펼쳤다는 점을 명심해야 한다. 진정성 있는 반대 의견과 유사한 상황이었음에도, 누군가에게 악마의 변호인 역할을 맡겼다는 사실만으로 사람들은 창의적 문제 해결이라는 능력을 잃었다.

우리는 연구 결과를 살피며 악마의 변호인 제도에 내재된 문제를 몇 가지 발견했다. 역할 연기는 진정한 반대 의견이 지닌 용기와 신념이 결여되어 있었다. 누군가 특정 역할을 맡을 경우, 우리는 그가 주장하는 것과 그가 실제로 믿고 있는 것의 연관성을 파악할 수 없다. 본인이 믿는 바대로 일관성 있게 주장해도 우리는 그가 연기하고 있다는 사실을 알고 있다. 그리고 그가 하나의 역할을 수행한다는 것을 아는 이상, 그를 받아들이는 방식도, 상호작용도 달라진다. 결국 우리는 역할을 수행하는 사람을 설득할 수 없다는 것을 알고 있다.

이유를 불문하고, 진정성 있는 반대 의견과는 달리 악마의 변호인은 올바른 의사결정이나 창의적 문제 해결을 가능케 하는 사고를 촉진시키지 못한다. 다시금 반대 의견을 진정성 있게 표현하는 것이 중요하다는 것을 깨닫게 되는 지점이다. 확산적 사고와 창의력을 자극하는 힘과 능력은 역할 연기나 '작위적' 장치로 만들어낼 수 없다.

이러한 결론을 납득한 연구자들도 있었지만, 악마의 변호인이 심화된 주장을 펼친다면 효과를 극대화할 수 있다고 판단한 연구자도 있었다. 예컨대, 캐스 선스타인Cass Sunstein과 리드 헤이스티Reid Hastie가 제시한 여러 해결책 가운데 악마의 변호인을 확장한[49] '레드 팀red teaming'은 본래 팀을 상대로 싸워 이기는 형식으로 전개된다. 이외에도 반대 의견의 속성을 복제해 다양한 형태로 발전시킨 역할 연기 기법이 있으나, 당연히 진정성이라는 요소가 결여되어 있다.

실제로 자신의 의견에 대한 신념을 지니고, 자신의 신념을 밝힐 용기가 있는 반대자가 지속적으로 반대 의견을 개진해나갈 때, 우리는 어쩌면 자신이 틀렸을 수도 있다는 가능성과 마주하게 된다. 이때 우리는 정보와 쟁점의 복잡성에 대해 살펴보기 시작한다. 처음 자신의 입장을 정할 때처럼 다시금 정보를 구하고, 대안을 고려하기 시작한다. 쟁점의 모든 면을 살펴본다. 긍정적 측면뿐 아니라 부정적인 측면도 생각한다. 다양한 가능성을 고려한다. 사람들과 잡담을 나누거나, 호감을 얻어 친구를 사귀거나, 지적 게임을 하는 것이 아니라 실제로 사고하게 된다. 작위적인 반대 의견은 이런 사고를 촉진시키지 못한다. 외려 앞서 살펴본 연구에 따르면 '작위적인' 반대 의견은 내 의견의 단점에 대해 떠올리게 하는 사고를 자극하는 것이 아니라, 내 기존 입장을 고수하는 방향으로 사고를 이끈다.

사회 심리학자로서 한 가지 깨달은 사실은 누구나 자신의 합리성과 독립성에 대해 편향되고 과장된 믿음을 갖고 있다는 점이다. 우리는 우리 자신이 정보를 공정하고, 합리적으로 분석한다고 믿는다. 보통 우리는 상대적으로 덜 편향된 사고를 하고, 선의를 바탕으로 한 지식은 진실과 가깝다고 믿는다. 그러나 사실, 다른 사람들과 마찬가지로 당신 역시 제한적으로 정보를 선택하고 대안을 고려한다. 스스로가 얼마나 불완전한 존재인지, 얼마나 자주 실수를 저지르는지 깨닫게 될 것이다. 훈련과 교육이 도움이 될 수도 있지만, 이것들만으로는 충분하지 않다. 배움과 선의는 편향된 사고와 그릇된 판단을 해결해줄 수 없다. 당신과 진정 다른 의견을 갖고 있는 누군가에게서 신념과 사고방식이 정면으로 도전받을 때, 편향된 사고에서 벗어나 올바른 선택을 내릴 수 있다.

몇몇 기업은 진정한 반대 의견의 중요성을 인지하고, 의사결정 과정에서 반대 의견과 마주하는 제도를 만들기도 했다. 탄생한

지 얼마 되지 않은 헤지펀드 기업인 핀치우드 캐피탈Finchwood Capital
이 바로 그렇다. 기업의 창립자 앤커 루트라Ankur Luthra와 수석 애널
리스트인 브렌단 네메스Brendan Nemeth를 인터뷰할 기회가 있었다.[50]
이들은 기업의 의사결정 과정에 대해 무척 신중하게 생각하고 있
었다.

좋은 아이디어를 지닌, 영리한 개개인의 관점으로 사고하는
기업이 많다. 한편, 루트라와 네메스는 과정의 중요성에 대
해 깨닫고, 편견을 없애는 것이 특히 중요하다고 생각했다.
이들은 과정을 신중하게 설계해 지속 가능하게 만들었다. 공
학 분야의 이력을 지닌 루트라는 데이터에 기반한 프로세스
를 세우고자 했다.
기업의 아이디어 창출 과정을 살펴보자. 핀치우드 캐피탈은
인터넷 보안 등 섹터 하나를 집중적으로 분석하는 날을 정
하고, 해당 분야의 승자와 패자가 될 기업이 어느 곳인지 토
론한다. 주식 자본은 물론 투자 공간을 조사한 후 투자 제안
자는 긍정적인 가능성을 시사하는 임의 제안서를 작성한다.
이 책의 주제로 봤을 때 유독 흥미롭게 다가오는 부분은 제
안자가 자신의 의견에 대한 부정적 측면도 공식적으로 밝힌
다는 점이다. 그는 '프리 모르템Pre Mortem(사전 부검-옮긴이)'
에서 투자의 위험성을 설명한다. 기업이 투자를 통해 손실을

입을 수 있는 가능성에 대해 밝히는 자리다. 단, 프리 모르템은 시작일 뿐이다. 다음 단계로 임의 제안서를 읽은 동료들과 함께 투자해야 하는 이유를 설명한다. 그 이후에야 논의 중인 기업에 대해 더욱 자세히 조사해볼 것인지 결정한다.

심도 있는 분석 단계에서는 투자 제안서와 반대 의견서, 이렇게 두 가지 중요한 문서가 오간다. 반대 의견서는 투자로 발생할 수 있는 위험성에 대해 심층적으로 검토한 문서다. 투자에 반대하는 입장의 관점에서 작성한다. 예컨대, 핀치우드 캐피탈이 XYZ의 주식을 매수해[51] 수익을 노린다면 (롱 포지션long position), 반대 의견서에서는 '공매도short'를 해야 한다고 주장하는 식이다. 단순한 두뇌 게임이 아니다. 진정성 있는 반대 의견에 가까운 제도다. 여기서 투자 제안자는 반대자의 역할도 수행해야 한다. 신중하고도 설득력 있게 투자에 반대하는 의견서를 작성해야 하기 때문이다. 반대 의견서는 투자로 인한 기업의 손실을 30분쯤 생각한 후 한 페이지도 안 되는 글로 간단하게 작성하거나, 단 몇 가지 핵심 내용만 적는 게 아니라, 다른 사람들이 읽고 함께 논의를 나눌 수 있도록 8~9쪽 분량의 밀도 있는 보고서여야 한다. 논증과 토론이 활성화될 수밖에 없는 환경이다.

반대 의견서와 이후 이어지는 토론은 핀치우드 캐피탈의 성공에서 상당히 중요한 역할을 해왔다. 한편, 기업의 의사결정 과정이 특별한 이유는 반대 의견과 대결 구도를 형성하는 것이 확산적 사고로 이어졌다는 몇 가지 증거를 제시하고 있기 때문이다. 루트라와 네메스가 들려준 한 예를 들자면, 이들은 한 소프트웨어 기업에 투자를 고려하고 있었다. 이 기업을 ABC라고 칭하겠다. ABC 기업은 상당히 효율적인 세일즈 마케팅 모델로 매출이 빠르게 증가하고 있었다. 루트라와 네메스 모두 투자에 상당히 긍정적이었지만 정해진 프로세스에 따라 반대 의견서를 제출해야 했다. 이들은 기업에 투자하고 싶다는 본래의 의견에 반대되는 주장을 펼치기 시작했다. 이들이 주장한 반대 의견에는 지난 몇 년간 실패를 거듭해온 ABC 기업의 경쟁사에서 반등의 조짐이 보이고, 특히 마이크로소프트Microsoft가 신제품으로 시장을 점령할 것이라는 추측이 포함되어 있었다.

루트라와 네메스는 ABC 기업 실사를 했던 터라 큰 고민 없이 기업의 주식을 매수했다. 이들은 마이크로소프트의 제품을 포함해 경쟁사의 제품을 다운로드에 사용한 후 ABC 기업의 제품이 월등하다는 확신을 이미 가진 후였다. 투자하기에 충분한 조건이었다. 한편, 반대 의견서 작성은 시장의 앞날과 다른 가능성에 대해 고려하는 기회가 되어주었다. 반대 의견서라는 하나의 이정표를 갖고 있는 이들은 경쟁사의 상황을 주기적으로 살피고, 특히나 마이크로소프트의 새로운 발표에 촉각을 기울이기로 했다. 두 사람은 앞으로 벌어질 상황에 따라 발 빠르게 대처할 준비를 마쳤다.

마이크로소프트는 얼마 후 경쟁 제품을 업그레이드해 시장에 선보였고, 반대 의견서를 통해 미리 다양한 가능성을 생각해두었던 핀치우드 캐피탈 측은 곧장 신경을 곤두세웠다. 이들은 마이크로소프트의 새 제품을 다운로드해 면밀하게 조사했고, 이내 다른 투자자들은 발견하지 못한 무언가를 발견했다. 두 사람은 한층 향상된 신제품을 두고 철저히 토론한 후, 투자 위험이 커졌다는 결론에 이르렀다. 그 즉시 ABC 기업의 주식을 매각해 심각한 손실을 피할 수 있었다. 다른 투자자들은 경쟁사가 ABC 기업을 이미 따라잡았다는 현실을 뒤늦게 깨닫기 시작했다. 한편, 반대 의견을 글로 쓰고 논의하며 몇 가지 이정표를 갖고 있었던 핀치우드 캐피탈은 다른 투자자들에 비해 유리한 입장이었다. 기업의 프로세스가 진정성 있는 반대 의견과 완벽히 일치하지는 않지만, 그것에 무척 가까운 사고 과정을 이끌어내는 것은 분명했다.

로마 교황청마저도 악마의 변호인이라는 제도를 없애고 반대 의견을 수용하기 시작하며 역사적으로 큰 변화를 맞이했다. 1983년, 교황청은 시성 절차를 간소화하는 과정에서 악마의 변호인이라는 관례를 없앴다. 반대 입장을 표명할 창구가 사라졌다는 우려의 시선도 있었다. 그러나 교황청은 콜카타의 사랑의 선교 수녀회^{Missionaries of Charity} 소속 마더 테레사^{Mother Teresa} 수녀의 성인 추대를 앞두고, 기존 제도에 약간의 변화를 더해 냉혹한 비평가에게 진정성 있는 반대 의견을 요청했다. 세계적인 추앙을 받던 마더 테레사는 인도의 극빈층을 돌보고, 에이즈와 한센병으로 죽어가는 이들을 위해 봉사하는 삶으로 많은 이들의 존경을 받았다.[52]

교황청의 부름을 받은 냉혹한 비평가는 바로 작가이자 종교, 문학, 사회 비평가인 크리스토퍼 히친스^{Christopher Hitchens}였다.[53] 거침없는 평론 스타일로 유명한 그는 앞서 마더 테레사를 강력하게 비판했고,[54] 심지어 사기꾼이라고 칭한 이력이 있었다. 성인 추대에 앞서 마더 테레사에 대한 반대 의견을 제시해줄 것을 요청받은 그는 굉장히 자극적인 글들로 자신의 소임을 다했다. 히친스의 주장 가운데 하나는 마더 테레사가 사람들을 가톨릭으로 개종시키고 싶어 했으며, 그에게는 이런 행동이 결코 성스러워 보이지 않는다는 것이었다. 교황청은 훌륭하게도 악마의 변호인 제도를 없애고 진심으로 다른 입장을 내세우는 진정한 반대자의 의견을 청했다. 실제로 그의 의견에 귀를 기울이기까지 했다. 결과적으로 교황청에서는 "히친스의 주장은 논점을 벗어났다"[55]고 결론지었다. 그러나 나는 히친스의 비평이 마더 테레사의 성인 추대 과정에서 벌어진 상황을 더욱 면밀하게 조사하고, 현명한 의사결정을 하는 데 자극제가 되었을 거라고 믿는다.

나가며

'반대를 위한 반대'가 없는
세상을 꿈꾸며

이 책에서 근본적으로 주장하고 있는 메시지는 두 가지다. 효율을 높이고, 사기와 연대감을 키우는 합의는 종종 우리를 나쁜 결정에 이르게 한다. 우리를 언짢게 만드는 반대 의견은 우리 자신의 입장을 재평가하고, 나은 결정으로 이끄는 원동력이 되기도 한다. 반대 의견은 다양한 가능성을 고려하게 하고 창의적인 해결책을 떠올리게 한다. 반대 의견은 우리를 해방시킨다.

그렇다면 우리는 도대체 왜 반대 의견에 처벌을 가하는 것일까? 대부분의 사람들은 스스로 다른 입장에 관대하다고 생각한다. 몇몇은 자신의 의견에 누군가 이의 제기하는 것을 반긴다고 말한다. 그러나 실상, 대부분의 사람들이 자신과 반대 입장을 주장하는 사람을 싫어하고, 그 사람의 '오류'를 찾는 데 혈안이 되어 있다. 우리는 그 사람을 부정적으로 생각한다. 우리의 시간을 빼앗고, 목표를 성취하는 길을 가로막는 문제아로 치부한다. 우리는 기꺼이 그 반대자를 처벌하고 싶어 하고, 보통 그 처벌이란 조롱과 거부라는 형태로 나타난다.

우리는 항상 "마찰을 피하고 좋게 지내야 한다"는 이야기를 듣는다. '배제'되기보다는 '소속'되고 싶어 하는 대다수 사람들에게 매우 효과적인 조언이다. 우리는 인정과 존중을 원하고, 만약 다수에 맞선다면 '반감'을 사게 되리란 것을 잘 안다. 때문에 우리는 침묵한다. 우리 스스로 자신의 진정한 의견을 깨우치지 않기로 결정한 바, 왜 고개를 끄덕이는지도 모른 채 사람들을 따라 동의의 제스처를 취한다. 여기에도 대가는 따른다.

이 책은 반대 의견에 박수를 보낸다. 반대 의견이 진실하기 때문이 아니라, 우리의 사고체계에 주는 영향력을 높이 사기 때문이다. 반대 의견에 가로막힐 때 우리는 개인으로서, 집단으로서 섣불리 판단하는 오류를 범하지 않을 수 있다. 어떤 의견의 긍정적인 면, 그리고 부정적인 면을 모두 고려하게 된다. 대체로 반대 의견으로 인해 우리는 더욱 올바른 의사결정을 내리고, 더욱 창의적인 해결책을 떠올릴 수 있다.

물론 반대 의견에도 어두운 이면은 있다. 반대 의견은 집단 내 갈등을 야기하고, 때때로 사기를 저하시키기도 한다. 선택지를 고려하고 분석하는 데 많은 시간을 들여야 할 때도 있다. 그러나 이 모든 단점을 상쇄할 만큼, 결과는 긍정적이다.

나가며   '반대를 위한 반대'가 없는 세상을 꿈꾸며 반대 의견이 진정성을 갖추기만 한다면, 우리의 입장을 재검토하고 더욱 광범위한 정보를 수집하는 하나의 메커니즘이 될 수 있다. 내 이목을 사로잡은 지점은 바로 반대 의견이 틀렸을 때마저도 위에 언급한 유익한 결과를 얻을 수 있다는 것이었다. 그릇된 반대 의견도 우리가 배움과 성장을 달성하고, 변화를 열린 태도로 받아들일 수 있도록 만든다.

'반대'에 대한
고정관념 없애기

반대 의견과 반대자라고 하면 삿대질을 하며 분노를 표출하는 사람을 떠올리는 경우가 많다. 구글에 '반대자dissenters'로 이미지를 검색해보길 바란다. 머리가 긴 히피나 캡틴 아메리카 오토바이(영화 〈이지 라이더Easy Rider〉에서 나온 할리 데이비슨 오토바이로 반체제를 상징한다-옮긴이) 사진이 나오기도 한다. 화난 얼굴로 심각하게 주먹을 높이 드는 사람들의 이미지를 쉽게 볼 수 있을 것이다. 기요틴으로 향하는 사람들 혹은 피투성이가 되도록 얻어맞는 사람들의 사진도 있다.

만화에 등장하는 반대자들은 유약하고 조롱받아 마땅한 캐릭터로 그려진다. 반대자를 주제로 한 만화는 회사를 배경으로 할 때가 많다. 예를 들어, 한 만화에서는 상사가[1] 회의실 상석, 커다란 의자에 앉아 있었다. 다른 세 명은 테이블을 따라 나란히 서 있었다. 상사가 이렇게 말했다. "세 사람은 다른 사람들이 생각만 하고 있는 것을 입 밖으로 꺼냈지……. 만약 다시 이런 일이 발생하면 바로 해고될 걸세."

또 다른 만화에서는 커다란 울타리에 갇힌 한 사람을 향해 동료가 이렇게 말했다. "그냥 보스의 아이디어에 동의만 했어도 이런 상황에 처하지는 않았을 텐데." 다른 만화에서는 ("백 송이 꽃이 피어나게 하라"는 마오쩌둥의 말과 비슷한 맥락에서) (마오쩌둥은 '백화제방'이라는 춘추전국시대의 말을 인용해 지식인들과 예술가들에게 정부를 자유롭게 비판하라고 했지만 이후 이를 빌미로 공산당과 자신에게 불만을 표현한 사람들을 척결했다-옮긴이) 한 상사가 이렇게 말한다. "나는 반대 의견을 장려한다.[2] 그래야 내게 반기를 드는 사람이 누군지 찾아내서 없앨 수 있으니까."

반대자를 사회의 '아웃사이더'로 표현하고, 반대 입장을 취할 경우 치러야 할 대가가 무엇인지 보여주는 사진이 대부분이었다. 단 몇 개의 사진에만 애국심이 높다거나, 용감하다는 코멘트가 있었다. 수백 명이 손을 위로 뻗은 와중에 단 한 사람만이 팔짱을 끼고 있는 사진도 찾을 수 있었다. 그 사진에는 "제3제국The Third Reich(히틀러가 통치하던 독일제국-옮긴이) 당시 단 한 명의 반대자가[3] 목숨을 걸고 히틀러에게 나치 경례를 거부하고 있다"라는 설명이

달려 있었다. 이 사진을 본 후 가장 먼저 든 생각이 있었다. '과연 이 남성에게 어떤 일이 벌어졌을까?'

반대자는 분노가 아닌 신념을 보여야 한다

반대자들의 사진에서 드러나는 이미지와는 달리 이 책에서 다룬 연구는 분노에 관한 것이 아니다. 다수의 관점에 이의를 제기하는 개인 혹은 소수의 의지에 대한 연구다. 반대자가 사람들의 분노를 살수는 있겠지만, 반대자가 표출하는 것은 결코 분노가 아니다. 이들은 다만 자신의 의견과 관점을 표현하는 것뿐이다. 그 의견을 효과적으로 전달하기 위해서는 지속적이고 일관된 입장을 고수해야 하고, 분노가 아닌 신념을 보여야 한다. 〈12명의 성난 사람들〉에서 헨리 포드는 결코 소리를 지르거나, 삿대질하는 모습을 보이지 않았다. 그는 오랜 시간 침착하고 일관된 모습으로 자신의 입장을 설명했다.

다양한 배경이 아닌 다양한 의견이 필요하다

집단이 인구학적 다양성을 갖춰야 하는 이유야 많지만, 그래야 의사결정 능력이 향상된다는 믿음은 이유가 될 수 없다. 중요한 것은 다양한 구성원이 과연 다양한 시각을 불러들이고, 다양한 의견을 표출하느냐다. 일반적으로 볼 때는 관련 지식과 경험이 있는 구성원을 찾는 것이 좋겠지만, 앞으로 닥칠 문제를 다른 관점에서 바라볼 수 있는 사람, 즉 반대 의견을 주장할 가능성이 있는 사람 역시 집단에 중요한 역할을 한다. 이 책에서 말하고자 하는 논지는 인구학적 다양성으로 인해 발생할 수도 있는 잠재적인 의견 차이가 아니다. 인구학적 분포와 관계없이, 구성원 간의 진정한 의견 차이가 표출되어야 한다는 것이 이 책의 메시지다. 그래야 집단이 여러 대안을 심도 있게 고려하고, 창의적인 선택지를 떠올릴 수 있다.

우리가 침묵을 지켜야 하는 수많은 이유에도 불구하고 자신의 의견을 당당히 밝히는 상황을 한번 상상해보자. 집단이 우리의 영향력을 제한하는 방향으로 운영될 거란 예상을 해야 한다. 집단은 우리가 제공할 유일한 정보나 의견이 아닌, 공통적으로 공유한 정보나 의견에 대해 논의할 것이다. 집단이 선호하는 입장을 더욱 강화하는 주장만을 펼칠 것이다. 그러나 반대 의견이 있을 때 집단은 더욱 극단적으로 향하거나, 섣부른 합의에 도달하는 상황을 피할 수 있다.

언쟁과 논쟁은 다르다

언쟁argue과 논쟁debate에는 미묘한 차이가 있다.《메리엄-웹스터 사전》에서 '언쟁'을 다양하게 정의한 점이 흥미롭다. 내가 짚어내고 싶던 부분이 담겨 있는 정의였다. 그 중 하나는 '무언가를 지지하는 혹은 반대하는 이유를 들다'라는 정의다. 또 다른 설명은 '말다툼으로 타인의 의견에 반대하거나 싸운다'다.《로제 유어 분류 사전》에서는 '언쟁'의 동의어로 '의견이 다르다disagree', '다툼을 벌이다feud', '대결하다face off', '거칠게 자신의 의견을 말하거나 행동하다sock it to'가 소개되어 있다. 언쟁 중인 사람들의 이미지를 살펴보면, 고개를 상대방 쪽으로 가까이 들이밀고 (동시에) 소리치듯 입을 벌린 채로, 삿대질하는 모습이 나온다. 이때 한 사람이 손으로 자신의 귀를 막고 있는 그림도 있다. 그림 속 등장인물은 상대방의 이야기를 듣고 있지 않다.

뉴스 프로그램에서 사람들이 논쟁이라며 각자 말하는 모습도 별반 다르지 않다. 게스트들은 서로 다른 입장만을 주장하고, 서로 다른 정당을 지지한다. 이들은 동시에 입을 열고, 상대방의 말을 가로채며, 상대방이 어떤 말을 할지 예상하고 미리 반박한다. 이들은 서로 다른 관점에 대해 논의하는 것이 아니라 언쟁을 벌이고 있는 것이다.

사전적 정의와 다른 이미지들은 단어의 모호함만 가중시킨다. 반대 의견 역시 본래의 뜻과 무척 다른 이미지를 떠올리게 한다. 반대 의견이라 하면, 사람들은 즉각 자기중심적으로 사고하는 사람이 언쟁을 위한 언쟁을 하는 모습을 머릿속에 떠올린다. 사람들은 반대 의견을 다툼이나 걸림돌로 여긴다. 이 책에서 우리는 반대 의견의 새로운 이미지를 제공하고자 했다. 바로, 용기와 신념을 지닌 사람, 밀도 있는 토론, 활력 넘치고 정직한 논쟁이다.

교묘한 눈속임에서 벗어나 확산적으로 사고하라

반대 의견의 가치는 합의 혹은 다수의 의견에 저항하는 데 있다. 반대 의견으로 우리는 스스로 생각할 자유를 얻는다. 반대 의견은 우리가 폭넓은 정보와 가능성을 고려하고, 새롭게 생각할 수 있게 자극한다. 또한 확산적 사고를 자극한다.

좋은 의사결정을 가능케 하는 확산적 사고의 가치를 인정하는 사람도, 반대 의견의 가치를 드러내는 연구 결과를 받아들이는 사람도 많다. 그러나 이들은 입증된 반대 의견의 가치를 진정으로 인정한다기보다는, 집단 내 반대 입장을 포함시킬 하나의 명분으로 곡해한다. 반대하는 입장에 대한 신념이 전혀 없음에도 언쟁 그 자체로도 의미가 있다고 생각한다. 때문에 역할 연기나 두뇌 게임으로 확산적 사고를 얻을 수 있을 거라고 믿는다. 앞서 확인했듯이 역할 연기는 진정한 반대 의견이 지닌 생각을 자극하는 효과를 갖고 있지 않다.

사람들이 악마의 변호인과 같은 제도를 극찬하는 데에는 또 다른 이유가 있다. 근본적으로 사람들은 집단에 응집력과 화합이 있길 바라기 때문이다. 지난 100년간 가장 저명한 구루로 손꼽히는 사람이 남긴 유산은 우리가 "서로 잘 지내야" 한다는 것, 타인의 마음을 움직이기 위해서는 친구가 되어야 한다는 가르침이었다. 실로, 데일 카네기Dale Carnegie는 《인간관계론How to Win Friends and Influence People》이라는 제목의 책을 남기기도 했다. 이 책은 출간된 지 80년이 지났음에도 1,500만 부 이상 판매되며 여전히 많은 사람의 사랑을 받고 있다. 책에 이런 글귀가 나온다. "상대방을 움직이기 위해서는 상대방이 원하는 것을 주는 것 외에는 다른 방법이 없다."[4] 세일즈 관점에서 보자면 맞는 말이다. 카네기가 세일즈맨이었다는 점을 명심해야 한다. 그것도 아주 뛰어난 세일즈맨이었다. 대중연설을 통해 상대가 누구든 비누, 베이컨, 강좌도 팔 수 있는 사람이었다. 그가 남긴 또 다른 가르침은 바로, "친절하게 대하고 비난하지 말라"였다.

지금까지도 큰 성공을 거두고 있는 카네기의 저서가 우리가 서로 조화를 이루지 못하고, 누군가의 호감을 얻지 못한다면 어떤 것도 뜻대로 이룰 수 없다고 사람들이 믿게 하는 데 일조했다고 생각한다. 이러한 신념은 대중적인 생각뿐 아니라 연구 전제로도 깊이 뿌리내렸다. 화합과 호감, 조화를 잃지 않으면서도 확산적 사고를 자극하는 방법을 찾고 싶은 우리의 열망도 카네기의 가르침에서 기인한 것이라고 생각한다. 악마의 변호인 제도가 이러한 열망을 충족시키는 듯 보이지만, 사실 지적인 언쟁을 작위적으로 꾸며낸 것에 지나지 않는다.

대다수 연구에서 그 어떤 저항도 없는 상황과 비교해 이런 작위적인 제도들이 얼마간의 가치가 있음을 증명했다.[5] 그러나 우리가 실시한 연구에서 드러났듯, 악마의 변호인에서 진정성 있는 반대 의견처럼 집단에 활기를[6] 가져오고 사고를 자극하는 영향력을 기대할 수 없다. 외려 악마의 변호인이란 제도는 우리의 바람과 상반되는 결과를 초래할 수도 있다. 처음에 정한 의견을 더욱 굳건히 하는 쪽으로 사고가 강화되는 현상도 벌어진다.

　　내가 우려하는 것이 한 가지 더 있다. 실상은 사람들이 자신의 최초 입장을 뒷받침하는 방향으로 사고하고 있음에도 모든 의견을 면면이 고려했다는 착각에 빠지는 현상이 항상 우려스러웠다. 악마의 변호인 제도를 연구하며 사람들에게서 발견한 현상이기도 하다. 어떠한 문제를 다각적으로 검토했다고 주장하지만, 사실은 자신들의 의견에 이의를 제기하는 것을 참을 수 없는 사람들이 지나친 도덕적 우월성을 자랑하는 모습을 너무 오랫동안 많이 봐왔기 때문에 걱정을 금할 수 없다.

　　쉽게 말하자면, 작위적인 반대 의견으로 둔갑한 제도들은 진정한 반대 의견과 같은 효력을 지닐 수 없다. 이런 기법들이 의도와 달리 부정적인 결과만[7] 낳을 수도 있다. 단 하나의 관점에서 상황을 바라보는 것보다 더욱 위험한 것은 모든 관점을 다각적으로 고려했다는 망상에 사로잡히는 것이다.

우리와 다른 사람에게서 얻을 수 있는 것들

이 책의 절반이 합의의 위험성을 말하고 있지만, 나머지 절반은 긍정적인 메시지를 담고 있다. 이 책을 통해 당신이 반대 의견의 힘과 가치를 깨닫길 바라는 마음이다. 때문에 영향력이 적거나 소수인 사람들에게 짜증이 나고, 이들을 그저 조용히만 시키고 싶을 때, 사실 이들에게서 배울 것이 많다는 점을 깨우치길 바란다. 특히나 우리와 다른 관점으로 생각하는 사람들, 어쩌면 우리가 친구로 가까이 하고 싶지 않은 사람들에게서 훨씬 많은 것을 배울 수 있다. 우리는 우리의 친구가, 협력자가 무슨 생각을 하는지는 이미 잘 알고 있다. 생각이 같은 사람들에 둘러싸여 있다 보면 자만하기 십상이다. 이로 인해 우리는 더욱 극단적인 방향으로 나아간다는 것이 연구를 통해 밝혀졌다. 자신과 뜻이 같은 사람들로만 집단이나 팀을 꾸린다면 올바른 의사결정을 내릴 수 없다.

　　반대 의견으로 두 가지 가치를 얻을 수 있다는 점을 명심하길 바란다. 반대 의견은 합의의 힘을 무너뜨려 우리가 더욱 독립적으로 사고하고, 우리 자신의 신념을 당당히 밝히게 만든다. 또한 반대 의견은 우리의 사고를 자극한다. 덕분에 우리는 강한 탐구심을 갖고 더욱 확산적이고 창의적으로 사고할 수 있게 된다. 반대 의견은 단순히 반대되는 의견을 표현하는 것이 아니라, 더욱 나은, 그리고 바라건대 더욱 현명한 사고를 촉발하는 자극제가 될 것이다.

진정성과 신념이 있는 반대의 영향력

반대 의견은 강력한 힘을 발휘한다. 다수의 의견에 반기를 드는 단

한 사람이 될 때 맞닥뜨려야 할 부정적인 측면만 떠올리는 사람이 많다. 불리한 것은 사실이나, 신념과 용기, 진정성을 갖춘 반대 의견이 지닌 영향력 역시 실재한다. 복잡하게 의도된 교묘한 장치가 아니다. 반대 의견의 목소리는 명확하고 분명하다.

　　최근 사회학자인 데니스 더닝$^{Denise\ Dunning}$이 세운 비영리 조직 라이즈 업$^{Rise\ Up}$의 행사에 초대되었을 때 반대 의견의 영향력을 새삼 깨달았다. 더닝은 전 세계 모든 연령대의 여성을 위해 건강과 교육, 평등의 질을 높이는 데 일조하겠다는 목표를 갖고 있다.[8] 그녀는 학교를 설립하거나 소녀들로 구성된 몇몇 소규모 단체를 지원하는 것이 아니라,[9] 어린 소녀들과 성인 여성들이 스스로의 권리를 찾고, 사회의 변화를 주도하며, 스스로와 본인이 속한 커뮤니티를 바꿔나갈 수 있는 힘을 길러주고자 노력한다. 실제로 여성의 인권에 중요한 법안을 바꾸는 쾌거를 이루기도 했다. 라이즈 업 행사에서 말라위 출신의 젊은 여성이[10] 오랫동안 지속된 문화적 전통과 영향력에 저항하는 연설을 하는 모습을 보며 나는 진정성 있는 목소리가 지닌 아름다움에 대해 다시금 깨달았다.

　　그의 이름은 메모리 반다$^{Momory\ Banda}$다. 겨우 열여덟 살밖에 되지 않은 연약한 소녀가 들려준 말은 아주 오랜만에 내게 큰 울림을 선사했다. 그의 목소리가 컸거나 아름다웠기 때문이 아니다. 그가 전해주는 메시지, 그리고 그 메시지에 담긴 진정성 때문이었다. 그의 목표는 아동 조혼이라는 풍습을 없애는 것이었다.

메모리의 여동생은 그를 각성하게 한 사례이자 그가 조혼 폐지 운동에 동참하게 된 계기였다. 고작 열 살밖에 되지 않은 어린아이들이 오랜 풍습에 따라 성교육을 위한 캠프에 입소한다. 여기서 '교육'이란 남자를 만족시키는 방법에 대해 배우는 과정이었다. '하이에나'라고 불리는 남자들은 말라위를 누비며 수많은 어린 여자아이들을 상대로 교육을 한다. 아이들 대다수가 임신하거나 에이즈에 감염된다. 메모리의 동생 머시**Mercy**가 열한 살에 임신했을 때, 그는 강제적으로 '결혼했다.' (그러나 상대는 그 하이에나가 아니었다.) 열여섯 살이 되었을 때 동생에게는 이미 세 아이가 있었다. 제대로 교육을 받지 못한 머시는 미래에 대한 희망이 전혀 없었다.

말라위 여자아이들을 위한 권익 신장 네트워크**Malawi Girls Empowerment Network**와 교류한 후, 메모리는 같은 마을에 사는 소녀들이 자신의 목소리를 낼 수 있도록 독려했다. 소녀들의 증언은 "내가 원할 때 결혼하고 싶다"는 단 한 가지 메시지를 담고 있었다. 소녀들은 앞서 누구도 내지 못했던 목소리를 내었고, 메모리로 하여금 아동 조혼이라는 관습을 더 이상 묵과할 수 없도록 했다. 메모리는 관련 법안을 통과시키기 위한 여정[11]을 시작했다. 5년 후, 그녀의 꿈은 현실이 되었다.

2015년 2월, 말라위는 15세였던 법정 결혼 연령을 18세로 조정했다.[12] 전 세계에서 아동 조혼 비율이 가장 높은 나라이자, 아홉 살의 어린 여자아이들도 강제로 결혼했던 말라위에서 상당히 큰 변화를 이끌어낸 것이었다. 라이베리아에서 큰 성공을 거두었던 캠페인도 이와 유사한 방식으로 진행되었다. 단체는 지역 족장들을 찾아다니며 왜 여자아이들에게 교육이 필요한지 설명했고, 입법자들의 관심을 효과적으로 얻는 방법을 배웠다.

메모리는 이미 문제아이자 반역자였다. 그는 정해진 대로 입소하지 않으면 마을에서 거대한 압박을 받아야 했음에도 끝까지 거부했다. 그곳에서 여자아이들은 무슨 일이든 시키는 대로 해야 했고, 고통스러운 일마저도 조용히 감당해야 했다. 그런데 메모리는 "No"라고 말했다. 당시 통용되던 규율에 의해 여동생이 희생자가 되었을 때, 메모리는 소규모 여성 운동가들에게 동참하며 적극적으로 나선 결과 법을 바꿀 수 있었다.

아동 조혼의 오랜 역사와 문화를 고려한다면 상당히 큰 승리를 거둔 셈이었다. 이들이 내세웠던 원칙은 이 책의 내용과 일맥상통한다. 소녀들은 일관성과 지속성이라는 원칙을 따랐다. 이들은 신념에 가득 차 있었다. 가족과 지역 사회의 압력에 맞섰다. 부족지도자들의 관심을 사로잡았다. 입법기관 앞에 나섰다. 이들의 목소리는 강력한 힘을 발휘했다.

자신의 신념대로 발언하라

많은 사람이 어떤 말을 해야 할지, 그리고 어떻게 전달해야 할지 끊임없이 고민한다. 상대방에게 불쾌감을 주지 않으면서도 효과적으로 전달하기 위해 고민하고, 자신에게 유리한 것과 옳은 일을 하는 것 사이에서 기회비용을 고려한다. 미국의 수정 헌법 제1조(표현의 자유를 보장-옮긴이)에도 불구하고 우리는 자유롭게 발언할 권리가 없다고 느낀다. 우리가 속한 지위나 인구학적 범주에 관계없이 누구나 느끼는 제약이다. 발언에 대한 영향력을 고려하지 않고, 자신의 신념대로 말하는 호사를 누리는 사람은 거의 없다.

진실을 말하는 것은 다른 사람에게 무례하거나 실례를 범하는 일이 아니다. 악의를 갖고 다른 사람에게 해를 끼치거나 폄하하는 행위도 아니다. 자신의 신념에 따른 입장을 밝히는 일일 뿐이다. 이 책에서 그리는 반대자의 모습이다.

우리는 반대 의견이 필요하다. 나는 개인적으로, 서로 다른 견해를 나누는 터전의 역할을 하는 대학을 사랑한다. 반대 의견은 집단에 활기를 북돋고, 문제를 명확하게 만든다. 반대 의견을 접할 때 우리는 이념적인 틀에 갇힌 삶을 벗어날 수 있게 된다. 앞서 확인했듯, 반대 의견은 우리에게 스스로 생각할 자유, 진실을 공유할 자유를 부여한다.

대학에서, 기업에서는 물론 심지어 커피숍에서 대화를 나눌 때마저도 우리는 긴장을 풀지 못한다. 솔직한 담론이 지나치게 부족한 현실이다. 솔직한 담론을 나눌 수 있는 한 가지 방법은 바로 호기심을 갖고, 나와 다른 입장의 견해도 기꺼이 수용하는 자세를 가지는 것이다. 우리가 선의를 갖고 다른 사람을 존중하는 모습을 보인다면 누군가 불쾌할 상황은 벌어지지 않는다.

서로 다른 관점을 존중하라

반대 의견, 그것도 진정성 있는 반대 의견은 우리의 사고를 자극한다는 낙관적 결론이 이 책의 핵심이다. 앞서 논의했듯, 우리는 반대 의견과 다양성을 분별해야 한다. 우리가 전달하는 메시지는 올바른 의사결정을 위해 인구학적 다양성을 갖춰야 한다는 것도, 의견의 다양성은 존재하는 것만으로 충분하다는 것도 아니다. 반대 의견은 도전이다. 서로가 경쟁하고, 진정성을 담은 의견이 표출될 때, 우리의 사고체계와 의사결정에 이로운 영향력을 끼친다.

집단이나 기업을 운영할 때, 비단 관련 지식과 경험을 갖춘 사람들뿐 아니라 상황을 다른 관점에서 바라볼 수 있는 능력을 가진 사람을 조직에 포함시키는 것이 중요하다. 집단이나 기업의 문화는 상당히 중요하다. 나는 다른 지면을 통해 혁신을 위한 기업 문화를 주제로 글을 기고한 적이 있다. 이곳에서는, 적어도 집단 내에서 구성원들이 안정감을 느껴야 반대 의견을 표현할 수 있다[13]는 정도로 짧게 말해두겠다. 만약 반대 의견이 환영받는 분위기라면 훨씬 좋다. 이런 환경이 보장된 집단은 시너지와 높은 수준의 창의력을 자랑하는 '핫 그룹hot group'이 될 수 있다.[14]

세계정세협의회World Affairs Council(독립적 기관으로 세계의 다양한 문제에 대해 논의하는 포럼-옮긴이)의 CEO인 제인 웨일스Jane Wales는[15] 중요한 원칙들을 직접 실행에 옮겼다. 웨일스는 지미 카터 Jimmy Carter 대통령 시절 미 국무부 부차관보를 지냈고, 빌 클린턴Bill Clinton 대통령의 특별보좌관을 역임한 굉장한 이력을 갖고 있다. 그와의 인터뷰 덕분에 나는 아주 오랜만에 누군가와 밀도 있는 토론을 나누는 경험을 했다.

폭넓은 경험과 세계정세에 대한 방대한 지식을 갖춘 그는 경험을 통해 얻은 통찰력을 실제 의사결정 과정에 접목했다. 그는 다양한 형태의 감정과 편견이 정책 결정에 큰 영향을 미친다는 사실을 정확하게 꿰뚫어 보고 있었고, 그로 인해 모두에게 최선이 무엇인지 사람들을 설득하는 과정이 어렵다는 것 또한 알았다. 관련 경험을 내게 설명하며 웨일스는 열린 마음으로 변화를 수용하는 것이 중요하다는 점을 언급했고, 사실 진정으로 변화를 받아들일 줄 아는 사람이 거의 없다는 것도 지적했다.

그는 1948년에 도입된 운영 모델에 변혁을 주어 세계정세협의회를 현대화하는 임무를 맡았다. CEO로서 그는 몇 가지 전략

기획 프로세스를 시행했다. 기존에는 전략 기획이란 고위급 관리직과 조직에 오래 머물렀던 이사회 구성원들이 도맡았던 업무였다. 또한 그는 신입 이사진들뿐 아니라 전 직원과 조직적으로 소통하기 시작했다. 그리고 조직 내 모든 사람들의 의견을 듣고자 했다.

극단적으로 치달을 것. 어설프게 시작하지도, 조금씩 변화하지도 말자는 것이 웨일스의 메시지였다. 세계정세협의회가 미디어 기업이었다면, 어떤 조직으로 만들 것이고, 어떤 상품을 내놓을 것이며, 그 상품을 어떻게 전달할 것인가? 우리의 목표가 커뮤니티를 형성하는 것이라면, 어떤 모습을 구상하고 있는가? 콘퍼런스를 개최한다면, 어떤 형식을 그리고 있는가?

세계정세협의회가 달라질 것이라는 메시지는 크고 명확하게 전달되었다. 하나의 팀으로 일하겠다는 뜻이었다. 변화하겠다는 의미였다. 어떤 변화든 필요하다면 기꺼이 반드시 이루겠다는 의지였다. 이사회에는 활력이 넘쳤고 모든 직원들이 한 마음으로 움직였다. 이전의 경영 모델에서는 의회의 메시지가 현장에서 가만히 앉아 듣기만 하는 수동적인 청중에게 직접 전달되는 방식이었다. 그러나 이제는 방송과 온라인 미디어를 적극 활용해 청중의 능동적인 참여를 목표로 하고 있다. 일방적인 강연보다는 사람들이 서로 교류하는 방향으로 변화시켰다. 사람들의 다양한 의견이 표출될 수 있도록 만들었다. 제인은 세계정세협의회를 새로운 아이디어가 보호받을 수 있는 환경으로 만들었다. 무엇보다 그는 새로운 아이디어를 반겼다.

건전하게 비판하라

데일 카네기는 다른 사람에게 친절하게 대하고 무엇보다 그들을 비난하지 말라는 조언을 남겼다.[16] 만약 다른 사람을 비난한다면 물건을 팔 수 없을 테니 말이다. 세일즈 측면에서는 맞는 말일지도 모르나, 올바른 결정을 내리고 창의적인 해결책을 찾고자 하는 집단에게는 해당되지 않는 조언이다. 창의력에 관해서만은 어떤 아이디어나 수용되어야 하고, 아이디어가 참신할수록 좋다는 가르침이 필요하다. 그럼에도 많은 컨설턴트들이 카네기를 인용하는 것을 보면 상당히 흥미롭다.

데일 카네기와 유사하게, 알렉스 오스본은 네 가지 브레인스토밍 원칙[17] 가운데 하나로 "다른 사람의 의견을 비판하지 말라"고 전했다. 그는 비판이 사람들의 입을 막고 창의적 아이디어가 나올 수 없게 만든다고 주장했다. 그의 생각은 직관적으로는 타당해 보이지만, 미국과 프랑스에서 진행한 연구[18]를 통해 비판의 자유는 아이디어 발상을 저해하는 것이 아니라 유도한다는 것이 밝혀졌다.

"비판하지 말라"는 원칙의 이면에는 우리가 너무도 나약하고 연약한 존재라 누군가 우리의 생각에 오류가 있다는 것을 지적하거나, 더욱 나은 아이디어를 제시하는 것을 견디지 못한다는 사실을 내포하고 있다. 비판을 금지하는 원칙에 신경 쓰다 보면 문제의 해결책을 찾을 수 있는 기회마저도 놓치게 된다. 무슨 말을 어떻게 해야 할지 걱정한다면, 마음껏 자신의 의견을 표출할 수 없다. 연구를 통해 밝혀진 사실은 토론과 비판이 브레인스토밍에 도움이 된다는 것이라는 점을 명심해야 한다.

더욱 나은
세상을 위해

이 책에서 강조하는 점은 반대 의견을 형성하라는 것이 아니라 그것을 허용하고, 진정성 있는 반대 의견을 적극 환영해야 한다는 것이다. 여러 스타트업에 속해 있는 영향력 있는 연구진과 '핫 그룹' 구성원들은 서로 다른 견해 속에서 크게 성장한다. 당신이 했던 가장 성공적인 팀 프로젝트가 무엇이었는지 생각해보면, 분명 높은 에너지와 아이디어의 경쟁, 서로의 아이디어에 살을 붙여 새로운 무언가를 만드는 흥분이 어우러졌던 프로젝트였을 것이다. 대화와 논쟁은 집단 내 활기를 불어넣는다. 우리는 무언가를 배우고 다시 검토하는 과정을 거친다.

내가 가장 우려하는 것은 반대 의견을 억제하는 현상이다. 존 스튜어트 밀의 말을 빌리자면, 반대 의견이 억압당할 때 집단과 기업은 고통에 빠진다. 반대 의견이 옳을 때라면[19] 집단은 진실을 잃는 것이고, 반대 의견이 틀릴 때라면 집단은 사고가 자극될 기회를 잃는 것이다. 합의는 우리의 생각을 비의식적이고 기계적인 자동조종 모드로 전환한다. 자신의 신념을 밝히는 것을 두려워할 때 우리는 나쁜 결정이나 비윤리적 행동을 맹목적으로 따르게 된다.

소신대로 발언할 것인가를 두고 어느 정도 계산해야 할 필요가 있기도 하다. 그러나 자신의 생각을 밝히길 두려워하는 마음이 기업에 막대한 문제를 일으키기도 한다. 2012년, JP모건에서 '영국 고래the London Whale'로 알려진 비윤리적 트레이더가 배팅을 두 배로 높여 투자한 결과, 최소 62억 달러의 손실을 입힌 사건[20]에서도 침묵의 대가가 어떤 것인지 보여주고 있다. 단 한 사람의 잘못으로 거대 투자 스캔들이 일어난 것이 아니었다. 투자 피해를 축소하기 위해 관련 장부를 따로 만들어 관리한 몇몇 트레이더들을 포함해 모든 이들이 복잡하게 얽혀 있던 것도 원인이었다. 뿐만 아니라 이미 정황을 의심하거나 알고 있었음에도 침묵을 택한 직원들도 무수히 많았다. 결국, 내부 리스크 관리 지침의 300배가 넘는 규모의 베팅이 오갔다.[21] 전형적인 집단사고 오류의 대표적 사례로 꼽히는 쿠바의 피그스만 침공 사건에서도 자신의 신념을 밝히지 않는 것이 어떠한 결과를 불러오는지 확인할 수 있다. 아서 슐레진저는 집단의 결정에 반대했지만 침묵을 택했고, 이후 그는 자신의 의견을 표현하지 않은 것을 자책했다. 이 외에도 소신을 밝히지 않는 것이 어떤 결과를 가져오는지 현실 속 여러 상황에서 쉽게 접한다. 모두가

'한마음'일 때 우리는 침묵한다. 다른 사람들의 뒤를 따르는 것이 쉽고 안전하다. '마찰을 피하고 좋게 지내는 편'이 훨씬 간단하다. 순교자가 되고 싶은 사람이 누가 있을까?

　　그러나 반대 의견이 가져오는 낙관적인 영향력 역시 우리의 삶에 실재한다. 의견의 다양성을 이끌어낼 뿐 아니라 적극 반기기까지 하는 수많은 사람들이 있고, 그 가운데 몇 명은 이 책에서 소개되기도 했다. 기업 내에서 반대 의견을 보장해줄 CEO와 매니저들이 점차 늘고 있다. 이들은 서로 다른 견해가 지닌 가치를 이해하고, 경제적으로도 긍정적인 이점이 있음을 알고 있기 때문에 반대 의견을 적극 수용하는 입장이다. 몇몇 최고의 경영인들은 스스로를 끊임없이 시험한다. 예를 들어 인튜이트의 창립자인 스콧 쿡은 항상 자신을 의심하는 태도를 유지한다. 버클리리서치그룹**Berkeley Research Group**의 CEO인 데이비드 티스**David Teece** 역시 비슷한 사고방식을 갖고 있다. 그는 도전을 두려워하지 않을 뿐 아니라, 직접 찾아다닌다. 최고의 의사는 항상 다른 전문가들의 의견을 구한다. 샌프란시스코의 의사 제이콥 존슨과 제스 도헤만은 자신이 생각하는 병명이 정확한 것인지 항상 다양한 정보를 구하며 본인의 생각을 의심하고 재고한다.

　　이 책은 우리가 다른 사람의 눈 밖에 날까봐, 혹은 다른 사람의 의견을 반박하면 그들이 불쾌해할까봐 걱정할 것이 아니라, 진정성 있는 논쟁의 중요성과 가치에 대해 깨달아야 한다고 말한다.

반대 의견이 불만과 충돌을 야기한다는 생각은 일부만 옳다. 반대 의견과 논쟁은 대화에 즐거움과 활력을 불어넣기도 한다. 무엇보다, 진실한 반대 의견과 논쟁은 우리를 그저 생각하게 할뿐더러 심도 있는 사고를 유도한다. 우리 '자신의 진정한 의견을 깨닫게' 된다. 우리는 더욱 나은 결정을 하고, 더욱 창의적인 해결책을 찾으며, 더욱 가까이 정의에 다가갈 수 있다.

철학자 에릭 호퍼Eric Hoffer의 아름답고도 간결한 문장으로 이 책을 마무리하고자 한다. "사고의 시작은 다른 사람과의 의견 충돌뿐 [22] 아니라 우리 자신과의 충돌에서 발생한다."

주석

IN DEFENSE OF TROUBLEMAKERS

들어가며

1 National Transportation Safety Board (NTSB), "Aircraft Accident Report: United Air Lines, Inc., McDonnell-Douglas DC-8-61, N8082U, Portland, Oregon, December 28, 1978," NTSB-AAR-79-7 (Washington, DC: NTSB, June 7, 1979), www.ntsb.gov/investigations/AccidentReports/Reports/AAR7907.pdf.

2 ibid., 23.

3 James A. Easterbrook, "The Effect of Emotion on Cue Utilization and the Organization of Behavior," ⟨Psychological Review⟩ 66, no. 3 (1959): 183-201. See generally Jonathan Fawcett, Evan Risko, and Alan Kingstone, eds., ⟪The Handbook of Attention⟫ (Cambridge,MA: MIT Press, 2015).

4 NTSB, "Aircraft Accident Report," 6.

5 ibid., 7.

6 ibid.

7   ibid.

8   ibid.

9   ibid., 9.

10   ibid.

11   Charlan Jeanne Nemeth and Joel Wachtler, "Creative Problem Solving as a Result of Majority vs. Minority Influence," 〈European Journal of Social Psychology〉 13, no. 1 (1983): 45-55.

12   Dacher Keltner, Deborah Gruenfeld, and Cameron Anderson, "Power, Approach, and Inhibition," 〈Psychological Review〉 110 (2001): 265-284.

13   James Charles Collins and Jerry I. Porras, 《Built to Last: Successful Habits of Visionary Companies》 (New York: HarperCollins, 2002).

14   Elliot Aronson, 《The Social Animal》 (New York: Macmillan, 2003), 6.

15   Bibb Latané and Sharon Wolf, "The Social Impact of Majorities and Minorities," 〈Psychological Review〉 88, no. 5 (1981): 438.

16   Robert B. Cialdini, 《Influence: The Psychology of Persuasion》 (New York: Morrow, 1993).

17   Irving L. Janis and Leon Mann, 《Decision Making: A Psychological Analysis of Conflict, Choice, and Commitment》 (New York: Free Press, 1977).

18   "Learn Japanese: 30 Japanese Proverbs & Sayings. Part 2," Linguajunkie.com, www.linguajunkie.com/japanese/learn-japanese-proverbs-sayings (accessed December 10, 2016).

19   J. William Fulbright, speech delivered before the US Senate,

Washington, DC, March 27, 1964.

20   Mark Twain, 《Mark Twain's Notebook》 (New York: Harper and Brothers, 1909), 393.

1장

1   Allen Funt and Philip G. Zimbardo, "Face the Rear," in 〈Candid Camera Classics for Teaching Social Psychology〉 (video) (Boston: McGraw-Hill Films, 1992).

2   Harry Kalven Jr. and Hans Zeisel, 《The American Jury》 (Boston: Little, Brown, 1966).

3   Charlan Nemeth and Cynthia Chiles, "Modelling Courage: The Role of Dissent in Fostering Independence," 〈European Journal of Social Psychology〉 18, no. 3 (1988): 275-280.

4   James Surowiecki, 《The Wisdom of Crowds: Why the Many Are Smarter Than the Few and How Collective Wisdom Shapes Business, Economies, Societies, and Nations》 (New York: Doubleday, 2004).

5   Solomon E. Asch, "Studies of Independence and Conformity: I. A Minority of One Against a Unanimous Majority," 〈Psychological Monographs: General and Applied〉 70, no. 9 (1956): 1-70.

6   Rob Bond and Peter B. Smith, "Culture and Conformity: A Meta-Analysis of Studies Using Asch's (1952b, 1956) Line Judgment Task," 〈Psychological Bulletin〉 119, no. 1 (1996): 111-137.

7   Aronson, 《The Social Animal》; Asch, "Studies of Independence and Conformity."

8   Fred Fisher, Billy Rose, William Raskin, and Jack Kaufman "Fifty Million Frenchmen Can't Be Wrong" (Orange, NJ: Edison, 1927).

9   Roy F. Baumeister and Brad J. Bushman, 《Social Psychology and Human Nature》 (Belmont, CA: Thomson Learning, 2008).

10   Asch, "Studies of Independence and Conformity."

11   Bond and Smith, "Culture and Conformity."

12   Baumeister and Bushman, 《Social Psychology》.

13   David S. Wallace, Rene M. Paulson, Charles G. Lord, and Charles F. Bond Jr., "Which Behaviors Do Attitudes Predict? Meta-analyzing the Effects of Social Pressure and Perceived Difficulty," 〈Review of General Psychology〉 9, no. 3 (2005): 214–227.

14   Ziva Kunda, "The Case for Motivated Reasoning," 〈Psychological Bulletin〉 108, no. 3 (1990): 480–498.

15   Abhijit V. Banerjee, "A Simple Model of Herd Behavior," 〈Quarterly Journal of Economics〉 (1992): 797–817.

16   "2001 Nasdaq 100 Historical Prices/Charts," FuturesTradingCharts. com, http://futures.tradingcharts.com/historical/ND/2001/0/ continuous.html (accessed November 14, 2015).

17   Robert J. Shiller, "How a Bubble Stayed Under the Radar," 〈New York Times〉, March 2, 2008.

18   John Maynard Keynes, 《The General Theory of Employment, Interest, and Money》 (New York: Harcourt, Brace, 1936).

19   Kathleen D. Ryan and Daniel K. Oestreich, 《Driving Fear Out

of the Workplace: How to Overcome the Invisible Barriers to Quality, Productivity, and Innovation》 (San Francisco: Jossey-Bass, 1991).

20   Nan Hu, Ling Liu, and Jie Jennifer Zhang, "Do Online Reviews Affect Product Sales? The Role of Reviewer Characteristics and Temporal Effects," 〈Information Tech nology and Management〉 9, no. 3 (2008): 201-214.

21   Jen-Hung Huang and Yi- Fen Chen, "Herding in Online Product Choice," 〈Psychology and Marketing〉 23, no. 5 (2006): 413-428.

22   Michael Luca, "Reviews, Reputation, and Revenue: The Case of Yelp.com," Harvard Business School Working Paper 12-016, September 16, 2011.

23   Alan T. Sorensen, "Bestseller Lists and Product Variety," 〈Journal of Industrial Economics〉 55, no. 4 (2007): 715-738.

24   Noah J. Goldstein, Robert B. Cialdini, and Vladas Griskevicius, "A Room with a Viewpoint: Using Social Norms to Motivate Environmental Conservation in Hotels," 〈Journal of Consumer Research〉 35, no. 3 (2008): 472.

25   "Pollution: Keep America Beautiful—Iron Eyes Cody," Ad Council, www.adcouncil.org/Our-Work/The-Classics/Pollution-Keep-America-Beautiful-Iron-Eyes-Cody.

26   "Ad Age Advertising Century: Top 100 Campaigns," 〈AdvertisingAge〉, March 29, 1999, http://adage.com/article/special-report-the-advertising-century/ad-age-advertising-century-top-100-advertising-campaigns/140150/.

27   Robert B. Cialdini, Linda J. Demaine, Brad J. Sagarin, Daniel W. Barrett, Kelton Rhaods, and Patricia L. Winters, "Managing Social Norms for Persuasive Impact," 〈Social Influence〉 1, no. 1 (2006): 3-15.

28   For an overview, see Surowiecki, 《The Wisdom of Crowds》.

29   John C. Turner, 《Social Influence》 (Bristol, PA: Thomson Brooks/ Cole Publishing Co, 1991); Morton Deutsch and Harold B. Gerard, "A Study of Normative and Informational Social Influences upon Individual Judgment," 〈Journal of Abnormal and Social Psychology〉 51, no. 3 (1955): 629-636.

30   Shirley S. Ho and Douglas M. McLeod, "Social-Psychological Influences on Opinion Expression in Face-to-Face and Computer- Mediated Communication," 〈Communication Research〉 35, no. 2 (2008): 190-207.

2장

1   Morton Deutsch and Harold B. Gerard, "A Study of Normative and Informational Social Influences upon Individual Judgment," 〈Journal of Abnormal and Social Psychology〉 51, no. 3 (1955): 629-636.

2   ibid.

3   Solomon E. Asch, "Opinions and Social Pressure," 〈Scientific American〉 193 (1955): 31-35.

주석

278

4   Vernon L. Allen and Joh n M. Levine, "Social Support, Dissent, and Conformity," 〈Sociometry〉 31, no. 2 (1968): 138–149.

5   ibid.

6   Charlan Jeanne Nemeth and Brendan Nemeth-Brown, "Better Than Individuals? The Potential Benefits of Dissent and Diversity for Group Creativity," in 《Group Creativity: Innovation Through Collaboration》, edited by Paul Paulus and Bernard Nijstad, 63–84 (Oxford: Oxford University Press, 2003).

7   Stanley Schachter, "Deviation, Rejection, and Communication," 〈Journal of Abnormal and Social Psychology〉 46, no. 2 (1951): 190–207.

8   ibid.

9   Nemeth and Chiles, "Modelling Courage."

3장

1   Schachter, "Deviation, Rejection, and Communication."

2   Douglas O. Linder, "The Trial of Galileo: A Chronology," Famous Trials, http://law2.umkc.edu/faculty/projects/ftrials/galileo/galileochronology.html.

3   Ernest Jones, 《The Life and Work of Sigmund Freud》 (New York: Basic Books, 1961), 299.

4   E. M. Thornton, 《Freud and Cocaine: The Freudian Fallacy》 (London: Blond & Briggs, 1983).

5   John F. Kilhstrom, "Is Freud Still Alive? No, Not Really," in 《Hilgard's Introduction to Psychology》, 13th ed., edited by Rita L. Atkinson, Richard C. Atkinson, Edward E. Smith, Daryl J. Bem, and Susan Nolen- Hoeksema (New York: Harcourt Brace Jovanovich, 1999).

6   〈The Insider〉, directed by Michael Mann (Burbank, CA: Touchstone Pictures, 1999).

7   Glenn Greenwald, "NSA Collecting Phone Records of Millions of Verizon Customers Daily," 〈The Guardian〉, June 6, 2013.

8   Glenn Green wald and Ewen MacAskill, "NSA Prism Program Taps in to User Data of Apple, Google, and Others," 〈The Guardian〉, June 7, 2013.

9   "Edward Snowden: Timeline," 〈BBC News〉, August 20, 2013, www.bbc.co.uk/news/world-us-canada-23768248; Andrew Serwin, "Striking the Balance—Privacy versus Security and the New White House Report," Privacy Advisor, December 19, 2013; https://iapp.org/news/a/striking-the-balanceprivacy-versus-security-and-the-new-white-house-report/

10   Alana Horowitz, "Booz Allen Hamilton: Edward Snowden News 'Shocking,' 'A Grave Violation,'" 〈Huffington Post〉, June 10, 2013, www.huffingtonpost.com/2013/06/09/booz-allen-hamilton-edward-snowden-nsa_n_3412609.html.

11   Phil Black, Matt Smith, and Catherine E. Shoichet, "Snowden on the Run, Seeks Asylum in Ecuador," CNN, June 24, 2013, www.cnn.com/2013/06/23/politics/nsa-leaks/.

12 Ashley Fantz, "NSA Leaker Ignites Global Debate: Hero or Traitor?" CNN, June 10, 2013, www.cnn.com/2013/06/10/us/snowden-leaker-reaction/.

13 Ewen MacAskill, "Edward Snowden, NSA Files Source: 'If They Want to Get You, in Time They Will,'" 〈The Guardian〉, June 10, 2013.

14 Hadas Gold, "Daniel Ellsberg Thanks Edward Snowden," 〈Politico〉, June 10, 2013, www.politico.com/story/2013/06/daniel-ellsberg-edward-snowden-nsa-leak-92478.html.

15 David Auerbach, "I Would Have Hired Edward Snowden," 〈Slate〉, June 18, 2013, www.slate.com/articles/tech nology/tech nology/2013/06/i_would_have_hired_nsa_whistleblower_edward_snowden.html; David Brooks, "The Solitary Leaker," 〈New York Times〉, June 10, 2013; Eric Niiler, "The Bean-Spillers: Why Do They Leak?" 〈Seeker〉, June 10, 2013, www.seeker.com/the-bean-spillers-why-do-they-leak-1767586613.html.

16 Ralph Peters, "Making Treason Cool," 〈New York Post〉, June 11, 2013.

17 "US Officials Fume over Russia Granting Asylum to Snowden," 〈Fox News〉, August 1, 2013, www.foxnews.com/politics/2013/08/01/snowden-reportedly-leaves-moscow-airport-enters-russia-on-refugee-status/.

18 Michael Pearson, Matt Smith, and Jethro Mullen, "Snowden's Asylum Options Dwindle," CNN, July 2, 2013, www.cnn.com/2013/07/02/politics/nsa-leak/.

19   Ilya Arkhipov and Olga Tanas, "Putin Shows Global Mojo to Russians as US Fumes over Snowden," ⟨Bloomberg⟩, August 1, 2013, available to subscribers at: www.bloomberg.com/news/2013-08-01/putin-shows-global-mojo-to-russians-as-u-s-fumes-over-snowden.html.

20   Brian Stelter, "NSA: The Story of the Summer" (interview with Glenn Greenwald), ⟨CNN: Reliable Sources⟩, September 1, 2013, www.cnn.com/videos/bestoftv/2013/09/01/rs-nsa-the-story-of-the-summer.cnn.

21   Devlin Barrett and Damian Paletta, "NSA Phone Program Is Illegal, Appeals Court Rules," ⟨Wall Street Journal⟩, May 7, 2015.

22   Jim Stavridis and Dave Weinstein, "Apple vs. FBI Is Not About Privacy vs. Security—It's About How to Achieve Both," ⟨Huffington Post⟩, March 8, 2016, www.huffingtonpost.com/admiral-jim-stavridis-ret/apple-fbi-privacy-security_b_9404314.html.

23   Serge Moscovici, E. Lage, and M. Naffrechoux, "Influence of a Consistent Minority on the Responses of a Majority in a Color Perception Task," ⟨Sociometry⟩ 32, no. 4 (1969): 365–380.

24   Charlan J. Nemeth, "Minority Influence Theory," in 《Handbook of Theories of Social Psychology》, vol. 2, edited by Paul A. M. Van Lange, Arie W. Kruglanski, and E. Tory Higgins (Thousand Oaks, CA: Sage Publications, 2011), 362–378.

25   Miles Hewstone and Robin Martin, "Minority Influence: From Groups to Attitudes and Back Again," in 《Minority Influence and

Innovation: Antecedents, Processes, and Consequences》, edited by Robin Martin and Miles Hewstone (New York: Psychology Press, 2010), 365-394.

26   Kalven and Zeisel, 《The American Jury》.

27   Charlan Nemeth, "Interactions Between Jurors as a Function of Majority vs. Unanimity Decision Rules," Journal of Applied Social Psychology 7, no. 1 (1977): 38-56.

28   Martin and Hewstone, 《Minority Influence and Innovation》.

29   Charlan Nemeth and Joel Wachtler, "Creating Perceptions of Consistency and Confidence: A Necessary Condition for Minority Influence," 〈Sociometry〉 37 (1974): 529-540.

30   Charlan Nemeth, Mark Swedlund, and Barbara Kanki, "Patterning of the Minority's Responses and Their Influence on the Majority," 〈European Journal of Social Psychology〉 4 (1974): 53-64.

31   Helen W. Puner, 《Sigmund Freud: His Life and Mind》 (New Brunswick, NJ: Transaction Publishers, 1992).

32   Seungwoo Kwon and Laurie R. Weingart, "Unilateral Concessions from the Other Party: Concession Behavior, Attributions, and Negotiation Judgments," 〈Journal of Applied Psychology〉 89, no. 2 (2004): 263.

33   Martin and Hewstone, 《Minority Influence and Innovation》; Nemeth, "Minority Influence Theory."

34   Jeffrey Z. Rubin and Bert R. Brown, 《The Social Psychology of Bargaining and Negotiation》 (New York: Academic Press, 1975).

35 Rubin and Brown, 《Bargaining and Negotiation》; Leigh Thompson, 《The Truth About Negotiations》 (Upper Saddle River, NJ: Pearson Education, 2013).

36 Gabriel Mugny and Stamos Papastamou, 《The Power of Minorities》 (London: Academic Press, 1982).

37 Charlan Nemeth and Alice G. Brilmayer, "Negotiation Versus Influence," 〈European Journal of Social Psychology〉 17, no. 1 (1987): 45 – 56.

38 Gabriel Mugny and Juan A. Perez, 《The Social Psychology of Minority Influence》 (Cambridge: Cambridge University Press, 1991); Joh n M. Levine and Radmila Prislin, "Majority and Minority Influence," in 《Group Processes》, edited by Joh n M. Levine (New York: Routledge, 2013), 135 – 164; William D. Crano, 《The Rules of Influence: Winning When You're in the Minority》 (New York: St. Martin's Press, 2012).

39 Nemeth, "Minority Influence Theory."

40 Gabriel Mugny and Stamos Papastamou, "When Rigidity Does Not Fail: Individualization and Psychologization as Resistances to the Diffusion of Minority Innovations," 〈European Journal of Social Psychology〉 (1980): 10, 43 – 61.

41 For further reviews, see Hewstone and Martin, "Minority Influence"; Mugny and Perez, 《The Social Psychology of Minority Influence》.

42 〈Twelve Angry Men〉, directed by Sidney Lumet (Beverly Hills, CA: MGM Studios, 1957).

43   Eyder Peralta, "Former AG Holder Says Edward Snowden's Leak Was a 'Public Service,'" NPR, May 31, 2016, www.npr.org/sections/thetwo-way/2016/05/31/480179898/former-ag-holder-says-edward-snowdens-leak-was-a-public-service.

4장

1   Dieter Frey, "Recent Research on Selective Exposure to Information," 〈Advances in Experimental Social Psychology〉 19 (1986): 41–80.

2   Jennifer Rosenberg, "The Jonestown Massacre," ThoughtCo, February 6, 2017, http://history1900s.about.com/od/1970s/p/jonestown.htm.

3   Rick Paulas, "The Unanswerable Questions of Jonestown," Pacific Standard, October 20, 2015, www.psmag.com/politics-and-law/the-unanswerable-questions-of-jonestown.

4   Jeannie Mills, 《Six Years with God: Life Inside Rev. Jim Jones's Peoples Temple》 (New York: A&W Publishers, 1979).

5   Catherine B. Abbott, "Selling Jonestown: Religion, Socialism, and Revolutionary Suicide in Peoples Temple," Alternative Considerations of Jonestown & Peoples Temple, August 19, 2014, http://jonestown.sdsu.edu/?page_id=30863.

6   Justin Peters, "The Forgotten, Non-Kool-Aid-Drinking Victims of the Jonestown Massacre," Slate, November 18, 2013, www.

slate.com/blogs/crime/2013/11/18/leo_ryan_jonestown_the_forgotten_non_kool_aid_drinking_victims_of_the_jonestown.html.

7   ibid.

8   Staff Investigative Group, The Assassination of Representative Leo J. Ryan and the Jonestown, Guyana Tragedy: Report of a Staff Investigative Group to the Committee on Foreign Affairs, US House of Representatives, 96th Cong., 1st sess., House Document 96-223, May 15, 1979, 4, http://jonestown.sdsu.edu/?page_id=13674.

9   "Guyana Inquest—Interview of Odell Rhodes," Alternative Considerations of Jonestown & Peoples Temple, http://jonestown.sdsu.edu/wp-content/uploads/2013/10/GuyanaInquest.pdf.

10   Charlan Jeanne Nemeth, "Dissent, Group Process, and Creativity: The Contribution of Minority Influence," in 《Advances in Group Processes》, vol. 2, edited by Edward Lawler, 57-75 (Greenwich, CT: JAI Press, 1985), 57-75.

11   Collins and Porras, 《Built to Last》.

12   Lawrence Wright, 《Going Clear: Scientology, Hollywood, and the Prison of Belief》 (New York: Vintage Books, 2013).

13   Robert R. Provine, "Contagious Laughter: Laughter Is a Sufficient Stimulus for Laughs and Smiles," 〈Bulletin of the Psychonomic Society〉 (1992): 30, 1-4.

14   Charlan J. Nemeth and John Rogers, "Dissent and the Search for Information," 〈British Journal of Social Psychology〉 35, no. 1

286

(1996): 67 – 76.

15   Charlan J. Nemeth and Julianne L. Kwan, "Minority Influence, Divergent Thinking, and Detection of Correct Solutions," 〈Journal of Applied Social Psychology〉 17, no. 9 (1987): 788 – 799.

16   Charlan J. Nemeth and Joel Wachtler, "Creative Problem Solving as a Result of Majority vs. Minority Influence," 〈European Journal of Social Psychology〉 13, no. 1 (1983): 45 – 55.

17   NTSB, "Aircraft Accident Report."

18   ibid.

19   ibid., 1.

20   "악이 승리를 거두기 위해 필요한 단 하나의 조건은 선한 사람들이 아무것도 하지 않는 것이다"는 말은 에드먼드 버크Edmund Burke의 책 《현 사회 속 불만의 원인에 대한 단상Thoughts on the Cause of the Present Discontents》에서 파생된 것으로 알려져 있다.

21   NTSB, "Aircraft Accident Report," 27.

22   ibid., 30.

23   Daniel Kah neman, 《Thinking, Fast and Slow》 (New York: Macmillan, 2011).

24   Charlan J. Nemeth and Julianne L. Kwan, "Originality of Word Associations as a Function of Majority vs. Minority Influence," 〈Social Psychology Quarterly〉 48, no. 3 (1985): 277 – 282.

25   Charlan Nemeth, Kathleen Mosier, and Cyntia Chiles, "When Convergent Thought Improves Performance: Majority vs. Minority Influence," 〈Personality and Social Psychology Bulletin〉 18 (1992): 139 – 144.

26   J. Ridley Stroop, "Studies of Interference in Serial Verbal Reactions," 〈Journal of Experimental Psychology〉 18 (1935): 643-662.

27   Nemeth, Mosier, and Chiles, "When Convergent Thought Improves Performance."

5장

1   Asch, "Opinions and Social Pressure."

2   Vernon L. Allen and Joh n M. Levine, "Social Support and Conformity: The Role of Independent Assessment of Reality," 〈Journal of Experimental Social Psychology〉 7, no. 1 (1971): 48-58.

3   Apodaca v. Oregon, 406 US 404 (1972); Joh nson v. Louisiana, 406 US 356 (1972).

4   사실 변호사가 되고 싶었지만, 여성 변호사가 법정에 서기 어려운 시절이었기에 꿈을 접었다. 당시에는 여성들이 남성 변호사를 위해 주로 자료 조사를 했다.

5   Edward Hodge, Patrick Huyghe, David Doggett, and John Sullivan.

6   Charlan Nemeth, "Rules Governing Jury Deliberations: A Consideration of Recent Changes," in 《Psychology and the Law: Research Frontiers》, edited by Gordon Bermant, Charlan Nemeth, and Neil Vidmar (Lexington, MA: D. C. Heath & Co./

Lexington Books, 1976); Nemeth, "Interactions Between Jurors."

7   나를 따라 시카고를 떠나 버지니아로 와준 대학원생들, 제프 엔디컷
    과 조엘 와클러에게 공을 돌리고 싶다. 이들과 나눈 토론과 조사가
    연구에 지대한 공헌을 했다.

8   Leon Festinger, 《A Theory of Cognitive Dissonance》 (Row,
    Peterson and Co., 1957); William Hart, Dolores Albarracin, Alice
    H. Eagly, Inge Brechan, Matthew J. Lindberg, and Lisa Merrill,
    "Feeling Validated Versus Being Correct: A Meta-Analysis of
    Selective Exposure to Information," 〈Psychological Bulletin〉 135,
    no. 4 (2009): 555-588.

9   Nemeth and Rogers, "Dissent and the Search for Information."

10 Charlan Nemeth, Ofra Mayseless, Jeffrey Sherman, and Yvonne
    Brown, "Exposure to Dissent and Recall of Information," 〈Journal
    of Personality and Social Psychology〉 58, no. 3 (1990): 429-437.

11 Nemeth and Brilmayer, "Negotiation Versus Influence."

12 Nemeth and Wachtler, "Creative Problem Solving."

13 Nemeth and Kwan, "Minority Influence, Divergent Thinking."

14 Greenwald, "NSA Collecting Phone Records of Millions."

15 Barrett and Paletta, "NSA Phone Program Is Illegal."

16 Steven Nelson, "Senate Passes Freedom Act, Ending Patriot Act
    Provision Lapse," 〈U.S. News & World Report〉, June 2, 2015.

17 Cindy Cohn and Trevor Timm, "In Response to the NSA,
    We Need a New Church Committee and We Need It Now,"
    Electronic Frontier Foundation, June 7, 2013, www.eff.org/
    deeplinks/2013/06/response-nsa-we-need-new-church-

commission-and-we-need-it-now.

18   〈Terms and Conditions May Apply〉 (documentary), directed by
      Cullen Hoback (Los Angeles: Hyrax Films, 2013).

19   Nemeth, Mosier, and Chiles, "When Convergent Thought
      Improves Performance."

20   Randall S. Peterson and Charlan J. Nemeth, "Focus Versus
      Flexibility: Majority and Minority Influence Can Both Improve
      Performance," 〈Personality and Social Psychology Bulletin〉 22,
      no. 1 (1996): 14–23.

21   ibid.

22   Nemeth and Kwan, "Originality of Word Associations."

23   Leo Postman and Geoffrey Keppel, 《Norms of Word Association》
      (New York: Academic Press, 1970).

24   Alex F. Osborn, 《Applied Imagination: Principles and Procedures
      of Creative Thinking》 (New York: Scribner, 1958).

25   Donald W. Taylor, Paul C. Berry, and Clifford H. Block, "Does
      Group Participation When Using Brainstorming Facilitate or
      Inhibit Creative Thinking?" 〈Administrative Science Quarterly〉 6
      (1958): 22–47. For thoughtful reviews and discussion, see Paul B.
      Paulus and Vincent R. Brown, "Enhancing Ideational Creativity
      in Groups: Lessons Learned from Research on Brainstorming,"
      in 《Group Creativity: Innovation Through Collaboration》, edited
      by Paul B. Paulus and Bernard A. Nijstad (New York: Oxford
      University Press, 2003), 110–136; Scott G. Isaksen, "A Review
      of Brainstorming Research: Six Critical Issues for Inquiry,"

290

Monograph 303 (Buffalo, NY: Creative Problem Solving Group, Creative Research Unit, June 1998).

26   Charlan J. Nemeth et al., "The Liberating Role of Conflict in Group Creativity: A Study in Two Countries," 〈European Journal of Social Psychology〉 34, no. 4 (2004): 365–374.

27   Vincent Brown and Paul B. Paulus, "A Simple Dynamic Model of Social Factors in Group Brainstorming," 〈Small Group Research〉 27, no. 1 (1996): 91–114; Wolfgang Stroebe and Michael Diehl, "Why Groups Are Less Effective Than Their Members: On Productivity Losses in Idea-Generating Groups," 〈European Review of Social Psychology〉 5, no. 1 (1994): 271–303.

28   Rochelle Bailis, "Brainstorming Doesn't Work: Do This Instead," 〈Forbes〉, October 8, 2014; Jonah Lehrer, "Groupthink: The Brainstorming Myth," 〈The New Yorker〉, January 30, 2012.

6장

1   Irving L. Janis, 《Victims of Groupthink: A Psychological Study of Foreign Decisions and Fiascoes》 (Boston: Houghton Mifflin, 1972).

2   "Bay of Pigs Invasion," History, www.history.com/topics/cold-war/bay-of-pigs-invasion (accessed December 23, 2016).

3   Irving Janis, "Groupthink," 〈Psychology Today〉 (November 1971): 43.

4   Janis, 《Victims of Groupthink》. '집단사고'라는 용어를 최초로 소개

한 인물은 윌리엄 H. 화이트 주니어William H. Whyte Jr이지만, 어빙 재니스에 의해 유명해졌다.

5   "The Bay of Pigs Invasion Begins," History, www.history.com/
this-day-in-history/the-bay-of-pigs-invasion-begins (accessed
December 23, 2016).

6   John F. Kennedy Presidential Library and Museum, "The Bay of
Pigs," www.jfklibrary.org/JFK/JFK-in-History/The-Bay-of-Pigs.
aspx.

7   William M. LeoGrande, "Getting to Maybe: Next Steps in
Normalizing US-Cuba Relations," World Politics Review, August
11, 2015, www.worldpoliticsreview.com/articles/16434/getting-
to-maybe-next-steps-in-normalizing-u-s-cuba-relations.

8   Robert Dallek, "Bay of Pigs: Newly Revealed CIA Documents
Expose Blunders," 〈Newsweek〉, August 14, 2011.

9   Won-Woo Park, "A Review of Research on Groupthink," 〈Journal
of Behavioral Decision Making〉 3, no. 4 (1990): 229-245.

10   Garrison Keillor, "National Geographic: In Search of Lake
Wobegon," December 2000, www.garrisonkeillor.com/national-
geographic-in-search-of-lake-wobegon/.

11   Peter Wyden, 《Bay of Pigs: The Untold Story》 (New York: Simon
& Schuster: 1979).

12   Arthur M. Schlesinger Jr., 《A Thousand Days: John F. Kennedy in
the White House》 (Boston:Houghton Mifflin, 1965), 259.

13   ibid., 250.

14   Irving Janis, "Groupthink" (early draft), https://department.monm.

edu/cata/McGaan/Classes/INTG415/Group-think.pdf.

15   Park, "A Review of Research on Groupthink."

16   Janis, "Groupthink" (early draft).

17   David G. Myers and Helmut Lamm, "The Polarizing Effect of Group Discussion," ⟨American Scientist⟩ 63, no. 3 (1975): 297–303.

18   James A. Stoner, "A Comparison of Individual and Group Decision Involving Risk," unpublished master's thesis, Massachusetts Institute of Technology; Nathan Kogan and Michael A. Wallach, "Risk-taking as a Function of the Situation, the Person, and the Group," in ⟨New Directions in Psychology⟩, vol. 3, edited by T. M. Newcomb (New York: Holt, 1967).

19   James A. F. Stoner, "Risky and Cautious Shifts in Group Decisions: The Influence of Widely Held Values," ⟨Journal of Experimental Social Psychology⟩ 4, no. 4 (1968): 442–459; Colin Fraser, Celia Gouge, and Michael Billig, "Risky Shifts, Cautious Shifts, and Group Polarization," ⟨European Journal of Social Psychology⟩ 1, no. 1 (1971): 7–30.

20   Fraser, Gouge, and Billig, "Risky Shifts, Cautious Shifts, and Group Polarization."

21   Serge Moscovici and Marisa Zavalloni, "The Group as a Polarizer of Attitudes," ⟨Journal of Personality and Social Psychology⟩ 12, no. 2 (1969): 125–135.

22   David G. Myers and George D. Bishop, "Discussion Effects on Racial Attitudes," ⟨Science⟩ 169 (1970): 778–789; Helmut Lamm and David G. Myers, "Group-Induced Polarization of Attitudes and Behavior," in 《Advances in Experimental Social Psychology》, edited by Leonard Berkowitz (San Diego, CA: Academic Press, 1978), 145–195.

23   Cari Romm, "The World War II Campaign to Bring Organ Meats to the Dinner Table," 〈The Atlantic〉, September 25, 2014.

24   Kurt Lewin, 《Field Theory in Social Science: Selected Theoretical Papers》 (New York: Harper & Row, 1951).

25   Eugene Burnstein and Amiram Vinokur, "Persuasive Argumentation and Social Comparison as Determinants of Attitude Polarization," 〈Journal of Experimental Social Psychology〉 13, no. 4 (1977): 315–332.

26   David G. Myers and Helmut Lamm, "The Group Polarization Phenomenon," 〈Psychological Bulletin〉 83, no. 4 (1976): 602–627.

27   Daniel J. Isenberg, "Group Polarization: A Critical Review and Meta-Analysis," 〈Journal of Personality and Social Psychology〉 50, no. 6 (1986): 1141–1151.

28   Garold Stasser and William Titus, "Pooling of Unshared Information in Group Decision Making: Biased Information Sampling During Discussion," 〈Journal of Personality and Social Psychology〉 48, no. 6 (1985): 1467–1478.

29   Garold Stasser and Zachary Birchmeier, "Group Creativity and Collective Choice," in Group Creativity: Innovation Through Collaboration, edited by Paul B. Paulus and Bernard A. Nijstad (Oxford: Oxford University Press, 2003), 85–109.

30   Garold Stasser, Laurie A. Taylor, and Coleen Hanna, "Information Sampling in Structured and Unstructured Discussions of Three- and Six-Person Groups," 〈Journal of Personality and Social Psychology〉 57, no. 1 (1989): 67-78.

31   James R. Larson, Caryn Christensen, Ann S. Abbott, and Timothy M. Franz, "Diagnosing Groups: Charting the Flow of Information in Medical Decision-Making Teams," 〈Journal of Personality and Social Psychology〉 71, no. 2 (1996): 315-330.

32   Gwen M. Wittenbaum and Ernest S. Park, "The Collective Preference for Shared Information," 〈Current Directions in Psychological Science〉 10, no. 2 (2001): 70-73.

33   제스 도헤만, 고마워요.

34   Schlesinger, 《A Thousand Days》.

35   Li Lu, Y. Connie Yuan, and Poppy Lauretta McLeod, "Twenty-Five Years of Hidden Profiles in Group Decision Making: A Meta-Analysis," 〈Personality and Social Psychology Review〉 16, no. 1 (2012): 54-75.

36   US Department of State, Office of the Historian, "The Cuban Missile Crisis, October 1962," October 31, 2013, https://history.state.gov/milestones/1961-1968/cuban-missile-crisis.

37   Morton T. Hansen, "How Joh n F. Kennedy Changed Decision Making for Us All," 〈Harvard Business Review〉, November 22, 2013, https://hbr.org/2013/11/how-joh n-f-kennedy-changed-decision-making.

38   ibid.

39   ibid.

40   US Department of State, Office of the Historian, "The Cuban Missile Crisis."

41   Schlesinger, 《A Thousand Days》, 841.

42   Charlan Nemeth, "Managing Innovation: When Less Is More," 〈California Management Review〉 40 (1997): 59–74.

7장

1   〈Harvard Business Review〉, Daniel Kahneman, and Ram Charan, 《HBR's 10 Must Reads on Making Smart Decisions》 (Boston: Harvard Business School Publishing, 2013), jacket cover.

2   Greg Braxton, "'O. J.: Trial of the Century' Revisits Murder Case as It Unfolded," 〈Los Angeles Times〉, June 12, 2014.

3   David Margolick, "Victims Put Up Long Fight, a Witness for Simpson Says," 〈New York Times〉, August 11, 1995.

4   Jim Hill, "Emotions High over Simpson Verdict," CNN, October 8, 1995, www.cnn.com/US/OJ/daily/9510/10–08/.

5   B. Drummond Ayres Jr., "Jury Decides Simpson Must Pay $25 Million in Punitive Award," 〈New York Times〉, February 11, 1997.

6   "How O. J. Simpson's Criminal, Civil Trials Differed," 〈Seattle Times〉, February 5, 1997.

7   Jacob M. Rabbie and Murray Horwitz, "Arousal of Ingroup-

Outgroup Bias by a Chance Win or Loss," 〈Journal of Personality and Social Psychology〉 13, no. 3 (1969): 269-277; Henri Tajfel, "Social Psychology of Intergroup Relations," 〈Annual Review of Psychology〉 33, no. 1 (1982): 1-39.

8   Henri Tajfel, "Experiment in Intergroup Discrimination," 〈Scientific American〉 223, no. 5 (1970): 96-102.

9   Wilson Sayre, "Smoldering Liberty City: Remembering the McDuffie Riots," WLRN, May 17, 2015, http://wlrn.org/post/smoldering-liberty-city-remembering-mcduffie-riots.

10 David Smiley, "McDuffie Riots: Revisiting, Retelling Story—35 Years Later," 〈Miami Herald〉, May 16, 2015.

11 "McDuffie Riots: Eerie Scene from Miami Race Riot of 1980," 〈Huffington Post〉, May 29, 2013, www.huffingtonpost.com/2013/05/29/mcduffie-riots-miami_n_3353719.html.

12 Larry Buchanan et al., "Q&A: What Happened in Ferguson?" 〈New York Times〉, August 10, 2015.

13 US Department of Justice, Department of Justice Report Regarding the Criminal Investigation into the Shooting Death of Michael Brown by Ferguson, Missouri Police Officer Darren Wilson, March 4, 2015, 86, www.justice.gov/sites/default/files/opa/press-releases/attachments/2015/03/04/doj_report_on_shooting_of_michael_brown_1.pdf.

14 Susan E. Jackson, Karen E. May, and Kristina Whitney, "Understanding the Dynamics of Diversity in Decision-Making Teams," in 《Team Effectiveness and Decision Making

in Organizations》, edited by Richard A. Guzzo, Eduardo Salas, and Associates (San Francisco: Jossey-Bass, 1995); Katherine Y. Williams and Charles A. O'Reilly, "Demography and Diversity in Organizations: A Review of 40 Years of Research," 〈Research in Organizational Behavior〉 20 (1998): 77-140.

15   Williams and O'Reilly, "Demography and Diversity in Organizations."

16   Miller McPherson, Lynn Smith-Lovin, and James M. Cook, "Birds of a Feather: Homophily in Social Networks," 〈Annual Review of Sociology〉 27 (2001): 415-444.

17   Clint A. Bowers, James A. Pharmer, and Eduardo Salas, "When Member Homogeneity Is Needed in Work Teams: A Meta-Analysis," 〈Small Group Research〉 31, no. 3 (2000): 305-327; Susan E. Jackson, Joan F. Brett, Valerie I. Sessa, Dawn M. Cooper, Johan A. Julin, and Karl Peyronnin, "Some Differences Make a Difference: Individual Dissimilarity and Group Heterogeneity as Correlates of Recruitment, Promotions, and Turnover," 〈Journal of Applied Psychology〉 76, no. 5 (1991): 675.

18   Daan van Knippenberg, Carsten K. W. De Dreu, and Astrid C. Homan, "Work Group Diversity and Group Performance: An Integrative Model and Research Agenda," 〈Journal of Applied Psychology〉 89, no. 6 (2004): 1009.

19   Williams and O'Reilly, "Demography and Diversity in Organizations."

20   Doris Kearns Goodwin, 《Team of Rivals: The Political Genius of

Abraham Lincoln》(New York: Simon & Schuster, 2005).

21   2015년 6월 캐리 슈왑 포메란츠와의 인터뷰 내용.

22   Carrie Schwab-Pomerantz, "Being a Leader Isn't About You—It's
      About Them," LinkedIn, July 6, 2015, www.linkedin.com/pulse/
      how-i-lead-being-leader-isnt-you-its-them-carrie-schwab-
      pomerantz.

23   "Program for International Women's Forum Northern California,"
      IDEO offices, San Francisco August 3, 2015.

24   2014년 2월 10일 노라 덴젤과의 인터뷰 내용.

25   2014년 8월 11일, 캐서린 를롱과의 인터뷰 내용.

26   2014년 5월 16일과 6월 15일, 제니 존슨과의 인터뷰 내용.

27   Linn Van Dyne and Richard Saavedra, "A Naturalistic Minority
      Influence Experiment: Effects on Divergent Thinking, Conflict,
      and Originality in Work-Groups," 〈British Journal of Social
      Psychology〉35, no. 1 (1996): 151-167.

28   ibid., 158.

29   Robert S. Dooley and Gerald E. Fryxell, "Attaining Decision
      Quality and Commitment from Dissent: The Moderating Effects
      of Loyalty and Competence in Strategic Decision-Making
      Teams," 〈Academy of Management Journal〉42, no. 4 (1999):
      389-402.

30   Kathleen M. Eisenhardt, Jean L. Kahwajy, and L. J. Bourgeois III,
      "How Management Teams Can Have a Good Fight," 〈Harvard
      Business Review〉(July-August 1997).

31   Deborah H. Gruenfeld, "Status, Ideology, and Integrative

Complexity on the US Supreme Court: Rethinking the Politics of Political Decision Making," 〈Journal of Personality and Social Psychology〉 68, no. 1 (1995): 5–20.

32 Peter Suedfeld, Philip E. Tetlock, and Siegfried Streufert, "Conceptual/Integrative Complexity," in 《Motivation and Personality: Handbook of Thematic Content Analysis》, edited by Charles P. Smith et al. (New York: Cambridge University Press, 1992), 393–400.

33 Gruenfeld, "Status, Ideology, and Integrative Complexity."

34 Dale Carnegie, 《How to Win Friends and Influence People》 (New York: Simon & Schuster, 1936).

35 Jeffrey A. Sonnenfeld, "What Makes Great Boards Great," 〈Harvard Business Review〉 80, no. 9 (2002): 106–113.

36 Tom Kelley, with Jonathan Littman, 《The Ten Faces of Innovation: IDEO's Strategies for Beating the Devil's Advocate and Driving Creativity Throughout Your Organization》 (Garden City, NY: Doubleday, 2005).

37 Ricard Burtsell, "Advocatus Diaboli," in 《The Catholic Encyclopedia》, vol. 1 (New York: Robert Appleton Co., 1907), available at New Advent, www.newadvent.org/cathen/01168b.htm.

38 Rebecca Leung, "The Debate over Sainthood," 〈CBS News〉, October 19, 2003, www.cbsnews.com/news/the-debate-over-sainthood/.

39 Janis and Mann, 《Decision Making》.

40   〈Harvard Business Review〉 et al., 《HBR's 10 Must Reads on Making Smart Decisions》, jacket cover.

41   Richard A. Cosier, "The Effects of Three Potential Aids for Making Strategic Decisions on Prediction Accuracy," 〈Organizational Behavior and Human Performance〉 22, no. 2 (1978): 295−306; Ian I. Mitroff and Richard O. Mason, "The Metaphysics of Policy and Planning: A Reply to Cosier," 〈Academy of Management Review〉 6, no. 4 (1981): 649−651.

42   Gary Katzenstein, "The Debate on Structured Debate: Toward a Unified Theory," 〈Organizational Behavior and Human Decision Processes〉 66, no. 3 (1996): 316−332.

43   Charles G. Lord, Mark R. Lepper, and Elizabeth Preston, "Considering the Opposite: A Corrective Strategy for Social Judgment," 〈Journal of Personality and Social Psychology〉 47, no. 6 (1984): 1231−1243; Edward R. Hirt, Frank R. Kardes, and Keith D. Markman, "Activating a Mental Simulation Mind-set Through Generation of Alternatives: Implications for Debiasing in Related and Unrelated Domains," 〈Journal of Experimental Social Psychology〉 40, no. 3 (2004): 374−383.

44   Charlan Nemeth, "Interactions Between Jurors as a Function of Majority vs. Unanimity Decision Rules," 〈Journal of Applied Social Psychology〉 7 (1977): 38−56.

45   Charlan Jeanne Nemeth et al., "Improving Decision Making by Means of Dissent," 〈Journal of Applied Social Psychology〉 31, no. 1 (2001): 48−58.

46   John T. Cacioppo and Richard E. Petty, "Social Psychological Procedures for Cognitive Response Assessment: The Thought-Listing Tech nique," 〈Cognitive Assessment〉 (1981): 309 – 342.

47   Dorothy Leonard and Walter Swap, 《When Sparks Fly: Igniting Creativity in Groups》 (Boston: Harvard Business School Press, 1999).

48   Charlan Nemeth, Keith Brown, and John Rogers, "Devil's Advocate Versus Authentic Dissent: Stimulating Quantity and Quality," 〈European Journal of Social Psychology〉 31 (2001): 707 – 720.

49   Cass R. Sunstein and Reid Hastie, "How to Defeat Groupthink: Five Solutions," Fortune, January 13, 2015.

50   2016년 10월 17일, 앤커 루트라와 브렌단 네메스와의 인터뷰 내용.

51   '공매도는 주식을 갖고 있지 않은 상태에서 주식을 빌려 매도 주문을 하는 것이다. 주가가 떨어진다는 예측으로 향후 싼값에 주식을 되사들여 시세차익을 노리는 투자방식이다.' "Short Selling," Investopedia, www.investopedia.com/terms/s/shortselling.asp (accessed December 23, 2016).

52   "Mother Teresa," Wikipedia, https://en.wikipedia.org/wiki/Mother_Teresa (accessed December 23, 2016).

53   "Christopher Hitchens," Wikipedia, https://en.wikipedia.org/wiki/Christopher_Hitchens (accessed December 23, 2016).

54   Christopher Hitchens, "Mommie Dearest," 〈Slate〉, October 20, 2003, www.slate.com/articles/news_and_politics/fighting_words/2003/10/mommie_dearest.html.

55   Leung, "The Debate over Sainthood."

나가며

1 "Dissent Cartoons and Comics," CartoonStock, www.cartoonstock.com/directory/d/dissent .asp (accessed December 23, 2016).

2 Harry Hongda Wu and George Vecsey, 《Troublemaker: One Man's Crusade Against China's Cruelty》 (West Palm Beach, FL: NewsMax Media, 2002), 49-55.

3 "15 Rare Historical Photos You've Never Seen Before!" BoredomBash, December 5, 2014, http://boredombash.com/15-rare-historical-photos/.

4 Carnegie, 《How to Win Friends and Influence People》, 19.

5 Cosier, "The Effects of Three Potential Aids."

6 Nemeth et al., "Devil's Advocate Versus Authentic Dissent."

7 Nemeth et al., "Improving Decision Making by Means of Dissent."

8 2016년 12월, 데니스 더닝과의 인터뷰 내용.

9 2015년 3월, 데니스 더닝과의 인터뷰 내용.

10 Reception for Let Girls Lead, March 18, 2015, San Francisco.

11 Joyce Hackel, "Memory Banda Escaped Child Marriage in Malawi, but Her 11-Year-Old Sister Wasn't So Lucky," PRI, March 12, 2015, www.pri.org/stories/2015-03-12/memory-banda-escaped-child-marriage-malawi-her-11-year-old-sister-wasnt-so-lucky.

12 Denise Dunning and Joyce Mkandawire, "How Girl Activists

Helped to Ban Child Marriage in Malawi," 〈The Guardian〉, February 26, 2015.

13   Nemeth, "Managing Innovation."

14   Harold J. Leavitt and Jean Lipmen-Blumen, "Hot Groups," 〈Harvard Business Review〉 (July/August 1995), https://hbr.org/1995/07/hot-groups.

15   2014년 3월, 제인 웨일스와의 인터뷰 내용.

16   Carnegie, 《How to Win Friends and Influence People》.

17   Osborn, 《Applied Imagination》.

18   Nemeth et al., "The Liberating Role of Conflict in Group Creativity."

19   존 스튜어트 밀의 《자유론On Liberty》을 차용했다. 원문은 이렇다. "만약 그 의견이 옳다면 거짓과 진실을 맞바꿀 기회를 잃는 것이고, 설령 의견이 잘못되었다 해도 잘못된 의견과 옳은 의견을 대비함으로써 진리를 더욱 생생하고 명확하게 드러낼 수 있는, 대단히 소중한 기회를 잃는 것이다." (New York: Simon & Brown, 2012).

20   Patricia Hurtado, "The London Whale," 〈Bloomberg〉, April 23, 2015, www.bloombergview.com/quicktake/the-london-whale.

21   ibid.

22   Eric Hoffer, 《The Passionate State of Mind: And Other Aphorisms》 (Perennial Library, 1955).

반대의 놀라운 힘

1판 1쇄 발행 2020년 3월 11일
1판 4쇄 발행 2022년 1월 20일

지은이 샬런 네메스
옮긴이 신솔잎
펴낸이 고병욱

책임편집 윤현주 **기획편집** 장지연 유나경 조은서
마케팅 이일권 김윤성 김도연 김재욱 이애주 오정민
디자인 공희 진미나 백은주 **외서기획** 이슬
제작 김기창 **관리** 주동은 조재언 **총무** 문준기 노재경 송민진

펴낸곳 청림출판(주)
등록 제1989-000026호

본사 06048 서울시 강남구 도산대로 38길 11 청림출판(주) (논현동 63)
제2사옥 10881 경기도 파주시 회동길 173 청림아트스페이스 (문발동 518-6)
전화 02-546-4341 **팩스** 02-546-8053
홈페이지 www.chungrim.com
이메일 cr1@chungrim.com
블로그 blog.naver.com/chungrimpub
페이스북 www.facebook.com/chungrimpub

ISBN 978-89-352-1305-4 03320